Helfried Labrenz

Ökonomische Analyse der aktienrechtlichen Anfechtungsklage

GABLER RESEARCH

Helfried Labrenz

Ökonomische Analyse der aktienrechtlichen Anfechtungsklage

Mit einem Geleitwort von Prof. Dr. Matthias Schmidt

GABLER

RESEARCH

Bibliografische Information der Deutschen Nationalbibliothek
Die Deutsche Nationalbibliothek verzeichnet diese Publikation in der Deutschen Nationalbibliografie; detaillierte bibliografische Daten sind im Internet über <http://dnb.d-nb.de> abrufbar.

Dissertation Universität Leipzig, 2010

1. Auflage 2011

Lektorat: Stefanie Brich | Viktoria Steiner

Gabler Verlag ist eine Marke von Springer Fachmedien.
Springer Fachmedien ist Teil der Fachverlagsgruppe Springer Science+Business Media.
www.gabler.de

Umschlaggestaltung: KünkelLopka Medienentwicklung, Heidelberg
Gedruckt auf säurefreiem und chlorfrei gebleichtem Papier
Printed in Germany

ISBN 978-3-8349-2914-3

Für meinen lieben Sohn Aaron

Geleitwort

Unternehmensverbindungen entstehen aktienrechtlich, wenn eine Gesellschaft gegenüber der anderen mehrheitlich beteiligt ist. Liegt gleichzeitig beherrschender Einfluss vor, so besteht eine Konzernverbindung. Der beherrschende Einfluss wird im Fall von Verschmelzungen so weit geführt, dass eines der Unternehmen vollständig im anderen aufgeht und seine rechtliche Selbständigkeit verliert. Anteilseigner der untergehenden Gesellschaft verlieren damit ihren bisherigen rechtlichen Status und werden zu Eignern der verschmolzenen Unternehmung.

Der Verlust des rechtlichen Status hat Konsequenzen für die Gesellschafter der in der Verschmelzung untergehenden Unternehmung. Die Veränderung des rechtlichen Status ist ein Eingriff in das Eigentumsrecht, der sich als Konsequenz einer Entscheidung der Mehrheit der Anteilseigner ergibt. Minderheitsgesellschafter haben angesichts der Stimmrechtssituation auf die Entscheidung faktisch keinen Einfluss. Folglich kann die Veränderung ihres Rechtstatus durch die Minderheitsgesellschafter kaum verhindert werden, wenn diese Veränderung von ihnen nicht erwünscht ist. Der Gesetzgeber hat deshalb mit der Möglichkeit zur Anfechtungsklage gegen Verschmelzungsbeschlüsse einen besonderen Individualrechtsschutz geschaffen. Dieser erlaubt es dem Aktionär, Verschmelzungsbeschlüsse der Mehrheit der Hauptversammlung zu blockieren und einer gerichtlichen Kontrolle zu unterwerfen.

Indes sind die Konsequenzen einer Blockade von Verschmelzungen durch Anfechtungsklagen erheblich. Verzögerungen einer Verschmelzung haben Einfluss auf realisierbare Vorteile aus Synergien. Mögliche Verluste aus der Verzögerung tragen dabei nicht nur die Mehrheitsaktionäre. Aus ökonomischer Sicht ist zu bedenken, dass Wohlfahrtseffekte zum Schaden der gesamten Volkswirtschaft entstehen können, der Individualrechtschutz der Minderheiten mithin negative externe Effekte verursacht. Insbesondere besteht das Problem, dass einzelne Anfechtungskläger ihr Recht zur Klage opportunistisch nutzen können. Mehrheitsaktionäre sind leicht erpressbar, denn ein befürchteter Vermögensverlust aus der Verzögerung einer Verschmelzung kann sie veranlassen, zeitnah einen Vergleich mit dem Anfechtungskläger zu suchen. Anfechtungskläger sind sich dieser Situation bewusst und können sich folglich durch eine Klage ungeachtet tatsächlich befürchteter Einschränkungen ihrer Rechtsposition zu Lasten der Mehrheitsaktionäre bereichern.

Spektakuläre Fälle einer solchen rechtsmissbräuchlichen Ausnutzung des Anfechtungsrechts – eine einzelne Aktie genügte bisher, um unter den Schutzbereich des Rechtsinstituts zu fallen – haben den Gesetzgeber bereits zu Reformüberlegungen veranlasst. Hierbei stand die Vermeidung des Rechtsmissbrauchs im Vordergrund. Eine wichtige Frage ist aber, ab wann aus ökonomischer Sicht von einem

„Rechtsmissbrauch“ auszugehen ist. Eine Einschränkung des Individualrechtsschutzes zur Vermeidung von Rechtsmissbrauch führt offenbar zu einer typischen Abwägungssituation im Grenzbereich zwischen rechts- und wirtschaftswissenschaftlichen Überlegungen: Wieweit können und sollen Rechtseinschränkungen mit möglichen negativen externen Effekten in Kauf genommen werden, sodass ein zweckmäßiger Trade-off zwischen Individualrechtsschutz und volkswirtschaftlich erwünschter Kapitalallokation erreicht wird?

Bei dieser Frage kommen sowohl positive als auch normative ökonomische und rechtswissenschaftliche Überlegungen in Betracht. Wertungen rechtlicher Institutionen sowie konkrete Vorschläge zu deren Veränderung verlangen insbesondere eine saubere Analyse der Wirkungen, die von den bestehenden Institutionen ausgehen. Genau dieser Aufgabe hat sich der Verfasser in seinem Dissertationsprojekt gestellt. Das Thema hat folglich sowohl ökonomische als auch rechtswissenschaftliche Relevanz, einen hohen wissenschaftlichen Anspruch sowie einen großen Aktualitätsbezug. Die betrachtete Fragestellung ist, auch wenn ein eng abgegrenztes Gebiet behandelt wird, sehr grundsätzlicher Natur. Die Arbeit ist durch das Anliegen, bestehendes Recht zu untersuchen und konkrete Umsetzungsvorschläge für Verbesserungen der Rechtssituation zu unterbreiten, von gleichermaßen wissenschaftlichem wie praktischem Interesse. Ich wünsche der Arbeit daher eine gute und weite Verbreitung.

Prof. Dr. Matthias Schmidt

Vorwort

Die Arbeit entstand während meiner Tätigkeit als wissenschaftlicher Mitarbeiter am Institut für Unternehmensrechnung, Finanzierung und Besteuerung. Im Dezember 2010 wurde diese von der Wirtschaftswissenschaftlichen Fakultät der Universität Leipzig als Dissertation angenommen. Im Folgenden möchte ich mich bei all jenen bedanken, die mir den Weg zur Promotion eröffnet und mich während des Erstellungsprozesses unterstützt haben.

Zuvörderst gilt der Dank meinem betreuenden Hochschullehrer, Prof. Dr. Matthias Schmidt, der mich als wissenschaftlicher Mitarbeiter an seiner Professur für Externe Unternehmensrechnung und Wirtschaftsprüfung anstellte und mir die Möglichkeit zur Promotion gab. Der permanente und rege Gedankenaustausch sowie die großzügig gewährten Freiräume, insbesondere kurz vor Abschluss der Arbeit, haben wesentlich zur erfolgreichen Realisierung meines Promotionsvorhabens beigetragen. Außerdem danke ich Prof. Dr. Schmidt für die Übernahme des Erstgutachtens.

Mein Dank gilt ebenso Prof. Dr. Harald Jansen für die Erstellung des Zweitgutachtens und Prof. Dr. Ralf Diedrich für die Leitung der Promotionskommission.

Weiterhin bedanke ich mich bei Dr. Hans-Christian Gröger, bei Dr. Esther Pittroff sowie auch bei Peer Schmidt und René Berg für den stets intensiven, fachlichen Austausch, für die Durchsicht von Teilen des Manuskriptes und für die sehr angenehme langjährige Zusammenarbeit am Institut. So manches liebe und ermutigende Wort gab mir die nötige Kraft, die Arbeit trotz zeitweiliger Zweifel erfolgreich zum Abschluss zu bringen.

Bedanken möchte ich mich auch bei Fabian Kannemann, Bettina Krause und Thomas Hilbig für die Unterstützung hinsichtlich der finalen Formatierung, für moralischen Beistand und für die stets wohltuende und arbeitsanregende Atmosphäre am Institut.

Besonderer Dank gilt meinen Eltern, die mir in allen Phasen des Studiums und der Promotion in jeder Weise zur Seite standen. Meinem Vater danke ich auch für die Durchsicht des Manuskriptes. Ganz allerliebst danke ich meinem Sohn Aaron, der aufkommenden Dissertationsfrust immer wieder weggelacht und mir damit stets Mut und Hoffnung geschenkt hat. Ihm ist die Arbeit gewidmet.

Helfried Labrenz

Inhaltsverzeichnis

Abbildungsverzeichnis

Tabellenverzeichnis

Symbolverzeichnis

A_t	Anfangsauszahlung in Periode t
AK	Anschaffungskosten
$AR_{j,\tau}$	abnormale Rendite des Wertpapiers j am Tag τ
$\overline{AR_\tau}$	durchschnittliche abnormale Rendite am Tag τ
BE_t	Blockadeeffekt Periode t
C_t	Optionswert in Periode t
C_t^C	Fortführungswert Option Periode t
$C_{tz}^{C\gamma}$	Fortführungswert Periode t im Zustand z reduziert um den Cashflow-Abschlag γ
C_t^γ	Optionswert Periode t reduziert um den Cashflow-Abschlag γ
D_n	Prüfgröße Kolmogorov-Smirnov-Anpassungstest
D_n^+	extremste positive Differenz
D_n^-	extremste negative Differenz
D_t	zusätzlich anfallende Gebühr in Periode t
d	empirischer Wert Durbin-Watson-Test
d_0^+	oberer Grenzwert der Durbin-Watson-Statistik
d_u^+	unterer Grenzwert der Durbin-Watson-Statistik
dr	Renditefaktor der Abwärtsbewegung
E_t	Buchwert Eigenkapital in Periode t
EW	Erwartungswert
F	empirische Verteilung
F_0	Normalverteilung
G	Gesamtgoodwill
GK	Gesamtkosten
GW	Grundwert
g	Wachstumsrate
g_n	Goodwillkomponente n; für n = 0, …, 3
H_0	Null-Hypothese
H_1	Alternativhypothese
H_I	(Haupt-) Alternativhypothese I
H_{II}	(Haupt-) Alternativhypothese II

H_{III}	(Haupt-) Alternativhypothese III
i	Spieler i
j	Wertpapier j
$\overline{KAR}$	durchschnittlich kumulierte abnormale Rendite über den Ereigniszeitraum
$K_{j,\tau}$	Rangplatz der abnormalen Rendite des Wertpapiers j am Tag τ
K_t	Kosten der Anfechtungsklage in Periode t
KW_t	Kapitalwert Periode t
KW_{tz}	Kapitalwert Periode t im Umweltzustand z
KW_t^P	Kapitalwert der Anfechtung in Periode t
k	risikoadjustierter Kapitalisierungszinssatz
N	Gesamtzahl
N^a	Gesamtzahl emittierte Aktien Unternehmen a
N^b	Gesamtzahl emittierte Aktien Unternehmen b
n	Anzahl
n^{opt}	optimale Anzahl
P	Wertpapierpreis
P_t^{max}	maximaler Abfindungspreis in Periode t
P_t^{min}	minimaler Abfindungsreis in Periode t
PK_t	Prozesskosten in Periode t
p	Wahrscheinlichkeit keiner Klageerhebung
p_r	risikoneutrale Wahrscheinlichkeit
p_u	Wahrscheinlichkeit der Aufwärtsbewegung
q	Quorum
q^*	optimales Quorum
q_B	Beteiligungsquote
q_{fakt}	faktisches Quorum
$R_{j,\tau}$	beobachtete Rendite des Wertpapiers j am Tag τ
$\hat{R}_{j,\tau}$	geschätzte Rendite des Wertpapiers j am Tag τ
$R_{m,\tau}$	Rendite des Marktportfolios am Tag τ
R^2	Bestimmtheitsmaß
r_f	risikofreier Zinssatz
Sh_i	Shapley-Wert des Spielers i

s	relative Häufigkeit Abfindungszahlungen
$s(\overline{AR}_\tau)$	Standardabweichung durchschnittliche abnormale Rendite am Tag τ
$s(K)$	Standardabweichung der Rangplätze
$s(U)$	Standardabweichung der standardisierten Ränge
s_τ	Stichproben-Standardabweichung der durchschnittlichen abnormalen Rendite am Tag τ
T_t	Transaktionskosten in Periode t
$t_{Corrado}$	empirischer t-Wert der Corrado-Teststatistik
t_{emp}	empirischer t-Wert (Teststatistik)
t_{tab}	kritischer Wert der t-Verteilung
$U_{j,\tau}$	standardisierter Rang des Wertpapiers j am Tag τ
U_{tz}	Umweltzustand z in Periode t
$\overline{U}_\tau$	durchschnittlicher Rang der abnormalen Rendite
UK_t	Umtauschkurs in Periode t
ur	Renditefaktor der Aufwärtsbewegung
V_t^A	Wert der Ausübung zum Zeitpunkt t
V_t^a	Wert Unternehmen a in Periode t
V_t^b	Wert Unternehmen b in Periode t
V_t^F	Wert der Fortführung zum Zeitpunkt t
V_t^K	Barwert zukünftiger Transaktionskosten in Periode t
V_t^U	Unternehmenswert in Periode t
V_{tz}^{a+b}	Barwert Fusions-Cashflow zum Zeitpunkt t im Umweltzustand z
v_t^u	anteiliger Unternehmenswert pro Aktie in Periode t
VW^G	Verkehrswert Großaktionär
VW^K	Verkehrswert Kleinaktionär
w_i	Stimmgewicht des Spielers i
X	Güterbündel X, bestehend aus Gütern X_1 und X_2
x^a	Cashflow Konzernunternehmen a
x^b	Cashflow Konzernunternehmen b
x_{tz}^{a+b}	Fusions-Cashflow Periode t im Umweltzustand z
Y	Güterbündel Y, bestehend aus Gütern Y_1 und Y_2
y	Einigungswahrscheinlichkeit

Z	Güterbündel Z, bestehend aus Gütern Z_1 und Z_2
α	Signifikanzniveau
α_j	Von der Marktrendite unabhängige Wertpapierrendite
β_j	Einfluss der Marktrendite auf die Wertpapierrendite j
Γ	Gesamtspiel
Γ_B	Teilspiel B
Γ_C	Teilspiel C
γ	Cashflow-Abschlag
γ_1	spezifischer Cashflow-Abschlag 1
γ_2	spezifischer Cashflow-Abschlag 2
$\varepsilon_{j,\tau}$	Zufallsfehler am Tag τ
λ_2	Beteiligung beherrschender Aktionär am untergehenden Rechtsträger
μ_0	arithmetisches Mittel der Grundgesamtheit
T	Anzahl der Börsenhandelstage der Schätzperiode
$T+n$	Anzahl der Börsenhandelstage der Schätz- und der Ereignisperiode
τ_n	Tag n des Ereigniszeitfensters
τ_{n+m}	letzter Tag des Ereigniszeitfensters
ω	Elastizität

Abkürzungsverzeichnis

Abs.	Absatz
AE	Abschlagseffekt
AG	Aktiengesellschaft
AG & Co. KG	Aktiengesellschaft & Compagnie Kommanditgesellschaft
AK	Anschaffungskosten
AktG	Aktiengesetz
Anm.	Anmerkung
AR	Abnormale Rendite
Art.	Artikel
ARUG	Gesetz zur Umsetzung der Aktionärsrichtlinie
BE	Blockadeeffekt
BGB	Bürgerliches Gesetzbuch
BGH	Bundesgerichtshof
BR	Bundesrat
BT	Bundestag
BVerfG	Bundesverfassungsgericht
bzw.	beziehungsweise
ca.	circa
c.c.	codice civile
CDAX	Composite Deutscher Aktienindex
c.p.	ceteris paribus
d.h.	das heißt
D-W-Test	Durbin-Watson-Test
EBITDA	Earnings Before Interest, Taxes, Depreciation and Amortization
EK	Eigenkapital
elektr.	elektronisch
et al.	et alii
etc.	et cetera
ff.	und folgende
FGG	Gesetz über die freiwillige Gerichtsbarkeit

GE	Geldeinheiten
GG	Grundgesetz
ggf.	gegebenenfalls
GmbH	Gesellschaft mit beschränkter Haftung
HGB	Handelsgesetzbuch
h.M.	herrschende Meinung
Hrsg.	Herausgeber
HV	Hauptversammlung
i.d.R.	in der Regel
i.d.S.	in dem / diesem Sinne
IDW	Institut der Wirtschaftsprüfer
i.H.d.	in Höhe der / des
i.H.v.	in Höhe von
IntGesR	Internationales Gesellschaftsrecht
IPO	Initial Public Offering
IR	Investor Relation
i.S.	im Sinne
i.S.d.	im Sinne der / des
i.S.v.	im Sinne von
i.V.m.	in Verbindung mit
Jg.	Jahrgang
KAR	Kumulierte Abnormale Rendite
lfd.	laufend
LG	Landgericht
max	maximaler Wert von
Mio.	Millionen
Mrd.	Milliarden
M&A	Mergers & Acquisitions
Nr.	Nummer
OLG	Oberlandesgericht
pp.	pages
RefE	Referentenentwurf
RegE	Regierungsentwurf

REMM	Resourceful, Evaluative, Maximizing Man
RVG	Gesetz über die Vergütung der Rechtsanwältinnen und Rechtsanwälte
S.	Seite
SE	Societas Europaea
SE-VO	Verordnung (EG) Nr. 2157/2001 des Rates vom 8. Oktober 2001 über das Statut der Europäischen Gesellschaft (SE)
sog.	sogenannt
SpruchG	Gesetz über das gesellschaftsrechtliche Spruchverfahren
u.a.	unter anderem / unter anderen / und anderes
UMAG	Gesetz zur Unternehmensintegrität und Modernisierung des Anfechtungsrechtes
UmwBerG	Gesetz zur Bereinigung des Umwandlungsrechts
UmwG	Umwandlungsgesetz
USA	United States of America
u.U.	unter Umständen
VE	Verzögerungseffekt
vgl.	vergleiche
Vol.	Volume
VV	Vergütungsverzeichnis
WpHG	Gesetz über den Wertpapierhandel
WpÜG	Wertpapiererwerbs- und Übernahmegesetz
z.B.	zum Beispiel
ZPO	Zivilprozessordnung
zzgl.	zuzüglich

1. Einleitung

1.1. Problemstellung

Dem aktienrechtlichen Anfechtungsrecht[1] ist ein Trade-off zwischen Kontrollfunktion und Rechtsmissbrauch[2] immanent. Obwohl der Rechtsmissbrauch zu erheblichen ökonomischen Folgewirkungen führt, konnte dieser trotz der in den letzten Jahren bewirkten Reformen[3] bisher nicht unterbunden werden.[4] Fraglich bleibt, inwieweit die jüngste Gesetzesnovelle im Rahmen der Umsetzung der Aktionärsrichtlinie (ARUG) zur Problemlösung geeignet sein wird. Um den bisher erfolgten Reformprozess beurteilen zu können und Konzepte de lege ferenda zu erarbeiten, ist es erforderlich, die ökonomischen Sachzusammenhänge der Aktionärsklage zu analysieren.

Die Motivation zum exzessiven Rechtsmissbrauch wird durch die beträchtliche Hebelwirkung der Anfechtungsklage erzeugt, welche Ausfluss einer asymmetrischen Verteilung erwarteter Kosten zwischen Anfechtungskläger einerseits und der beklagten Gesellschaft andererseits ist.[5] Gemäß § 245 AktG ist jeder Aktionär dazu berechtigt, gegen einen Hauptversammlungsbeschluss Anfechtungsklage zu erheben, und kann somit den Vollzug zumindest vorübergehend blockieren.[6] Voraussetzung einer längerfristigen Blockade ist allerdings, dass der Anfechtungskläger mindestens i.H.v. 1000 €[7] beteiligt sein muss.[8] Sollen die mit der Maßnahme verbundenen Cashflow-Prognosen aufrechterhalten werden, sind die Gesellschaften dazu angehalten, die entsprechenden Hauptversammlungsbeschlüsse ohne Verzug zu realisieren.[9]

---

[1] Vgl. §§ 243 ff. AktG.

[2] Zum Rechtsmissbrauch aktienrechtlicher Anfechtungsklagen vgl. etwa Hüffer (2008), § 245 AktG, Anm. 22 - 27.

[3] Zu den Reformen des aktienrechtlichen Anfechtungsrechtes vgl. UmwBerG, S. 3210 - 3266, UMAG, S. 2802 - 2808, und ARUG, S. 2479 - 2494.

[4] Vgl. Baums / Keinath / Gajek (2007), S. 1649, und Noack (2007), S. I, sowie Verse (2009), S. 1127.

[5] Vgl. Schwintowski (2007), S. 2695. Die Hebelwirkung wird durch eine gesetzliche (§ 16 Abs. 2 UmwG) oder faktische Registersperre (§ 127 FGG) ausgelöst.

[6] Im Falle einer gesetzlichen Registersperre (§ 16 Abs. 2 UmwG) darf eine von der Hauptversammlung beschlossene Maßnahme solange nicht vollzogen werden, bis das zuständige Prozessgericht einen Freigabebeschluss erlässt. Dies wird als sog. Blockadewirkung einer anhängigen Anfechtungsklage bezeichnet.

[7] Vgl. § 246a Abs. 2 Satz 1 Nr. 2 AktG. Der anteilige Betrag ergibt sich bei Stückaktien aus dem Verhältnis von Grundkapital zur Aktienanzahl und bei Nennbetragsaktien aus dem Nennbetrag. Vgl. Verse (2009), S. 1129.

[8] Vgl. § 246a Abs. 2 Nr. 2 AktG und § 16 Abs. 3 Nr. 2 UmwG.

[9] Zum zeitlichen und wirtschaftlichen Druck auf die Gesellschaften infolge anhängiger Anfechtungsklagen vgl. Kiethe (2004), S. 490. Zur Auswirkung auf Kapitalmarkttransaktionen vgl. Hirschberger / Weiler (2004), S. 1138.

Weil der beherrschende Aktionär den wesentlichen Anteil am Verzögerungsverlust trägt und der Anfechtungskläger selbst nur geringfügig belastet wird, birgt die Anfechtungsklage ein erhebliches Erpressungspotenzial, das in der Vergangenheit trotz des Freigabeverfahrens[10] zu zahlreichen Vergleichen[11] zwischen Anfechtungsklägern und den betroffenen Gesellschaften geführt hat.[12]

Infolge der Anfechtung werden sowohl die übrigen Aktionäre als auch die Öffentlichkeit mit Kosten belastet.[13] Die Externalisierung der im Rahmen der Anfechtung entstehenden Kosten ist Regelungszweck, um eine Beschlussmängelkontrolle auch für den Kleinaktionär zu ermöglichen. Eine funktionierende Beschlussmängelkontrolle gewährleistet eine Senkung zukünftiger Transaktionskosten durch Vermeidung kostenintensiver Rückabwicklungen nicht legitimierter, aber vollzogener Hauptversammlungsbeschlüsse. Führt die Anfechtung jedoch nicht zu einer Senkung zukünftiger Transaktionskosten, weil Hauptversammlungsbeschlüsse unbegründet bzw. rechtsmissbräuchlich angefochten werden, steht den Kosten kein zukünftiger Nutzen gegenüber und die Aktionärsklage hat negative Wohlfahrtseffekte zur Folge.

Ein zum Anfechtungsrecht bisher in der Literatur vernachlässigter Sachverhalt ist die Quantifizierung und die empirische Evaluierung der durch Aktionärsklagen induzierten negativen Werteffekte. Im Rahmen der Empirie ist wesentlich, inwieweit die Information über anhängige Aktionärsklagen für den Kapitalmarkt[14] entscheidungsrelevant ist. Ein prognostizierter und publizierter Synergie-Cashflow[15] führt zunächst zu einem höheren inneren Wert der Aktie des betreffenden Unternehmens.[16] Die Blockadewirkung der Anfechtungsklage bewirkt jedoch, dass der Synergie-Cashflow nicht oder nicht in vollständiger Höhe realisiert werden kann. Dies reduziert wiederum den inneren Wert der Aktie. Wird das Risiko der Synergie-Cashflow-Reduzierung infolge anhängiger Klagen nicht antizipiert und im Kaufpreis nicht berücksichtigt, füh-

[10] Zum Freigabeverfahren vgl. § 246a AktG, § 319 Abs. 6 AktG und § 16 Abs. 3 UmwG.

[11] Eine Abfindungszahlung wird häufig durch Vereinbarungen über eine hohe Vergleichssumme und über die Aufteilung der Kosten verschleiert. Die Gesellschaft erklärt sich bereit, die gerichtlichen und die außergerichtlichen Kosten der Kläger zu tragen. Die möglicherweise überhöhten Anwaltskosten werden an die Kläger weitergegeben. Zu einer erweiterten Darstellung von Verschleierungstaktiken vgl. Hirte (1988), S. 1473.

[12] Vgl. insbesondere die Studien von Baums / Keinath / Gajek (2007), S. 1643, und Theisen / Raßhofer (2007), S. 109.

[13] Die Kosten werden hier als zahlungswirksam definiert.

[14] Die Summe der auf dem Kapitalmarkt agierenden Individuen wird im Folgenden als Kapitalmarkt bezeichnet.

[15] Der zukünftige Cashflow des verschmolzenen Unternehmens übersteigt die Summe der erwarteten Cashflows der rechtlich selbständigen Unternehmen. Die Realisierung positiver Synergien bei Fusionen ist jedoch in der Literatur umstritten. Vgl. hierzu etwa Kürsten (2003), S. 240.

[16] Zum inneren Wert einer Aktie als Kriterium der Investitionsentscheidung im Rahmen der fundamentalen Aktienanalyse vgl. Perridon / Steiner / Rathgeber (2009), S. 214 - 215.

ren Anfechtungsklagen zu Fehlinvestitionen.[17] Die Kenntnis über anhängige Anfechtungsklagen ist demzufolge für Investitions- und Desinvestitionsentscheidungen relevant, da sie Erwartungen über zukünftige Einzahlungsüberschüsse senkt[18] und den Shareholder-Value[19] reduziert.[20]

Das aktienrechtliche Anfechtungsrecht führt zu einem Dilemma, welches einerseits durch die positive Rechtsfolge der Beseitigung mangelhafter Hauptversammlungsbeschlüsse und andererseits durch negative Wohlfahrtseffekte infolge des Rechtsmissbrauchs gekennzeichnet ist. Die Rechtsausgestaltung der Anfechtungsklage ist dann in Frage zu stellen, wenn den Kosten der Anfechtung kein zukünftiger Nutzen gegenübersteht, was bei einem exzessiven Rechtsmissbrauch der Fall ist. Das Bundesverfassungsgericht stellte jedoch hinsichtlich der Abwägung der unternehmerischen Freiheit der Konzernleitung und der Schutzbedürftigkeit der Minderheiten klar, dass Missbräuche des Umwandlungsinstituts zum Nachteil außenstehender Aktionäre mit den Mitteln des allgemeinen Aktienrechts – Nichtigkeits- und Anfechtungsklage – bekämpft werden müssen.[21] Auch die Begründung des Regierungsentwurfes zum Gesetz zur Unternehmensintegrität und Modernisierung des Anfechtungsrechts (UMAG) stellt heraus, dass die Anfechtungsklage als Rechtsmittel zum Schutz des einzelnen Aktionärs unabhängig von der Beteiligungsquote und der Dauer der Beteiligung bestehen bleiben soll.[22] Die Argumentation ist konsistent, weil der Regelungszweck der Aktionärsklage nicht nur die Herstellung von Rechtssicherheit ist, sondern eben auch der Schutz der mitgliedschaftlichen Stellung des einzelnen Aktionärs. Das aktienrechtliche Anfechtungsrecht verfolgt einen doppelten Normzweck.[23]

Rechtsprechung und Gesetzgeber restringieren Reformkonzepte dahingehend, dass der Individualrechtsschutz einer gezielten Reduzierung des Rechtsmissbrauchs nicht zum Opfer fallen darf. Dies wäre z.B. dann der Fall, wenn das Anfechtungsrecht als Minderheitenrecht ausgestaltet wird. Jede Optimierung des Anfechtungsrechts kann

---

[17] Ein Kapitalmarkt ist dann informationseffizient, wenn die Kurse jede verfügbare Information vollständig widerspiegeln. Eine Kursänderung ergibt sich lediglich aufgrund neuer Information. D.h., es sind keine Prognosen auf der Grundlage alter, bereits in den Kursen verarbeiteter Informationen möglich. Es sei angenommen, dass zum Zeitpunkt der Investitionsentscheidung die Information über anhängige Anfechtungsklagen zunächst Insiderinformationen darstellen und nicht öffentlich verfügbar sind. Zu den Formen der Informationseffizienz vgl. Fama (1970), S. 383.

[18] Zur Intention entscheidungsnützlicher Information vgl. Wagenhofer / Ewert (2007), S. 105. Zur Informationsperspektive vgl. auch Hitz (2007), S. 333 - 334.

[19] Der Shareholder-Value ist als Marktwert des Eigenkapitals definiert. Vgl. Rappaport (1999), S. 39 - 40. Der Shareholder-Value-Ansatz schätzt den ökonomischen Wert der Investition und wird im Rahmen der fundamentalen Aktienanalyse als sog. innerer Wert aufgefasst.

[20] Zum Einfluss wertsteigernder Synergien auf den Shareholder-Value vgl. Kürsten (2003), S. 240.

[21] Vgl. BVerfG, Urteil vom 07.08.1962, S. 283.

[22] Vgl. dazu RegE UMAG, S. 49.

[23] Siehe Göz (2008), § 243 AktG, Anm. 1.

aus juristischer Perspektive nur unter der Bedingung eines garantierten Individualrechtsschutzes vollzogen werden.

1.2. Zielsetzung der Arbeit und Abgrenzung zu bereits bestehender Literatur

Die Ausgestaltung der Anfechtungsklage eignet sich für die Analyse aus ökonomischer Perspektive, weil das Auseinanderfallen von rechtlichem Anteilsbesitz und faktischer Abstimmungsmacht Handlungsfolgen der Individuen und damit verbundene materielle Konsequenzen nach sich zieht, die im Rahmen ökonomischer Theorien prognostizierbar und empirisch evaluierbar sind. Zudem sind die Kosten anhängiger Anfechtungsklagen modelltheoretisch quantifizierbar und können als Variable einer normativen Zielfunktion unter Beachtung entsprechender Restriktionen fungieren.

Im Rahmen dieser Arbeit wird auch ein auf der kooperativen Spieltheorie basierender Lösungsansatz entwickelt, der den Klagemissbrauch einschränken soll.[24] Es wird versucht, das Postulat eines garantierten Individualrechtschutzes nicht zu verwerfen, um den doppelten Normzweck des Anfechtungsrechts nicht zu konterkarieren. Wesentliches Novum des Reformvorschlages ist, dass dieser sich auf einer Angleichung rechtlicher und faktischer Machtverhältnisse gründet. Wie noch zu zeigen sein wird, ist das Auseinanderfallen von rechtlichem Anteilsbesitz und faktischer Abstimmungsmacht wesentliche Triebfeder missbräuchlicher Anfechtungsklagen.

Die bereits bestehende Literatur[25] zum Anfechtungsrecht basiert auf empirisch deskriptiven Untersuchungen[26] zu rechtsmissbräuchlichen Anfechtungsklagen und unterbreitet, meist darauf aufbauend, Reformansätze zur Eindämmung des Rechtsmissbrauches. Rechtsökonomische Ansätze, wie der zur Analyse des Freigabeverfahrens gemäß § 246a AktG,[27] stellen zwar eine Vielzahl ökonomisch zutreffender Tatbestände und adäquate Lösungskonzepte dar, analysieren jedoch die Verzögerungskosten und deren relative Veränderungen nicht im Detail. Weiterhin wurden negative Werteffekte anhängiger Anfechtungsklagen bisher nicht empirisch evaluiert. Die Quantifizierung der negativen Werteffekte, die Darstellung von Einflussgrößen und deren Veränderungen auf die Werteffekte sowie der mit der Modifikation verbun-

[24] Siehe Casajus / Labrenz / Hiller (2009).

[25] Vgl. etwa Baums (2000); Drinhausen / Keinath (2008); Florstedt (2009); Hirschberger / Weiler (2004), Hirte (1988); Kiethe (2004); Martens (1988); Mertens (1990); Noack (1989); Paschos / Goslar (2009); Schlaus (1988); Schwintowski (2007), Verse (2009), Waclawik (2006); Zöllner (2000).

[26] Vgl. Baums / Vogel / Tacheva (2000); Baums / Keinath / Gajek (2007) und Theißen / Raßhofer (2007).

[27] Vgl. Sauerbruch (2008).

dene Einfluss auf das Klageverhalten sollen Kern der Analyse sein. Die empirische Evaluierung der negativen Werteffekte erfolgt anhand einer Ereignisstudie zu blockierten Verschmelzungsbeschlüssen, welche die Kursreaktionen der betroffenen Unternehmen untersucht. Die jüngste Reform des Aktiengesetzes im Zuge des ARUG wird abschließend im Zusammenhang mit dem Ergebnis der empirischen Studie bewertet.

1.3. Gang der Untersuchung

Die Arbeit ist in sechs Kapitel gegliedert. Im Anschluss an dieses erste Kapitel erfolgen zunächst die Darstellung des Instrumentariums der ökonomischen Rechtsanalyse und die Erarbeitung eines normativen Rahmenkonzeptes.[28] Ein normativer Referenzrahmen ist erforderlich, um die in den ökonomischen Modellen prognostizierten Folgewirkungen zu bewerten.

In Kapitel drei werden die Anfechtungsgründe, die Klagebefugnis und die Blockadewirkung der Anfechtungsklage ausführlich erläutert. Weiterhin werden der Normzweck und die Wirkung des umwandlungsrechtlichen Freigabeverfahrens sowie die wesentlichen Neuerungen des ARUG in Bezug auf den Rechtsmissbrauch dargestellt.[29]

Im Kapitel vier werden zwei Prognosemodelle erarbeitet, welche ökonomische Folgewirkungen der aktienrechtlichen Anfechtungsklage aufzeigen sollen.[30] Beide Modelle basieren auf Implikationen der Property-Rights-Theorie.[31] Es werden die Zuordnung und Spezifikation der Property Rights und der daraus resultierende Einfluss zum einen auf den Unternehmenswert und zum anderen auf die Verhaltensweisen der Minderheitsaktionäre analysiert. Kernproblem stellt hierbei die Ausdünnung der Property Rights des Mehrheitsaktionärs durch das Rechtsinstitut der Anfechtungsklage dar.

Das erste Modell basiert auf dem Realoptionsansatz.[32] Anhand dessen wird gezeigt, wie der Unternehmenswert durch einen Verlust der zeitlichen Flexibilität, hervorgeru-

---

[28] Vgl. insbesondere Eidenmüller (2005).

[29] Zu einer Darstellung wesentlicher Neuerungen des Beschlussmängelrechts im Zuge des ARUG vgl. etwa Rothley / Wessing (2009) und Verse (2009).

[30] Dieser Teil der ökonomischen Rechtsanalyse wird als positive Analyse bezeichnet, der in Kapitel vier zunächst modelltheoretisch erarbeitet und in Kapitel fünf empirisch überprüft wird. Zum Instrumentarium der ökonomischen Rechtsanalyse vgl. Schmidt (2000), S. 34 - 35.

[31] Zur Property-Rights-Theorie vgl. etwa Schäfer / Ott (2005), S. 549 - 569.

[32] Zum Realoptionsansatz vgl. etwa Peemöller / Beckmann (2009), S. 1046 - 1075.

fen durch die Blockadewirkung der Anfechtungsklage, negativ beeinflusst wird.[33] Dies setzt voraus, dass die Möglichkeit zur Verschmelzung als Realoption dargestellt werden kann. Das zweite Modell ist ein spieltheoretisches. Mit einem Spiel in extensiver Form erfolgt die Darstellung der durch die Anfechtungsklage generierten Blockadestrategie. Es werden verschiedene Konzepte erarbeitet, welche die Blockadestrategie potenzieller Anfechtungskläger auflösen sollen.[34] Im Rahmen der kooperativen Spieltheorie wird die variable Mehrheitsregel als Lösungskonzept auf Basis einer Angleichung rechtlicher und faktischer Machtverhältnisse erarbeitet.[35]

Im fünften Kapitel werden die im Rahmen der positiven Analyse quantifizierten negativen Werteffekte, die durch Anfechtungsklagen induziert werden, empirisch überprüft. Eine erneute und weiterreichende Reform der Anfechtungsklage erscheint aus ökonomischer Perspektive erforderlich, wenn die Hypothese zu negativen Werteffekten nicht falsifiziert wird. Die Überprüfung sog. Überrenditen soll unter Zuhilfenahme einer Ereignisstudie[36], deren Datenmaterial auf blockierten Konzernverschmelzungen der Jahre 2003 bis 2009 basiert, ermittelt werden.

In Kapitel sechs werden die wesentlichen Ergebnisse der analytischen und empirischen Befunde zusammengefasst und abschließend beurteilt. Wesentlich ist hierbei vor allem, inwieweit die im Modell quantifizierten negativen Werteffekte empirisch nachweisbar sind. Das Kapitel schließt mit einem Fazit und einem Ausblick zur Wirksamkeit der im Rahmen des ARUG modifizierten Ausgestaltung des aktienrechtlichen Anfechtungsrechts im Vergleich zu wesentlichen Ergebnissen der ökonomischen Analyse des Anfechtungsrechts.

---

[33] Gemäß der Unternehmensbewertung auf Basis der Optionspreistheorie ermittelt sich der Unternehmenswert (UW) als Summe aus dem Grundwert (GW) und einem Optionswert (OW). Der Unternehmenswert berechnet sich dann wie folgt: UW = GW + OW. Vgl. dazu Matschke / Brösel (2007), S. 695 - 696. Damit ist es möglich, die Verschmelzungsoption als Bestandteil des Unternehmenswertes der Tochtergesellschaft aufzufassen.

[34] Zum teilspielperfekten Gleichgewicht vgl. Holler / Illing (2006), S. 110 - 113.

[35] Zum Konzept der variablen Mehrheitsregel vgl. Casajus / Labrenz / Hiller (2009), S. 13 - 16.

[36] Zur Methodik sog. Ereignisstudien vgl. etwa Gerpott / Jakopin (2006).

2. Die Ökonomische Analyse des Rechts

2.1. Entwicklung und Forschungsansatz der ökonomischen Analyse des Rechts

Die Vorgehensweise bei der Untersuchung und Bewertung der aktienrechtlichen Anfechtungsklage ist methodisch der ökonomischen Analyse des Rechts zuzuordnen. Gegenstand der ökonomischen Rechtsanalyse ist die Bewertung der Konsequenzen gerichtlicher Entscheidungen oder etablierter Rechtsnormen. Ziel ist es, Aussagen über die ökonomische Effizienz der Ausgestaltung bestimmter Rechtsnormen zu treffen und dementsprechend auf die Gestaltung des Rechtssystems Einfluss zu nehmen.[37] Anfang 1960 wurde die ökonomische Rechtsanalyse von der zunächst begrenzten Anwendung auf das Kartellrecht und das Recht der Wirtschaftsaufsicht auf sämtliche Rechtsgebiete ausgeweitet.[38] Hierzu zählen das Eigentumsrecht, das Vertragsrecht, das Deliktrecht, das Strafrecht und das Verwaltungs- sowie das Verfassungsrecht. Wesentliche Arbeiten auf diesem Gebiet von *Coase*[39], *Alchian*[40], *Becker*[41], *Calabresi* und *Melamed*[42] sowie *Landes* und *Posner*[43] haben die Rechtswissenschaft sowohl hinsichtlich des Grundverständnisses von Rechtsnormen und Instituten als auch die Rechtsprechung selbst beeinflusst.[44]

In den 90er Jahren wurde der Forschungsansatz der ökonomischen Analyse des Rechts in Nordamerika sowie in Westeuropa wesentlich befördert. Rechtswissenschaftliche Fakultäten und insbesondere Zeitschriften aus dem Bereich *Law and Economics* trugen wesentlich zur Popularität der ökonomischen Rechtsanalyse bei.[45] 1991 und 1992 gipfelte die Popularität dieser Wissenschaftsdisziplin in der Nobelpreisverleihung an *Coase* und *Becker*. Ende der 90er Jahre entstanden

---

[37] Vgl. Eidenmüller (2005), S. 4.

[38] Vgl. Backhaus (1987), S. 16.

[39] Zum sog. Coase-Theorem vgl. Coase (1960).

[40] Zur Theorie der Property Rights vgl. Alchian (1965).

[41] Zur Ökonomik der Kriminalität vgl. Becker (1968).

[42] Hinsichtlich der Verteilung von Risiken aus schädigenden Handlungen und in Bezug auf den Schutz von Property Rights vgl. Calabresi / Melamed (1972).

[43] Zur ökonomischen Analyse des Strafprozesses und des Gerichtssystems vgl. Landes / Posner (1975), S. 1 - 46.

[44] Vgl. Cooter / Ulen (2008), S. 2. Für eine Darstellung bedeutender Werke der ökonomischen Rechtsanalyse siehe Künzler (2009), S. 243.

[45] Bedeutende Fachzeitschriften sind die *International Review of Law and Economics*, das *Journal of Law and Economics* und das *Journal of Legal Studies*. Für den europäischen Raum befindet sich derzeit das *European Journal of Law and Economics* im Etablierungsprozess.

Organisationen, deren Arbeit sich speziell mit der ökonomischen Analyse des Rechts befasst und entsprechende Empfehlungen zur Gestaltung des Rechtssystems formuliert hat. Diese entstanden in Europa, Kanada und in den USA sowie in Lateinamerika und in Australien.[46]

Die ökonomische Rechtsanalyse geht von der Annahme aus, dass Individuen auf Rechtsnormen sowie auf gerichtliche Entscheidungen wie homines oeconomici reagieren,[47] d.h., Rechtsnormen oder Urteile lösen bei den betroffenen Individuen bestimmte Handlungen aus. Die verhaltenssteuernde Wirkung von Rechtsnormen wird anhand der positiven Analyse untersucht.[48] Dieser Ansatz ist geeignet, Rechtsnormen daraufhin zu prüfen, inwieweit der vom Gesetzgeber legitimierte Normzweck erfüllt wird.[49] Zur Prognose eignen sich Methoden sowohl der neoklassischen Mikroökonomik als auch der Neuen Institutionenökonomik.[50] Eine Integration erweiterter Modellannahmen, wie z.B. beschränkt rationales Verhalten oder Informationsasymmetrie, führt zu einem sog. Hybridmodell, welches Annahmen aus der Neoklassik mit Annahmen aus der neuen Institutionenökonomik verbindet. Der Beitrag zur Rechtsnormgestaltung der ökonomischen Analyse basiert auf dem Prinzip der Verteuerung unerwünschter Verhaltensweisen durch rechtliche Sanktionen, so dass diese Handlungen in der Rechtstatsächlichkeit vermieden bzw. korrigiert werden können.[51]

Der Bewertungsmaßstab der durch Rechtsnormen oder Urteile ausgelösten Folgen ist die ökonomische Effizienz i.S.d. Wohlfahrtsökonomie. Effizient sind demnach Folgen, die den gesellschaftlichen Wohlstand erhöhen.[52] Rechtsinstitutionen sollten Normen und Urteile daran ausrichten, inwieweit diese zu erwünschten Handlungen der Individuen führen und somit die Wohlfahrt positiv beeinflussen bzw. wertneutral wirken.[53] Hinsichtlich der Abgrenzung zu verwandten Forschungsansätzen[54] ist für die ökonomische Analyse des Rechts charakteristisch, dass die Bewertung rechtlicher Normen ausschließlich anhand der normativen Wohlfahrtsökonomie vollzogen

[46] Vgl. Cooter / Ulen (2008), S. 2 - 3.

[47] Vgl. etwa Backhaus (1987), S. 16 - 17. Zu einer ausführlichen Abhandlung des in den Sozial- und Wirtschaftswissenschaften verwendeten ökonomischen Modells des homo oeconomicus vgl. Kirchgässner (1991).

[48] Vgl. Schmidt (2000), S. 34 - 35. Zur Abgrenzung der positiven und normativen Wissenschaft vgl. Fülbier (2005), S. 20 - 21, und Fülbier / Weller (2009), S. 353 - 354.

[49] Vgl. insbesondere Schmidt (2000), S. 36.

[50] Hinsichtlich der Subsumierung der ökonomischen Rechtsanalyse unter neoklassische Analysemethoden vgl. Richter / Furubotn (2003), S. 4.

[51] Vgl. etwa Cooter / Ulen (2008), S. 3.

[52] Vgl. Künzler (2009), S. 243.

[53] Siehe Eidenmüller (2005), S. 4.

[54] Hierzu zählen insbesondere die Neue Institutionenökonomik, die ökonomische Theorie der Politik und die ökonomische Verfassungstheorie.

wird. Der Vorteil der ökonomischen Analyse des Rechts besteht in einer erheblichen Komplexitätsreduktion. Diese Komplexitätsreduktion birgt die Chance zur Förderung der interdisziplinären Arbeit zwischen Juristen und Ökonomen und damit zur Schaffung nationaler sowie internationaler Rechtsnormen nach den Kriterien ökonomischer Effizienz. Unter Beachtung der ökonomischen Folgewirkungen, die im Rahmen des ökonomischen Verhaltensmodells prognostizierbar und anschließend falsifizierbar sind, entwickelt sich die Rechtswissenschaft zu einer Realwissenschaft.[55]

Das normative Konzept der ökonomischen Analyse des Rechts basiert auf Rationalität und Individualismus.[56] Allerdings ist zu bezweifeln, dass die zugrunde gelegten mikroökonomischen Verhaltensannahmen dazu geeignet sind, Rechtsnormen zu erlassen, die auch ethischen Ansprüchen genügen.[57] Eine Soll-Konzeption, welche sich auf ein stark abstrahierendes Verhaltensmodell gründet, ist nicht allein dazu geeignet, als Orientierung bei der Ausgestaltung von Rechtsnormen dienlich zu sein. Dennoch sollte es ergänzend zum freiheitlichen Rechtsdenken hinzutreten und im Rechtsfindungsprozess nicht unbeachtet bleiben.

Vor dem Hintergrund der genannten Kritik des Effizienzkriteriums ist trotzdem vorteilhaft, dass die neoklassische Analysemethode auf konkrete Fragen rechtswissenschaftlicher Natur konkrete Antworten liefern kann.[58] Die Umsetzung der im ökonomischen Theoriegebäude gefundenen Lösungsvorschläge sollte hinsichtlich ihrer praktischen Anwendung allerdings kritisch überprüft werden. Insbesondere im Hinblick auf die restriktiven Annahmen, auf fehlende empirische Fundierungen und auf das Ignorieren ethisch moralischer Zielvorgaben sollten die Ergebnisse der ökonomischen Analyse des Rechts hinterfragt werden.[59] Problematisch und auslegungsbedürftig ist hierbei insbesondere die Definition ökonomischer Effizienz, an der sich Rechtsnormen in ihrer Folgewirkung orientieren sollen. Daher ist es auch im Rahmen dieser Arbeit erforderlich, die Gründe für die Verwendung des neoklassischen Effizienzkriteriums als Orientierungsmaßstab darzulegen.

---

[55] Vgl. Eidenmüller (2005), S. 6.
[56] Siehe Weigel (2003), S. 13 und S. 17.
[57] Vgl. Fezer (1986), S. 822.
[58] Hierzu Schäfer / Ott (2005), S. 63 - 64.
[59] Vgl. Eidenmüller (2005), S. 14.

2.2. Konzeptioneller Rahmen der klassischen ökonomischen Analyse des Rechts

2.2.1. Verhaltensannahmen der Individuen

Das der ökonomischen Analyse des Rechts zugrunde liegende Verhaltensmodell ist das des homo oeconomicus. Der homo oeconomicus repräsentiert stark vereinfachte und von der Realität abstrahierte Grundannahmen oder Prinzipien menschlichen Verhaltens. Infolge der starken Abstraktion werden die Reaktionen der Individuen auf sich verändernde Umweltbedingungen prognostizierbar.[60] Kennzeichnend für das neoklassische Forschungsprogramm ist das Ableiten ökonomischer Erklärungen und Handlungsempfehlungen aus der Analyse des Verhaltens des Individuums. Diese Vorgehensweise wird als methodologischer Individualismus bezeichnet.[61] So ist es z.B. möglich, individuelles Verhalten infolge der Einführung oder Veränderung einer Rechtsnorm vorherzusagen und die im Modell ermittelten Ergebnisse zu bewerten.[62] Die dem Verhaltensmodell des homo oeconomicus zugrunde liegenden Prinzipien sind das Individualprinzip, das Prinzip der Problemorientierung, das Prinzip der Trennung zwischen Präferenzen und Restriktionen, das Rationalitätsprinzip, das Prinzip der Nicht-Einzelfallbetrachtung und das Prinzip des methodologischen Individualismus.[63]

Das Individualprinzip besagt, dass die Individuen ihr Handeln ausschließlich an ihren eigenen Präferenzen orientieren und dass die Präferenzen von Individuen den Wertmaßstab zur Beurteilung möglicher Problemlösungen darstellen. Das ökonomische Verhaltensmodell berücksichtigt nur wesentliche Präferenzen und Restriktionen der Individuen, um auf problematische Aspekte der wirtschaftlichen Realität zu verweisen. Dieser abstrahierenden Vorgehensweise ist das Prinzip der Problemorientierung immanent.

Das Prinzip der Trennung zwischen Präferenzen und Restriktionen ist deshalb wichtig, um den Einfluss der Veränderung von Restriktionen auf das Verhalten der Individuen analysieren zu können. Ausfluss des Rationalitätsprinzips ist die individuelle Abwägung alternativer Handlungsmöglichkeiten unter dem Kosten-Nutzen-Kalkül. In den ökonomischen Modellen wird stets eine große Zahl individueller Handlungen

[60] Siehe Friedman (1953), S. 7.

[61] Vgl. insbesondere Jansen (2005a), S. 56.

[62] Vgl. Weigel (2003), S. 16.

[63] Zu einer ausführlicheren Darstellung der dem homo oeconomicus zugrunde liegenden Prinzipien vgl. Kirchgässner (1991), S. 13-27. Vgl. auch Erlei / Leschke / Sauerland (2007), S. 2 - 6, und Göbel (2002), S. 23.

untersucht und keine Aussagen über das Verhalten einzelner Individuen getroffen. Dies ist das Prinzip der Nicht-Einzelfallbetrachtung. Das Prinzip des methodologischen Individualismus führt Eigenschaften von sozialen Systemen auf die in diesen Systemen agierenden Individuen zurück. Das zentrale und kennzeichnende Prinzip des homo oeconomicus ist das rationale Handeln.

I.S.d. mikroökonomischen Theorie verhalten sich die Individuen rational, wenn sie bestrebt sind, ihren Nutzen zu maximieren. Das Nutzenmaximierungskalkül ist geeignet, Erklärungen für beobachtetes Verhalten zu finden und hieraus Handlungsempfehlungen abzuleiten.[64] Rationalität bezüglich der Verbrauchertheorie beinhaltet grundlegende Annahmen über die Bevorzugung eines Warenkorbes gegenüber einem anderen. Mit Hilfe dieser Annahmen kann das Konsumentenverhalten zumindest annähernd plausibilisiert werden. Es wird einerseits von vollständigen, reflexiven und transitiven Präferenzen sowie von Stetigkeit ausgegangen[65] und andererseits von strenger Konvexität sowie von Nichtsättigung.[66]

Vollständigkeit bedeutet, dass alle beliebigen Güterbündel miteinander verglichen werden können.[67] Für die Güterbündel *X* und *Y* bedeutet dies, dass entweder gilt $(X_1 ; X_2) \geq (Y_1 ; Y_2)$ oder $(Y_1 ; Y_2) \geq (X_1 ; X_2)$ oder, im Falle der Indifferenz, beides.[68] Die Transitivität sagt aus, dass im Falle von $(X_1 ; X_2) \geq (Y_1 ; Y_2)$ und $(Y_1 ; Y_2) \geq (Z_1 ; Z_2)$ gleichfalls auch $(X_1 ; X_2) \geq (Z_1 ; Z_2)$ gilt.[69] Die Annahme der Reflexivität meint, dass jedes Güterbündel mindestens genauso gut ist wie es selbst. Die Stetigkeit sagt aus, dass sich die Bewertung nicht sprunghaft ändert, sondern dass es zu jedem Güterbündel ein weiteres gibt, welches ähnlich bewertet wird. Strenge Konvexität bedeutet, dass gemischte Güterbündel denen vorgezogen werden, die einseitig viel von nur einem Gut enthalten. Unter Nichtsättigung wird verstanden, dass das Individuum eine größere Menge eines Gutes oder Güterbündels einer kleineren Menge stets vorziehen wird.[70]

---

[64] Vgl. Jansen (2005a), S. 57. Auch gesellschaftliche Verhaltensweisen sind mit dem Nutzenmaximierungskalkül erklärbar. Vgl. Becker (1982), S. 149 - 152.

[65] Die Vollständigkeit, die Transitivität, die Reflexivität und die Stetigkeit werden auch als formale Axiome bezeichnet. Vgl. Donges / Freytag (2004), S. 68. Vgl. zu den Axiomen auch Varian (2007), S. 41 - 42, und Cooter / Ulen (2008), S. 22 - 23.

[66] Strenge Konvexität und Nichtsättigung stellen inhaltliche Axiome dar. Vgl. Donges / Freytag (2004), S. 68.

[67] Vgl. etwa Pindyck / Rubinfeld (2005), S. 105 - 106.

[68] Vgl. Varian (2007), S. 41.

[69] Vgl. etwa Perloff (2009), S. 76.

[70] Vgl. Donges / Freytag (2004), S. 68 - 69.

Unter Beachtung der Budgetrestriktion[71] wählt der Konsument dasjenige Güterbündel, welches seinen Nutzen maximiert.[72] Dabei ist der Nutzen der Individuen nur ordinal und nicht kardinal messbar.[73] Nutzeninterdependenzen in der Gestalt von Neid, demonstrativen Konsum oder Altruismus werden annahmegemäß ausgeschlossen. Die Individuen sind rationale Personen, die sich nicht als Mitglied einer Gruppe begreifen und lediglich aufgrund von Tauschbeziehungen interagieren.[74]

Diese Annahmen über das menschliche Verhalten auf Faktor- und Gütermärkten wurden auf andere Bereiche ausgedehnt.[75] Auch zur Prognose der Reaktion der Individuen auf das Erlassen von Rechtsnormen werden diese Verhaltensannahmen zugrunde gelegt.[76] Der Grad der Verbindlichkeit einer Rechtsnorm ist im Rahmen des ökonomischen Verhaltensmodells direkt mit der Sanktion verknüpft, die im Falle der Rechtsübertretung droht. Eine Strafzahlung bei Verletzung einer Rechtsnorm verteuert diese Handlungsalternative und wirkt dann wie ein Preis, den das Individuum einkalkulieren wird. Wird die Rechtsverletzung infolge der drohenden Sanktion für das Individuum zu teuer, wird es diese mit einer anderen Handlungsalternative substituieren. Demzufolge wirken Sanktionen für das nutzenmaximierende Individuum wie Handlungsrestriktionen.[77]

Die Ausrichtung der Gestaltung von Rechtsnormen am ökonomischen Verhaltensmodell ist nicht kritiklos.[78] Dennoch soll auch im Rahmen dieser Arbeit der homo oeconomicus als stark abstrahiertes Modellindividuum dienen, an dem sich die Ausgestaltung der Anfechtungsklage analysieren lässt. Diese stark abstrahierende Modelltheorie kann gerechtfertigt werden, weil eine empirische Evaluierung der analytischen Befunde im Rahmen einer Ereignisstudie durchgeführt wird. Die Wirkung der im Rahmen der Modellanalyse zu untersuchenden Rechtsnormgestaltung besitzt insofern Gültigkeit, als diese empirisch evaluierbar ist.[79]

---

[71] Dem Konsumenten steht nur ein begrenztes Einkommen zur Verfügung.

[72] Vgl. auch Pindyck / Rubinfeld (2005), S. 127, und Varian (2007), S. 85 - 87.

[73] Bei einem Vergleich zweier Güterbündel kann nur angegeben werden, inwieweit der Nutzen aus dem Konsum eines Güterbündels höher, gleich hoch oder niedriger als der Konsum des anderen Güterbündels ist. Es können keine Aussagen darüber getroffen werden, um welchen Betrag der Nutzen höher oder niedriger ist. Es gibt bisher keine Möglichkeit, die kardinale Nutzenmessung durchzuführen. Vgl. Donges / Freytag (2004), S. 69.

[74] Vgl. Donges / Freytag (2004), S. 70.

[75] Vgl. Becker (1968); Becker (1973) und Becker (1974).

[76] Vgl. Cooter / Ulen (2008), S. 13, und Posner (1992), S. 3 - 4.

[77] Vgl. Becker (1968), S. 176 - 178.

[78] Vgl. etwa Tietzel (1981b), S. 134. Vgl. auch Schmidt (2000), S. 37.

[79] Vgl. Friedman (1953), S. 8 - 9, und S. 14 - 15, sowie S. 16 - 23, und S. 40 - 41.

2.2.2. Prämissen der Gleichgewichtstheorie der Neoklassik

Die zuvor beschriebenen Verhaltensannahmen der Wirtschaftssubjekte dienen im Rahmen neoklassischer Analysen zur Bestimmung markträumender Gleichgewichtspreise. Der Gleichgewichtspreis führt zu einer effizienten Allokation und zu einer den Präferenzen entsprechenden Bedürfnisbefriedigung der Individuen. So gesehen ist der Gleichgewichtspreis der normative Referenzpunkt der allgemeinen Gleichgewichtstheorie, denn ein im Wettbewerb existierendes Gleichgewicht aller Märkte stellt ein Pareto-Optimum dar.[80] Der Gleichgewichtstheorie liegen wieder Prämissen des vollkommenen Marktes zugrunde, die im Folgenden genannt werden sollen.[81] Die Benennung dieser Prämissen ist notwendig, weil diese auch im Rahmen der ökonomischen Rechtsanalyse gelten.

Die Anbieter und Nachfrager sind Mengenanpasser und haben keinerlei Macht zur Gestaltung von Märkten. Deshalb wird auch eine Machtposition einzelner Individuen infolge der Koalitionsbildung annahmegemäß ausgeschlossen. Die Leistungen und Güter sind homogen. Es gibt keine Unterschiede in räumlicher, zeitlicher oder sachlicher Hinsicht. Weiterhin sind alle Marktteilnehmer ohne Informationsbeschaffungskosten vollständig informiert und können ohne Kosten auf Preisunterschiede ad hoc reagieren. Der Wissensbestand der Entscheidungsträger ist, anders als bei dem evolutorischen Ansatz[82], eine exogene, vorgegebene Größe. Deswegen sind Veränderungen des Wissensbestandes nicht erklärbar.[83] Anbieter und Nachfrager schließen vollständige Verträge, wobei Täuschung und Unsicherheit ausgeschlossen sind. Der Vertragsabschluss, die Vertragsänderung und auch die Überwachung der vereinbarten Leistungen verursachen keinerlei Kosten.[84]

Die Prämissen der Gleichgewichtstheorie dienen dazu, gehaltvolle Hypothesen abzuleiten, die empirisch evaluierbar sind. Die Annahme konkurrenzgleichgewichtiger Märkte erlaubt es mithin, Partialanalysen unter der Ceteris-paribus-Annahme durchzuführen.[85] Speziell für die ökonomische Analyse führen Konkurrenzgleichgewichte dazu, dass für ein und dasselbe Gut nur ein Preis existiert,[86] dass vollkommene Märkte Pareto-effizient[87] und dass wirtschaftliche Entscheidungen auf vollkommenen

[80] Vgl. auch Neumann (2002), S. 276 - 277.

[81] Vgl. Erlei /Leschke / Sauerland (2007), S. 44 - 46, und Göbel (2002), S. 28 und 29.

[82] Vgl. Paul / Horsch (2004).

[83] Vgl. Jansen (2006), S. 407.

[84] Vgl. etwa Klump (2006), S. 51 - 54.

[85] Vgl. Jansen (2005a), S. 55.

[86] Zum Gesetz der Unterschiedslosigkeit der Preise vgl. Jevons (1871), S. 91 - 94.

[87] Umgekehrt kann jedes Pareto-Optimum als Wettbewerbsgleichgewicht zustande kommen. Zur mathematischen Herleitung siehe Arrow (1951), S. 511 - 525.

Märkten separierbar sind.[88] Die Paradigmen methodologischer Individualismus und Gleichgewichtstheorie lassen die Neoklassik zu einer positiven Wissenschaft werden.[89]

2.2.3. Das Effizienzkriterium als normative Entscheidungsregel

2.2.3.1. Definition des Effizienzkriteriums

2.2.3.1.1. Einführende Bemerkungen zur ökonomischen Effizienz

Die im Rahmen der Modellanalyse ermittelten Folgewirkungen der Rechtsnormgestaltung zum Anfechtungsrecht sollen normativ bewertet werden.[90] Dafür ist ein geeigneter Referenzmaßstab erforderlich.[91] Normativen Aussagen liegen jedoch immer Werturteile zugrunde, die als solche kenntlich gemacht werden sollten.[92] Die der normativen Analyse zugrunde liegenden Werturteile sollten unabhängig von der ideologischen Position des Betrachters gewählt werden, so dass diese von einem Großteil der Bevölkerung getragen werden können.[93] Einen normativen Referenzrahmen sollten deshalb sog. schwache Werturteile bilden, um zu gewährleisten, dass eine daran ausgerichtete Gestaltung von Rechtsnormen auf einem möglichst breiten Konsens der Gesellschaft beruht. Damit soll ausgeschlossen werden, dass politische Handlungen oder eben die Ausgestaltung von Rechtsnormen ideologisch geprägt sind.[94]

Es wird zwischen dem individualistischen und dem paretianischen Werturteil unterschieden. Erstgenanntes beruht auch auf dem methodologischen Individualismus, welcher die Existenz einer gesellschaftlichen oder sozialen Wohlfahrt grundsätzlich ablehnt. Das in der ökonomischen Analyse des Rechts zugrunde gelegte Werturteil ist das paretianische Werturteil. Danach wird die Existenz einer gesellschaftlichen Wohlfahrt anerkannt, die vom Nutzen der in der Gesellschaft lebenden Individuen positiv abhängig ist. Der Nutzen der Individuen ist wiederum positiv von der konsumierten Menge des in der Volkswirtschaft verfügbaren Güterbündels abhängig. Da-

[88] Zur Separierbarkeit wirtschaftlicher Entscheidungen siehe Fisher (1930), S. 253 - 270.

[89] Vgl. Neumann (2002), S. 272.

[90] Eine normative Aussage liegt beispielsweise dann vor, wenn die durch wirtschaftspolitische Maßnahmen induzierten Handlungsfolgen beurteilt werden. Vgl. Peters (1980), S. 19. Zur normativen Forschung in der Betriebswirtschaftslehre vgl. Fülbier (2005), S. 20.

[91] Vgl. Donges / Freytag (2004), S. 39 - 40.

[92] Vgl. Fülbier / Weller (2009), S. 353 - 354; Rieter (2002), S. 151 - 152, und Weimann (2006), S. 34 - 35.

[93] Hierzu Peters (1980), S. 20.

[94] Vgl. Donges / Freytag (2004), S. 38 und S. 70.

nach steigt die gesellschaftliche Wohlfahrt dann, wenn die Wohlfahrt eines einzelnen Individuums steigt, auch wenn die Wohlfahrt aller anderen Individuen konstant bleibt.[95]

Die normative Zielgröße der ökonomischen Analyse des Rechts ist folglich das wohlfahrtsökonomische Effizienzkriterium.[96] Im Rahmen der paretianischen Wohlfahrtsökonomie[97] werden auf Grundlage eines ordinalen Nutzenbegriffs Auswirkungen von Maßnahmen der Wirtschaftpolitik auf die gesamtgesellschaftliche Wohlfahrt analysiert und bewertet.[98] Die paretianische Wohlfahrtsökonomie basiert auf dem Postulat des Welfarismus, welches fordert, dass das Gemeinwohl ausschließlich als Funktion der Wohlfahrt der einzelnen Individuen definiert wird.[99] Die paretianische Wohlfahrtsökonomie ist mit dem Grundsatz der Präferenzautonomie vereinbar. Die Präferenzautonomie besagt, dass die Individuen ihre Präferenzen selbst bestimmen können.[100]

Auf Basis der Wohlfahrtsökonomie werden normative Aussagen hinsichtlich der Vorteilhaftigkeit sozialer Zustände aufgestellt und begründet.[101] Die Bewertung sozialer Zustände setzt aber voraus, dass sich individuelle Präferenzen zu kollektiven aggregieren lassen. Die Wohlfahrtstheorie basiert auf Utilitarismus, der kardinal messbaren Nutzen, lineare Nutzenfunktionen und interpersonelle Nutzenvergleiche voraussetzt.[102] *Robbins* kritisierte die Annahmen des Utilitarismus und führte den ordinalen Nutzenvergleich ein.[103] *Bergson* und *Samuelson* konstruierten eine ordinale soziale Wohlfahrtsfunktion.[104] Mit Aufgabe der kardinalen Messbarkeit ist es jedoch unmöglich, ein Maximum der gesellschaftlichen Wohlfahrt anzustreben. Es existiert kein Wahlverfahren, das aus den Präferenzen von mehr als zwei Individuen über mehr als zwei Zustände eine eindeutige intervallskalierte gesellschaftliche Bewertung der Zustände ableiten kann. Den formalen Beweis hierfür liefern sowohl das sog. Condorcet-Paradoxon[105] als auch das sog. Arrow-Unmöglichkeitstheorem.[106] Dem abgelei-

---

95 Vgl. Donges / Freytag (2004), S. 71 - 72.
96 Vgl. Eidenmüller (2005), S. 41.
97 Gemeint ist die von Pareto weiterentwickelte Theorie der Wohlfahrtsökonomie. Zur Dogmengeschichte der Wohlfahrtsökonomie vgl. Kleinewefers (2008), S. 35 - 62.
98 Siehe Schumann (2002), S. 234.
99 Vgl. Bentham (1789), S. 12.
100 Vgl. Eidenmüller (2005), S. 47.
101 Siehe Neumann (2002), S. 272.
102 Vgl. Kleinewefers (2008), S. 37.
103 Vgl. Robbins (1938), S. 636.
104 Vgl. Bergson (1938), Samuelson (1956) und Samuelson (1977).
105 Zum Condorcet-Paradoxon vgl. Weimann (2006), S. 171 - 174.
106 Siehe Arrow (1963), S. 24 - 31 sowie S. 96 - 100.

teten Optimum einer ordinalen Wohlfahrtsfunktion kann kein gesellschaftlich verpflichtender Gehalt zukommen.[107]

Weiterhin wurde das Verteilungsproblem aus der Wirtschaftspolitik gestrichen, weil interpersonelle Nutzenvergleiche dies nicht mehr ermöglichen. Die Wohlfahrtsökonomie ist lediglich in der Lage, zu definieren, welcher soziale Zustand allokationseffizient ist und unter welchen Bedingungen das Optimum erreicht wird. Es gibt so viele Optima wie denkbare Ausgangsverteilungen, jedoch gibt es kein Kriterium, welches die sozialen Zustände vergleichen und das Maximum ableiten könnte. Dennoch ist die paretianische Wohlfahrtsökonomie Argumentationsgrundlage wirtschaftspolitischer Entscheidungen.[108]

Es gibt unterschiedliche aus der Wohlfahrtsökonomie abgeleitete Wohlfahrtsveränderungskriterien, nach denen eine spezifische Güterallokation bzw. die Herstellung eines bestimmten sozialen Zustandes als effizient bewertet werden kann. Die wohl bekanntesten sind das Pareto-Kriterium, welches nach dem italienischen Ökonom und Soziologen *Pareto* benannt wurde, sowie das Kaldor-Hicks-Kriterium. Letzeres wurde von den Ökonomen *Kaldor* und *Hicks* entwickelt.

2.2.3.1.2. Das Pareto-Kriterium als Entscheidungsregel zur Rechtsnormgestaltung

Für die Anwendung des Pareto-Kriteriums sind kardinale Nutzenmessung und interpersonelle Nutzenvergleiche nicht erforderlich.[109] Deshalb sind Situationsveränderungen, bei denen es Gewinner und Verlierer gibt, nach dem Pareto-Kriterium nicht bewertbar.[110] Zu unterscheiden sind das schwache und das strenge Pareto-Kriterium.[111] Zentrale Bedeutung hat das Pareto-Kriterium vor allem in der strengen Version erlangt.[112] Nach dem strengen Pareto-Kriterium ist ein Zustand A ökonomisch effizient, wenn jedes Individuum entweder den Zustand A gegenüber Zustand B persönlich präferiert oder zwischen beiden Zuständen indifferent ist. Mindestens ein Individuum muss jedoch den Zustand A vorziehen, sollten alle anderen Individu-

[107] Vgl. Jansen (2006), S. 103, mit Verweis auf Calabresi (1991), S. 1217.
[108] Vgl. Kleinewefers (2008), S. 43.
[109] Vgl. Hanusch / Kuhn / Cantner (1994), S. 18.
[110] Vgl. Kleinewefers (2008), S. 64.
[111] Siehe Sen (1970), S. 28 - 29.
[112] Hierzu Peters (1980), S. 44.

en indifferent sein.[113] Pareto-effizient[114] ist ein Zustand dann, wenn es nicht möglich ist, ein Individuum besser zu stellen, ohne ein anderes dabei schlechter zu stellen.[115] Sozialwahlentscheidungen, welche diese Bedingung erfüllen, werden als Pareto-superiore Entscheidungen oder auch Pareto-Verbesserungen bezeichnet.[116] Entscheidungen, in denen sich ein Individuum zugunsten aller anderen schlechter stellt, genügen dem Pareto-Kriterium nicht. Derartige Entscheidungen werden Pareto-inferiore Entscheidungen genannt.[117] Die Pareto-Effizienz ist nicht mit Verteilungsgerechtigkeit gleichzusetzen.[118]

Wie erwähnt, wird Pareto-Optimalität nicht mit einem Wohlfahrtsbegriff verbunden, der eine gerechte Einkommens- und Vermögensverteilung einschließt.[119] Gerechtigkeit und Effizienz können insbesondere bei der Gestaltung von Rechtsnormen und auch in der Rechtsprechung teilweise konkurrierende Ziele sein.[120] Jedoch ist jede Gerechtigkeitsvorstellung ein starkes Werturteil, das nicht von jedem Individuum in der Gesellschaft geteilt werden muss.[121] Unter Ausschluss von Verteilungsgerechtigkeit ist das Pareto-Kriterium für die Beurteilung der Folgewirkungen von Rechtsnormen ein durchaus theoretisch geeigneter normativer Referenzrahmen.[122] Daher sollte dieses als Idealzustand hinsichtlich politischer Entscheidungen oder eben auch hinsichtlich der Gestaltung von Rechtsnormen angestrebt werden.[123] Zumindest ist es anhand des Pareto-Kriteriums möglich, ineffiziente Zustände von effizienten zu unterscheiden.[124]

Das Pareto-Kriterium ist jedoch wenig praktikabel. Unter idealtypischen Bedingungen führt freier Handel in einer Gesellschaft dazu, Pareto-Ineffizienzen auszugleichen,

---

[113] Das schwache Pareto-Kriterium besagt, dass ein Zustand A gegenüber einem Zustand B sozial besser ist, wenn jedes Mitglied der Gesellschaft Zustand A gegenüber Zustand B persönlich präferiert. Vgl. auch Schäfer / Ott (2005), S. 25.

[114] Die Pareto-Effizienz umfasst die effiziente Produktion, die effiziente Konsumtion und eine effiziente Produktionsstruktur. Pareto-Effizienz liegt demnach lediglich dann vor, wenn alle drei Effizienzbedingungen erfüllt sind. Vgl. Schumann (2002), S. 235.

[115] Vgl. Cooter / Ulen (2008), S. 17 - 18; Klump (2006), S. 13; Pindyck / Rubinfeld (2005), S. 763, und Varian (2007), S. 14 - 15.

[116] Vgl. Schäfer / Ott (2005), S. 24 - 25.

[117] Vgl. Donges / Freytag (2004), S. 72.

[118] Vgl. Pareto (1897), S. 90. Siehe auch Schumann (2002), S. 236.

[119] Vgl. Schumann (2002), S. 236.

[120] Siehe Jansen (2006), S. 112.

[121] Zur Verteilungsgerechtigkeit als wirtschaftspolitisches Ziel vgl. Klump (2006), S. 270 - 272.

[122] Vgl. Donges / Freytag (2004), S. 72 - 73.

[123] Vgl. Schäfer / Ott (2005), S. 25.

[124] Hierzu Peters (1980), S. 45.

indem Parteien Verträge schließen und Transaktionen durchführen.[125] Der erste Lehrsatz der Wohlfahrtsökonomie besagt, dass bei freiem Handel alle vorteilhaften Tauschgeschäfte durchgeführt werden und dass die sich ergebende Gleichgewichtsallokation der Ressourcen ökonomisch effizient ist.[126] In Anwendung auf die ökonomische Analyse des Rechts besagt dieser Lehrsatz, dass Rechtsnormen nicht bewirken dürfen, dass Individuen schlechter gestellt werden. Diese dürfen nicht Pareto-inferior sein. Eine Schlechterstellung einzelner Individuen müsste dann durch eine entsprechende Entschädigungszahlung kompensiert werden, um dem Pareto-Kriterium zu genügen. Ein Beispiel hierfür wäre die Enteignung gegen Zahlung einer Entschädigung gemäß Art. 14 Abs. 3 Satz 1 und 2 GG.[127] Jedoch ist es nicht möglich, alle Individuen, welche marginal infolge von Gesetzesbeschlüssen beeinträchtigt werden, zu entschädigen. Unterbleiben Entschädigungszahlungen, so genügt die Durchsetzung der entsprechenden Maßnahme nicht dem Pareto-Kriterium.[128] Wird das Pareto-Kriterium in erweiterter Fassung als Abstimmungsregel interpretiert,[129] räumt es jedem Individuum ein Vetorecht ein.[130] Da aber jede Veränderung einer existierenden Verteilung dazu führt, dass irgendjemand schlechter gestellt wird, ist das Pareto-Kriterium auch deshalb als Referenzmaßstab ungeeignet.[131]

2.2.3.1.3. Das Kaldor-Hicks-Kriterium als Entscheidungsregel zur Rechtsnormgestaltung

Das Kaldor-Hicks-Kriterium bewertet einen sozialen Zustand A gegenüber einem sozialen Zustand B auch dann als besser, wenn bei Herstellung des Zustandes A einige Individuen schlechter gestellt werden. Voraussetzung ist allerdings, dass die im Zustand A besser gestellten Individuen die benachteiligten entschädigen können und dass den besser gestellten Individuen nach Entschädigungszahlung noch ein Residualvorteil verbleibt.[132] Es ist nicht erforderlich, dass die Entschädigungszahlung tatsächlich geleistet wird.[133] Es kommt lediglich auf eine potenziell mögliche Entschädi-

---

125 Die Vertragsabschlüsse zwischen den Individuen einer Gesellschaft kommen unter fairen Bedingungen zustande, die alle Beteiligten besser stellen, und die Verträge haben keine negative Drittwirkung. Vgl. Kleinewefers (2008), S. 65.

126 Vgl. Pindyck / Rubinfeld (2005), S. 771.

127 Vgl. Eidenmüller (2005), S. 49 - 50.

128 Vgl. Hanusch / Kuhn / Cantner (1994), S. 18.

129 Zum Pareto-Kriterium in erweiterter Fassung vgl. Peters (1980), S. 45 - 47.

130 Jedes Individuum ist in der Lage, jede Veränderung eines bestehenden sozialen Zustands zu blockieren. Siehe Buchanan / Tullock (1962), S. 259.

131 Vgl. Jansen (2006), S. 102.

132 Siehe Kaldor (1939), S. 550, und Hicks (1939), S. 706.

133 Vgl. etwa Cooter / Ulen (2008), S. 47 - 48.

gungszahlung mit verbleibendem Residualvorteil für die Bessergestellten an.[134] Entscheidungen nach dem Kaldor-Hicks-Kriterium werden deshalb als potenzielle Pareto-Verbesserungen bezeichnet.[135] Entscheidungen können als vorteilhaft kategorisiert werden, auch wenn nicht jedes marginal beeinträchtigte Individuum entschädigt wird, was aus technischen Gründen nicht realisierbar ist.[136]

Kritisch zu erwähnen ist, dass der sog. Kaldor-Hicks-Test wechselseitig positiv ausfallen kann. Es kann sowohl der Übergang von Zustand B zu A als auch der Übergang von Zustand A zu B potenziell Pareto-superior sein.[137] Diese Inkonsistenz kann mit der restriktiven Prämisse ausgeschlossen werden, dass der Kaldor-Hicks-Test eben nicht wechselseitig erfüllt sein darf. D.h., eine Entscheidung stellt dann keine potenzielle Pareto-Verbesserung dar, wenn der Test wechselseitig positiv ausfällt.[138] Ändern sich infolge einer politischen Entscheidung die relativen Güterpreise sehr stark, dann kann jeweils der Zustand A besser als der Zustand B und der Zustand B besser als der Zustand A sein. Verabschiedete Rechtsnormen, die geringe Teilbereiche einer Volkswirtschaft betreffen, beinhalten die Gefahr der relativ starken Veränderung der Einkommens- und Vermögensverteilung jedoch nicht. Deshalb stellt diese Inkonsistenz des Kaldor-Hicks-Kriteriums lediglich aus theoretischer Perspektive ein Anwendungsproblem dar.[139] Ebenso problematisch ist, dass bei einem Vergleich von mehreren Zuständen nach dem Kaldor-Hicks-Kriterium intransitive Reihungen[140] auftreten können.[141] Aber auch diese Inkonsistenz tritt lediglich unter bestimmten Bedingungen auf. Beide von *Scitovsky* und *Gorman* nachgewiesenen logischen Inkonsistenzen sind für den weiteren Verlauf der Analyse nicht relevant.[142]

Das Kaldor-Hicks-Kriterium findet als Kosten-Nutzen-Analyse in der Ökonomie praktische Anwendung.[143] Eine politische Maßnahme oder eben die Verabschiedung einer Rechtsnorm ist dann gerechtfertigt, wenn der monetäre Gesamtnutzen die monetären Gesamtkosten übersteigt. Nach dem Kaldor-Hicks-Kriterium müssen Kosten und Nutzen nicht bei einem Individuum in Erscheinung treten, sondern es ist möglich,

---

[134] Vgl. Schäfer / Ott (2005), S. 32.

[135] Siehe Cooter / Ulen (2008), S. 47.

[136] Vgl. Kleinewefers (2008), S. 170 - 171.

[137] Vgl. Scitovsky (1941), S. 86 - 87.

[138] Zum wechselseitigen Test hinsichtlich potenzieller Pareto-Optimalität vgl. Schumann (2002), S. 238.

[139] Vgl. Schäfer / Ott (2005), S. 32 - 33.

[140] Eine intransitive Reihung liegt vor, wenn z gegenüber x, x gegenüber y aber auch y gegenüber z bevorzugt wird.

[141] Vgl. Gorman (1955), S. 27 - 28.

[142] Zur Irrelevanz der Kritik von *Scitovsky* am Kaldor-Hicks-Kriterium vgl. Hanusch / Kuhn / Cantner (1994), S. 20.

[143] Hierzu Cooter / Ulen (2008), S. 47. Vgl. auch Hanusch / Kuhn / Cantner (1994), S. 19.

dass Kosten bei einer Gruppe und die Vorteile bei einer anderen Gruppe entstehen.[144] Dabei werden sowohl private als auch soziale Kosten und in Geldeinheiten bewertete Vorteile in die Analyse einbezogen. Hierbei ist wesentlich, dass die in Geld bewerteten Vorteile ausreichen, um die Benachteiligten zu entschädigen, und dass danach ein Residualvorteil für die Bevorteilten verbleibt.[145]

Wie das Pareto-Kriterium setzt auch das Kaldor-Hicks-Kriterium lediglich ordinal messbaren Nutzen voraus.[146] Der potenzielle Kompensationsansatz fußt auf der Idee eines konstant zu haltenden Nutzenniveaus der Betroffenen.[147] Die Kompensationsbeiträge werden von *Hicks* als Kompensationsvariation (compensating variation) bezeichnet.[148] Die Kompensation stellt die ursprüngliche monetäre Position der Verlierer potenziell wieder her. Problematisch ist, dass gleiche monetäre Positionen selbst bei effektiver Kompensation mit unterschiedlichem Nutzen verbunden sein können. Gravierender jedoch sind die Verteilungsfolgen einer fiktiven Kompensation. Intention des Kaldor-Hicks-Kriteriums ist das Opfer einer Minderheit zugunsten der Mehrheit.[149] Diese dem Mehrheitsprinzip entsprechende Vorgehensweise ist durchaus praktikabel und stellt den wesentlichen Vorteil gegenüber dem Pareto-Kriterium dar. Der Zielkonflikt zwischen Wachstum und Verteilung wird entschärft.[150]

Auch in der ökonomischen Analyse des Rechts findet daher die Kosten-Nutzen-Analyse nach dem Kaldor-Hicks-Kriterium Anwendung.[151] Das Kaldor-Hicks-Kriterium ist im praktischen Gebrauch vorteilhafter als das Pareto-Kriterium, da durch Erlass einer Rechtsnorm die Benachteiligung bestimmter Personengruppen möglich ist und nicht alle benachteiligten Individuen entschädigt werden müssen.[152] Jedoch stellt sich die Frage, warum eine nur potenzielle Entschädigung der durch eine Rechtsnorm Benachteiligten als kollektive Entscheidungsregel anerkannt werden sollte. Eine Rechtsnorm, die einige besser und andere schlechter stellt, ist grundsätzlich nicht konsensfähig.[153]

Zur Herstellung der Konsensfähigkeit wird argumentiert, dass bei Anwendung des Kaldor-Hicks-Kriteriums über einen gewissen Zeitraum eine Generalkompensation

[144] Vgl. Schäfer / Ott (2005), S. 34.
[145] Vgl. Cooter / Ulen (2008), S. 47.
[146] Siehe Schumann (2002), S. 237.
[147] Vgl. Hanusch / Kuhn / Cantner (1994), S. 19.
[148] Vgl. Hicks (1943), S. 33.
[149] Dazu Kleinewefers (2008), S. 170.
[150] Siehe Klump (2006), S. 251.
[151] Vgl. etwa Cooter / Ulen (2008), S. 47, und Posner (1992), S. 14.
[152] Vgl. Eidenmüller (2005), S. 52 - 53.
[153] Siehe hierzu Janson (2004), S. 103, und Mathis (2006), S. 62.

eintrete.[154] Es wird deshalb auch als quasi-Pareto-superior bezeichnet. Dennoch kann das Kaldor-Hicks-Kriterium einen gesellschaftlichen Konsens nicht für sich beanspruchen, da Gruppen von Individuen infolge von Rechtsnormen systematisch und über längere Zeit benachteiligt werden können; d.h., ein gesellschaftlicher Konsens und eine systematische Steigerung der Gesamtwohlfahrt wären nur dann gegeben, wenn die Benachteiligung bestimmter Gruppen zufällig wäre und die Individuen in der Gesellschaft ewig leben würden.[155] Trotzdem kann eine Rechtsnorm, die dem Kaldor-Hicks-Kriterium genügt, gesellschaftlich akzeptiert werden, wenn die Benachteiligten durch eine andere Rechtsnorm tatsächlich entschädigt werden.

2.2.3.2. Konsensfähigkeit als alternatives Entscheidungskriterium

2.2.3.2.1. Konsensfähigkeit des Kaldor-Hicks-Kriteriums

Problematisch am normativen Referenzrahmen der ökonomischen Analyse des Rechts ist der Ausschließlichkeitsanspruch der Effizienz, dem sich andere Rechtsprinzipien unterordnen sollen.[156] Insbesondere bei Rechtsnormgestaltungen, die dem Kaldor-Hicks-Kriterium genügen, lässt sich ein gesellschaftlicher Konsens nicht erzeugen, da die mit der Rechtsnorm Belasteten nicht entschädigt werden. Die Rechtsnormbelasteten werden nicht zustimmen, weil sie ihre Benachteiligung antizipieren.[157] Zur Herstellung der Konsensfähigkeit des Kaldor-Hicks-Kriteriums als gesellschaftlich anerkannte normative Entscheidungsregel bedienen sich Sozialvertragstheoretiker der Prämisse der natürlichen und der artifiziellen Unwissenheit.

Die modelltheoretische Annahme der natürlichen Unwissenheit[158] unterstellt, dass die Individuen zwar ihre eigene Person und ihre Fähigkeiten kennen, sich aber hinsichtlich der zukünftigen Entwicklung unsicher sind.[159] Antizipieren die Individuen aufgrund ihrer Persönlichkeitsstruktur jedoch ihre Zugehörigkeit zu den Rechtsnorm-

[154] Es seien zwei Gesellschaften A und B mit gleicher Ausgangslage. In Gesellschaft A werden Entscheidungen nach dem Pareto-Kriterium getroffen. In der Gesellschaft B werden Entscheidungen nach dem Kaldor-Hicks-Kriterium getroffen. Nach gewisser Zeit ist die Wohlfahrt der Individuen in Gesellschaft B der Wohlfahrt der Individuen von A überlegen. Vgl. Schäfer / Ott (2005), S. 36. Zur Kritik am Argument der Generalkompensation vgl. Mathis (2006), S. 62 - 63. Zur Generalkompensation vgl. weiterhin Polinsky (1972), S. 409.

[155] Vgl. Schäfer / Ott (2005), S. 35.

[156] Vgl. Posner (1981), S. 780.

[157] Siehe insbesondere Eidenmüller (2005), S. 250 - 251. Vgl. auch Janson (2004), S. 104.

[158] Die natürliche Unwissenheit wird auch als Schleier der Unsicherheit (veil of uncertainty) bezeichnet. Vgl. Buchanan (1991), S. 48.

[159] Das Modell der natürlichen Unwissenheit wird von vielen Autoren zur Rechtfertigung des Kaldor-Hicks-Kriteriums verwendet. Vgl. Posner (1980), S. 499, Polinsky (1972), S. 409, Buchanan / Tullock (1962), S. 77.

belasteten, ist das Kaldor-Hicks-Kriterium nur bei wiederholter Anwendung konsensfähig, weil, wie bereits erläutert, dann eine Generalkompensation eintritt.[160] Die konsensuale Legitimation des Kaldor-Hicks-Kriteriums unter der Annahme der natürlichen Unwissenheit ist daher problematisch.[161]

Um die Möglichkeit der Antizipation wegen der Persönlichkeitsstruktur auszuschließen, wird teilweise die noch restriktivere Prämisse der artifiziellen Unwissenheit gesetzt.[162] Nach *Rawls* ist es den Individuen unter dem „Schleier des Nichtwissens" unmöglich, ihre Persönlichkeitsstruktur zu kennen, so dass Prognosen zur Zugehörigkeit zum Kreis der Begünstigten oder Benachteiligten ex ante nicht durchführbar sind.[163] Wegen des angenommenen „Schleiers des Nichtwissens" ist das Kaldor-Hicks-Kriterium eher konsensfähig als unter der Annahme natürlicher Unwissenheit.[164] Das Effizienzprinzip in Form des Kaldor-Hicks-Kriteriums sollte jedoch in der normativen ökonomischen Theorie des Rechts keinen Vorrang vor anderen Prinzipien haben, da die Frage nach der juristischen Bedeutung der Effizienz durch das Recht selbst zu beantwortetet werden muss.[165]

Die Aufrechterhaltung des Individualrechtsschutzes trotz seiner Missbrauchsanfälligkeit beschränkt den Ausschließlichkeitsanspruch der ökonomischen Effizienz bei der Ausgestaltung des Anfechtungsrechts. Das ist gewollt und konsensual legitimiert.[166] Das Anfechtungsrecht sollte daher innerhalb dieser Restriktion optimiert werden; d.h., das aktienrechtliche Anfechtungsrecht darf nur unter Berücksichtigung des Individualrechtsschutzes effizient ausgestaltet werden.

---

[160] Hierzu Schäfer / Ott (2005), S. 37.

[161] Vgl. Janson (2004), S. 105 - 106. Vgl. auch Eidenmüller (2005), S. 250 - 251.

[162] *Harsanyi* erreicht die Herstellung der artifiziellen Unwissenheit durch das sog. Gleichwahrscheinlichkeitstheorem. Vgl. Harsanyi (1953), S. 434 - 435, Harsanyi (1955), S. 316. *Rawls* lässt die Individuen hinter einem sog. „Schleier des Nichtwissens" entscheiden. Vgl. Rawls (1971), S. 136, und Rawls (1993), S. 22 - 28. Zu Entscheidungskonzepten auf Basis der artifiziellen Unwissenheit vgl. Rawls (1971), S. 302, und Harsanyi (1955), S. 314.

[163] Vgl. auch Bausch (1993), S. 60 - 61.

[164] Siehe Janson (2004), S. 107.

[165] Vgl. Eidenmüller (2005), S. 236; Schäfer / Ott (2005), S. 37, und Janson (2004), S. 107 - 108.

[166] Zum Konsens hinsichtlich der Aufrechterhaltung des Individualrechtsschutzes vgl. BVerfG, Urteil vom 07.08.1962, S. 283, sowie RegE UMAG, S. 49.

2.2.3.2.2. Faktischer und hypothetischer Konsens

Ein anderer normativer Referenzmaßstab in der ökonomischen Analyse des Rechts ist der prozessorientierte konsenstheoretische Ansatz.[167] Anders als beim ergebnisorientierten Effizienzprinzip, dessen Gültigkeit durch gesellschaftliche Akzeptanz legitimiert werden soll, stellt beim prozessorientierten Ansatz die Konsensfähigkeit selbst das zentrale Entscheidungskriterium dar.[168] D.h., dass infolge der mehrheitlichen Zustimmung der Individuen zur Anerkennung einer Rechtsnorm auch die mit der Rechtsnorm verbundenen Konsequenzen zum gewünschten Referenzmaßstab erhoben werden.[169] Der konsenstheoretische Ansatz wird hinsichtlich des faktischen und hypothetischen Konsenses unterschieden.[170]

Bei Verwendung des faktischen Konsenses werden die Individuen tatsächlich befragt. Es handelt sich hierbei um ein höchst demokratisches Entscheidungskriterium,[171] wobei nur die von der Rechtsnorm Betroffenen abstimmen dürfen.[172] Die direkte Befragung ist aber wegen des erheblichen Aufwandes wenig praktikabel.[173] Der faktische Konsens ist abgesehen von der Umsetzungsproblematik weiterhin bedenklich. Es kann nicht gewährleistet werden, dass die Individuen ihre durch einfache Mehrheitsregeln hervorgerufene faktische Abstimmungsmacht nicht opportunistisch ausnutzen.[174] Infolge der Bildung von Koalitionen können abhängig von der jeweiligen Entscheidungsregel sog. Sperrminoritäten entstehen, denen ein erhebliches Maß an Droh- und Erpressungspotenzial eigen ist.[175] Gerade das stellt aber die Problematik des Anfechtungsrechts dar. Der faktische Konsens ist daher als Legitimationsbasis für die Reform des Anfechtungsrechts ungeeignet.

Beim hypothetischen Konsens[176] wird lediglich eine theoretische Zustimmungsfähigkeit gefordert.[177] Um dies gewährleisten zu können, müssen wiederum Verhaltens-

---

[167] Vgl. auch Voigt (2002), S. 215 - 216. Der konsenstheoretische Ansatz versteht sich explizit als Gegenentwurf zum Effizienzprinzip der Wohlfahrtsökonomie. Vgl. Kirchner (1997b), S. 25.

[168] Vgl. Kirchner (1997a), S. 272 - 274.

[169] Es wird nicht die Anwendung des Effizienzkriteriums konsensual gerechtfertigt, sondern vielmehr wird der Konsens selbst als Test für die Wünschbarkeit einer Rechtsnorm verstanden. Siehe Janson (2004), S. 108.

[170] Zur Terminologie vgl. Buchanan (1991), S. 270, und Kirchner (1997b), S. 20.

[171] Siehe Janson (2004), S. 109.

[172] Vgl. Leschke / Sauerland (2000), S. 202 - 203.

[173] Vgl. auch Voigt (2002), S. 216.

[174] Vgl. Buchanan (1959), S. 131.

[175] Zur Umsetzungsproblematik des faktischen Konsens vgl. Karl (2001), S. 212 - 213.

[176] Hinsichtlich der Abgrenzung zum faktischen Konsens vgl. Voigt (2002), S. 217 - 218.

[177] Zum hypothetischen Konsens als Legitimationsbasis vgl. Schmidt (2000), S. 38 - 39.

annahmen der Individuen getroffen werden.[178] Das ökonomische Verhaltensmodell könnte auch zur Ermittlung des hypothetischen Konsenses angewendet werden,[179] was einer Problemverlagerung vom ergebnisorientierten Ansatz zum prozessorientierten gleichkommt.[180] Daher erscheint auch der hypothetische Konsens dem Kaldor-Hicks-Kriterium nicht überlegen.[181] Gerade deshalb, weil auch Gerechtigkeitsaspekte wesentlich sein könnten,[182] die wiederum zur Beibehaltung des Status quo führen würden. Das gleiche Problem ist auch dem Pareto-Kriterium eigen.

Im Ergebnis lässt sich feststellen, dass weder der faktische noch der hypothetische Konsens wirklich geeignet sind, als Referenzkriterium der Rechtsfolgenanalyse zu dienen – der faktische Konsens wohl vor allem wegen eines enormen Durchführungsaufwandes und der hypothetische wegen der Problematik des zugrunde zu legenden Verhaltensmodells.[183] Deshalb wird das Kaldor-Hicks-Kriterium im Rahmen der ökonomischen Analyse des Anfechtungsrechts als normativer Referenzmaßstab verwendet.

Das Kaldor-Hicks-Kriterium wird in Anlehnung an die von *Schäfer / Ott* formulierten Einschränkungen verwendet, um eine möglichst breite gesellschaftliche Akzeptanz zu gewährleisten. Die von den eben genannten Autoren formulierten Einschränkungen sind die folgenden:

a) Das Kaldor-Hicks-Kriterium soll als Entscheidungsregel keine Anwendung finden, wenn *Fairness-Regeln* oder *liberale Rechte* verletzt werden.
b) Nach dem Kaldor-Hicks-Kriterium soll nur dann entschieden werden, wenn eine *Generalkompensation* in einem überschaubaren Zeitraum möglich ist bzw. wenn die *Kompensation* der Rechtsnormbelasteten durch das Sozialsystem gewährleistet wird.[184]

Bezüglich der hier aufgeworfenen Problematik aktienrechtlicher Anfechtungsklagen werden die Fairness-Regeln nicht i.S.v. *Rawls*[185] verwendet, nach dem die Wohlfahrt des am schlechtesten gestellten Individuums das Entscheidungskriterium für die Sozialwahl ist. Vornehmlich soll hier ausschlaggebend sein, inwiefern ein Hauptver-

---

[178] Ausführlich hierzu Kirchner (1997a), S. 273 - 274. Siehe weiterhin Karl (2001), S. 213.
[179] Vgl. Kirchner (1997a), S. 273.
[180] Der Rechtsgestalter müsste für die Frage nach einer legitimen Norm auf deren Akzeptanz abstellen, mithin einen hypothetischen Konsens ermitteln. Vgl. Buchanan (1959), S. 127.
[181] So auch Janson (2004), S. 111 - 112.
[182] So fordert *Kirchner* eine Gesamtschau von Effizienz, Distribution und Fairness. Vgl. Kirchner (2001), S. 41.
[183] Vgl. auch Janson (2004), S. 114 - 115.
[184] Vgl. Schäfer / Ott (2005), S. 53.
[185] Vgl. Klump (2006), S. 235.

sammlungsbeschluss rechtmäßig zustande gekommen ist. Fairness soll i.S.d. Rechtmäßigkeit bzw. der Wahrung der Rechtmäßigkeit durch Schutznormen[186] verstanden werden. Eine Schlechterstellung einzelner Individuen als Folge eines rechtmäßig ergangenen Hauptversammlungsbeschlusses stellt keine Verletzung einer Fairness-Regel dar. Dies setzt allerdings voraus, dass der Gesetzgeber faire Regeln erlässt, die wegen eines breiten gesellschaftlichen Konsenses legitimiert sind.[187]

Das Anfechtungsrecht ist gerade dazu geschaffen, nicht rechtmäßige Beschlüsse vor dem Vollzug inhaltlich zu korrigieren, um Fairness zu gewährleisten. Hierfür werden Verzögerungskosten in Kauf genommen. Problematisch sind die exzessive rechtsmissbräuchliche Anwendung und die damit verbundenen Kosten. Deshalb ist eine effiziente Ausgestaltung des Anfechtungsrechts, die den Klagemissbrauch eindämmen soll, unter Gewährleistung des Individualrechtsschutzes, der als Fairness-Regel interpretiert werden kann, erforderlich.

Ein liberales Recht kann als Grundrecht i.S.d. Wohlfahrtstheorie[188] verstanden werden. Hat die Ausübung eines liberalen Rechtes nachteilige Auswirkungen auf Dritte, führt das zu einem Trade-off zwischen Effizienz und dem Schutz liberaler Rechte.[189] Die Abgrenzung solcher Rechte ist ein bisher ungelöstes Problem der Wohlfahrtsökonomie.[190] Die auf dem Utilitarismus[191] entwickelte Wohlfahrtstheorie unterscheidet Handlungsmöglichkeiten aus liberalen Rechten, von denen einige aus Gemeinwohlinteressen beschränkt werden können und andere nicht:[192]

- Beschränkung von Handlungsmöglichkeiten ohne Entschädigung, wenn die Ausübung des liberalen Rechtes Interessen anderer schwerwiegend beeinträchtigt;
- Beschränkung von Handlungsmöglichkeiten mit Entschädigung;
- Verbot der Beschränkung von Handlungsmöglichkeiten;
- Verbot der Beschränkung von Handlungsmöglichkeiten selbst bei Zustimmung des Rechtsinhabers.

[186] Das aktienrechtliche Anfechtungsrecht ist der Argumentation folgend eine Schutznorm zu Kontrolle und Wahrung der Rechtmäßigkeit von Hauptversammlungsbeschlüssen.

[187] Zur Legitimation von Institutionen infolge eines faktischen oder hypothetischen Konsens vgl. Voigt (2002), S. 217.

[188] Siehe Kleinewefers (2008), S. 283 - 284.

[189] Zur Beschränkung individueller Freiheiten zu Gunsten der Gemeinschaft vgl. etwa Grüner (2008), S. 13 - 14.

[190] Zur Problematik vgl. Schäfer / Ott (2005), S. 48, mit Verweis auf Seidl (1975) und Sen (1970).

[191] Zum Zusammenspiel der Grundsätze der utilitaristischen Philosophie, Präferenzautonomie und Aggregationsprinzip sowie den daraus resultierenden Folgen für das Individuum vgl. Dworkin (1986), S. 290 und 294. Zu weiteren Erläuterungen vgl. Eidenmüller (2005), S. 207 - 213.

[192] Vgl. Schäfer / Ott (2005), S. 48 - 49.

Im Zusammenhang mit liberalen Rechten, die zugunsten von Effizienzkriterien nicht beeinträchtigt werden dürfen, ist relevant, inwiefern eine Aktie derartige Rechte verbrieft.[193] Ein Hauptversammlungsbeschluss wäre dann nicht legitim, sollte dieser auch nur einen Aktionär in seinen liberalen Rechten beschränken. Ein Aktientausch im Zuge der Verschmelzung wäre auch dann nicht zu rechtfertigen, wenn die neuen Anteile am aufnehmenden oder am neu gegründeten Rechtsträger seinen Verlust kompensieren, weil die Rechte an der Aktie des untergehenden Rechtsträgers vernichtet werden. Ein derart übertriebener Individualrechtsschutz ist jedoch nicht gewollt, da Fusionen mit positivem Kapitalwert zugunsten des Aktionärsschutzes unterbleiben würden. Daher kann es sich bei den mit der Aktie verbrieften Rechten nur um solche handeln, welche durch effiziente und rechtmäßige Hauptversammlungsbeschlüssen beschränkt werden dürfen. Dahingehend wäre den unter Punkt a) geforderten Kriterien Genüge getan.

Die Kompensation der Nachteile der Rechtsunterworfenen soll das Spruchverfahren gewährleisten.[194] Aus diesem Grund ist eine Generalkompensation über einen längeren Zeitraum nicht erforderlich, da eine Entschädigung tatsächlich erfolgt. Somit wären auch die unter Punkt b) geforderten Sachverhalte erfüllt.

2.3. Property Rights als Gegenstand der ökonomische Analyse des Rechts

2.3.1. Einführende Bemerkungen zum institutionenökonomischen Ansatz

2.3.1.1. Das neoklassische Forschungsprogramm und Institutionen

Wie bereits aus Unterkapitel 2.2 hervorgeht, unterstellt die neoklassische ökonomische Analyse des Rechts vollständige oder vollkommene individuelle Rationalität als Verhaltensmodell.[195] Zudem geht die neoklassische Analyse von vollständiger Information und der Abwesenheit von Transaktionskosten aus.[196] Für die neoklassische Sicht der ökonomischen Analyse des Rechts sind demzufolge institutionelle Rahmenbedingungen für die Rechtsfolgenanalyse bedeutungslos. So ist es beispielsweise unerheblich, inwieweit die Produktion etwa mittels des Preismechanismus auf

[193] Gegen eine Verbriefung liberaler Rechte spricht bereits die sog. Squeeze-out-Regelung der §§ 327a - 327f AktG.

[194] Ist das Umtauschverhältnis zu niedrig bemessen oder die Mitgliedschaft beim übernehmenden Rechtsträger ist kein adäquater Gegenwert für den Verlust der Anteile oder der Mitgliedschaft am übertragenden Rechtsträgers, so kann der Anteilseigner des untergehenden Rechtsträgers gemäß § 15 Abs. 1 UmwG einen Ausgleich auf bare Zuzahlung verlangen. Die angemessene Zuzahlung wird auf Antrag durch das Gericht nach den Vorschriften des Spruchverfahrens bestimmt.

[195] Vgl. Richter / Furubotn (2003), S. 4.

[196] Vgl. Erlei / Leschke / Sauerland (2007), S. 44 - 45 und S. 46 - 47.

Märkten oder im institutionellen Umfeld Unternehmen hierarchisch organisiert ist. Gleichfalls bedeutungslos ist, wer die Property Rights an den Produktionsfaktoren hat und ob das Eigentum an einem Unternehmen und die Kontrolle darüber getrennt sind.[197] Die Property Rights sind zudem eindeutig definiert, und mögliches opportunistisches Verhalten von Vertragspartnern wird ausgeschlossen.[198]

Aufgrund der exemplarisch hier aufgeführten von der Realität stark abstrahierten Annahmen sind die im Rahmen der neoklassischen ökonomischen Rechtsanalyse erzielten Befunde zu wirklichkeitsfremd.[199] Die Ergebnisse ökonomischer Rechtsanalysen sind zwar präzise, aber realitätsfern, da in der Wirklichkeit Informationsasymmetrien, Transaktionskosten und Institutionen existieren, die auf individuelle Anreize Einfluss nehmen.[200] Institutionen bilden den Rahmen individuellen Handelns, und Modifikationen des institutionellen Rahmens induzieren demnach Verhaltensänderungen, die eben nicht mit dem neoklassischen Instrumentarium vollständig analysiert und bewertet werden können.[201] Aus diesem Grund müssen neue ökonomische Modelle entwickelt werden, welche die genannten wesentlichen Einflussfaktoren nicht unberücksichtigt lassen.[202]

Das neoklassische Forschungsprogramm weist im Rahmen der ökonomischen Rechtsanalyse Berührungspunkte mit Institutionen auf.[203] Auf der Grundlage der Analyse von Rechtsnormen im institutionalistischen Umfeld soll ein theoretisches Fundament zur Ausgestaltung und Legitimation des Anfechtungsrechts entwickelt werden.[204] So gesehen fügt sich die ökonomische Analyse des Rechts sehr gut in institutionelle Fragestellungen der Ökonomie.[205] Das Anfechtungsrecht wird als Institution analysiert, die den Aktionären Kontrollinstrumente an die Hand gibt, damit Handlungen zu gesellschaftlich erwünschten Ergebnissen führen.[206]

Zwar konnte die neoklassische Theorie keine Begründung für die Notwendigkeit von Institutionen liefern, jedoch sind die strengen Annahmen der neoklassischen Modellanalyse vorteilhaft und sollten deshalb auch unter der Synthese mit

[197] Zur Allokationsneutralität der Institutionen in der neoklassischen Theorie vgl. Richter / Furubotn (2003), S. 13 - 14.
[198] Vgl. Erlei / Leschke / Sauerland (2007), S. 48.
[199] Vgl. Göbel (2002), S. 29 - 31 und S. 157, sowie Wöhe / Döring (2008), S. 29.
[200] Siehe Jansen (2005b), S. 102 - 103.
[201] Vgl. Erlei / Leschke / Sauerland (2007), S. 31 - 32. Vgl. weiterhin Kirchner (1997a), S. 269.
[202] Vgl. Richter / Furubotn (2003), S. 15 - 16.
[203] Siehe Weigel (2003), S. 12.
[204] Vgl. insbesondere Kirchner (1997a), S. 268.
[205] So auch Weigel (2003), S. 10.
[206] Zu Institutionen als Regelsysteme vgl. Jansen (2005b), S. 103 - 104.

neoinstitutionalistischem Gedankengut beibehalten werden.[207] Insbesondere im Rahmen der Rechtsfolgenanalyse ermöglicht die neoklassische Modellanalyse zielgerichtete Prognosen und dient als hilfreiche Orientierung bei der Rechtsnormgestaltung.[208] Sobald aber die dem Modell zugrunde gelegten Annahmen erweitert werden, vergrößert sich der Streubereich der auf Grundlage der Modellanalyse beruhenden Prognose, und die normative Bewertung der Wirkung einer Rechtsnorm gestaltet sich schwierig.[209]

Der Staat ist in der Lage, durch Gesetzgebung negative Wohlfahrtseffekte zu vermeiden.[210] So werden bestimmte Aktivitäten ermöglicht (z.B. Vertragsfreiheit), andere aber mit Sanktionen belegt, so dass sich der Handlungsspielraum einschränkt (Haftung für Umweltverschmutzung).[211] Folge der ausgedünnten Property Rights der Minderheitsaktionäre ist ein damit einhergehendes Kontrollvakuum.[212] Dieses soll durch die Möglichkeit zur Anfechtung beseitigt werden, um das Risiko hoher zukünftiger Transaktionskosten nicht rechtmäßiger Hauptversammlungsbeschlüsse zu vermeiden.[213] Die Beseitigung des Kontrollvakuums der Minderheitsaktionäre trägt im Besonderen zur Legitimation des aktienrechtlichen Anfechtungsrechts bei und darf daher in der Abwägung von Interessen der Mehrheitsmacht und der Minderheiten nicht außer Acht gelassen werden.[214] Problematisch ist jedoch, dass die Kleinaktionäre mit dem Instrument der Anfechtungsklage im Vergleich zum Anteilsbesitz eine zu hohe faktische Macht erlangen. Hinsichtlich der ausgedünnten Property Rights besteht bei den Kleinaktionären die Tendenz zu wertschädigendem Verhalten, da sie nicht mit den Konsequenzen ihrer Handlungen konfrontiert werden. Folge ist ein exzessiver Rechtsmissbrauch, der negative Wohlfahrtseffekte nach sich zieht.

Aus diesen Gründen stehen die Property-Rights-Struktur und die hieraus resultierenden Handlungsfolgen im Fokus der ökonomischen Analyse des Anfechtungsrechts. Hierzu ist jedoch vorab zu prüfen, inwieweit eine Modifikation des zugrunde gelegten ökonomischen Verhaltensmodells ggf. erforderlich und realisierbar ist. Weiterhin sind kritische Überlegungen zur Bewertung der aus der Analyse eines nicht institutions-

[207] Siehe Kirchner (1997a), S. 270 und S. 272. Sowohl die Neoklassik als auch die Neue Institutionenökonomik verwenden als Verhaltensmodell den homo oeconomicus, basieren auf dem methodologischen Individualismus und trennen zwischen Restriktionen und den Präferenzen der Akteure. Vgl. Erlei / Leschke / Sauerland (2007), S. 50. Vgl. auch Weigel (2003), S. 13.

[208] In Anlehnung an Erlei / Leschke / Sauerland (2007), S. 49 - 50. Vgl. auch Weigel (2003), S. 17.

[209] Zur Vorteilhaftigkeit des Nutzenmaximierungskalküls zur Prognose und Erklärung menschlichen Verhaltens vgl. Jansen (2005a), S. 57 - 58.

[210] Vgl. Richter / Furubotn (2003), S. 16 - 18.

[211] Vgl. Kirchner (1997a), S. 269.

[212] Hierzu Schoppe et al. (1995), S. 145.

[213] Vgl. Jansen (2005b), S. 107.

[214] Vgl. etwa Göz (2008), § 243 AktG, Anm. 1.

neutralen Umfelds gewonnenen Ergebnisse mit dem neoklassischen Effizienzkriteriums notwendig, um friktionslose normative Aussagen treffen zu können.

2.3.1.2. Modifizierte Verhaltensannahmen der Neuen Institutionenökonomik

Die Annahme der vollkommenen individuellen Rationalität wird in der Neuen Institutionenökonomik nicht aufrechterhalten.[215] Zum einen bewirken Transaktionskosten[216] die nicht vollständige Information der Individuen, da ein unbegrenzter Wissenserwerb zu teuer ist; zum anderen sind die Individuen nicht in der Lage, das zur Verfügung stehende Datenmaterial sachgerecht auszuwerten.[217] Selbst Transaktionen auf weitgehend vollkommenen Märkten erfordern in der Realität Intermediäre sowie Verhandlungen zwischen den Kapitalmarkteilnehmern. Deshalb kann die Koordination der Wirtschaftspläne nicht ohne Transaktionskosten gewährleistet werden.[218] Transaktionskosten führen zur eingeschränkten Rationalität der Individuen wegen unvollständiger und mit der Zeit veränderlicher Präferenzen.[219]

Unter Beachtung dieser, der Realität näherstehenden Annahmen, wurde das Verhaltensmodell des Satisficing-Man[220] entwickelt.[221] Wesentliche Eigenschaften des Verhaltensmodells sind die Orientierung des Individuums an Regeln, das Entwickeln von Anspruchniveaus und das hieraus abgeleitete Streben nach befriedigenden Lösungen. Der nennenswerte Fortschritt dieses Verhaltensmodells ist die Relevanz von Regeln, die zur Kanalisation individuellen Verhaltens führen. Sobald aber in der Modellanalyse nicht vollkommen rationales Verhalten unterstellt wird, sind Handlungsfolgen der Individuen nicht mehr prognostizierbar. Für die Modellanalyse ist es daher

[215] Vgl. Kirchner (1997a), S. 270.

[216] Transaktionskosten können verschiedenartig definiert werden: *Commons* definiert jede Übertragung von Property Rights durch Vertrag als Transaktionskosten. Vgl. Commons (1934), S. 64. *Arrow* definiert Transaktionskosten als „costs of running the economic system". Vgl. Arrow (1969), S. 48. *Coase* beschreibt Transaktionskosten als Kosten der Benutzung des Preismechanismus. Vgl. Coase (1988), S. 390.

[217] Hierzu Erlei / Leschke / Sauerland (2007), S. 7.

[218] Siehe Jansen (2005b), S. 104 - 105.

[219] Vgl. Richter / Furubotn (2003), S. 4 - 5.

[220] Zur Modellkritik der Neoklassik und zum Modell des Satisficing-Man vgl. Simon (1955). Zur Erläuterung vgl. Schneider (1997), S. 19.

[221] Ein weiteres Modell ist das sog. REMM-Konzept. REMM steht für Resourceful, Evaluative, Maximizing Man. Der REMM maximiert neben monetären Gütern auch nicht monetäre Güter. Der REMM ist nicht vollständig informiert. Mithin wird die Trennung separater Zielfunktionen des Produktionsbereiches und des Konsumentenbereiches aufgehoben, so dass auch Unternehmen unter der Prämisse nutzenmaximierenden Verhaltens untersucht werden können. Vgl. Schoppe et al. (1995), S. 138.

nicht vorteilhaft, den homo oeconomicus zu verwerfen. Das Instrumentarium der Analyse einer nicht institutionsneutralen Welt bleibt demzufolge neoklassisch.[222]

Im Rahmen der Analyse wird das Anfechtungsrecht als Institution wahrgenommen, welches den Handlungsspielraum des beherrschenden Aktionärs einschränkt. Die Einschränkung zugunsten der Minderheitsaktionäre beeinflusst deren Verhalten. Die Auswirkungen der Schaffung einer Institution werden mit Hilfe des neoklassischen Forschungsprogramms analysiert.[223] Die Analyse der Property Rights unter Verwendung neoklassischer Modellannahmen und die normative Wertung der Ergebnisse anhand des Kaldor-Hicks-Kriteriums führen zwangsläufig zur Bildung eines sog. Hybridmodells.[224] Dieser Umstand sollte jedoch nicht zu einer Einschränkung der Beurteilung der analytischen Befunde führen, insofern die prognostizierten Handlungsfolgen empirisch evaluierbar sind.[225] Aus diesem Grund werden die aus der Modellanalyse hervorgehenden Ergebnisse mittels einer Ereignisstudie empirisch überprüft. Die Modellannahmen werden aber nicht der empirischen Widerlegung ausgesetzt, so dass die Annahmen selbst bei Falsifikation der Modellergebnisse nicht aufgegeben werden müssen.[226]

2.3.1.3. Effizienzkriterium im Rahmen des neoinstitutionalistischen Ansatzes

Das Effizienz-Kriterium einer friktionslosen idealisierten Welt ohne Transaktionskosten ist für ökonomische Modelle mit erweiterten, realitätsnäheren Annahmen als Referenzrahmen nur eingeschränkt geeignet. Die Orientierung praktischer allokationspolitischer Entscheidungen am neoklassischen Effizienz-Kriterium stellt deshalb keine brauchbare Entscheidungshilfe dar.[227]

Die Interaktion von Individuen lässt sich als Tauschvertrag interpretieren. Die Anbahnung, Durchsetzung und Überwachung eines solchen Vertrages ist mit Transaktionskosten verbunden. Die Vertragskosten sollten so gering wie möglich gehalten werden, um die resultierenden Nettonutzen zu maximieren. Die Möglichkeit zur Ver-

[222] Vgl. Kirchner (1997a), S. 269 - 270. Zur Verwendung des neoklassischen Verhaltensmodells siehe auch Erlei / Leschke / Sauerland (2007), S. 10 - 11.

[223] Vgl. Kirchner (1997a), S. 271. *Coase* erläuterte erstmals die Entstehung von Unternehmungen als Organisationen und verwendete dabei das neoklassische entscheidungslogische Rationalprinzip. Vgl. Coase (1937).

[224] Hybridmodelle sind dadurch gekennzeichnet, dass die Modelle auf Annahmen basieren, die sowohl aus der neoklassischen Theorie als auch aus der Neuen Institutionenökonomik stammen. Infolge der inkonsistenten Annahmen sind derartige Hybridmodelle nach *Richter* und *Furubotn* kritisch zu betrachten. Vgl. Richter / Furubotn (2003), S. 547.

[225] Vgl. wiederum Friedman (1953), S. 8 - 9, und S. 14 - 15, sowie S. 16 - 23, und S. 40 - 41.

[226] Vgl. Jansen (2005a), S. 52, mit Verweis auf Lakatos (1982), S. 47.

[227] Vgl. Richter / Furubotn (2003), S. 553 - 554.

tragsgestaltung ist vom institutionellen Rahmen abhängig. Deshalb kann die Vertragsgestaltung durch die Optimierung des institutionellen Rahmens effizient gestaltet werden.[228] Die Verringerung der Transaktionskosten durch die optimale Ausgestaltung des institutionellen Rahmens ist damit das den Marktvorgängen zugrunde liegende Effizienzziel.[229]

Im Fall einer erhöhten Komplexität durch die Berücksichtigung von Transaktionskosten und Informationsasymmetrien ist das Erkenntnisobjekt die institutionelle Ordnung.[230] Hinsichtlich der Schaffung einer Rechtsnorm wird gefragt, inwieweit diese in der Lage ist, zur Senkung von Transaktionskosten beizusteuern und damit ein effizientes Marktgleichgewicht zu gewährleisten. D.h., das Anfechtungsrecht muss so beschaffen sein, dass Transaktionskosten minimiert und effiziente Marktzustände erreicht werden können. Dabei ist zu beachten, dass die Kosten des Individualrechtsschutzes dessen Nutzen nicht überschreiten.

Zusammenfassend ist festzuhalten, dass der Individualrechtsschutz in Form der aktienrechtlichen Anfechtungsklage als Institution interpretiert werden kann, die durch Senkung von Transaktionskosten effiziente Marktergebnisse gewährleisten soll. Anders ausgedrückt wird ein effizientes Marktgleichgewicht dann erreicht, wenn das Institut der aktienrechtlichen Anfechtungsklage Transaktionskosten senkend gestaltet ist. Bei der optimalen Gestaltung des Individualrechtsschutzes muss aber auch berücksichtigt werden, dass dieser selbst Kosten verursacht. Jede Gestaltung von Ordnungsrahmen ist selbst der Ökonomie des Transaktionskostenansatzes unterworfen.[231]

Nachfolgend wird der Individualrechtsschutz dann als effizient bezeichnet, wenn die daraus folgende Transaktionskostenreduzierung höher als die mit dem Individualrechtsschutz verbundenen Kosten sind. Gemeint ist die Effizienz i.S.d. Kaldor-Hicks-Kriteriums. Zwar ist die positive Analyse mit neoklassischem Instrumentarium zweckmäßig, jedoch ist die Ableitung normativer Aussagen kritisch zu beurteilen.[232] Weil aber jede Optimierung des Anfechtungsrechts durch das Postulat eines garantierten Individualrechtsschutzes restringiert wird, können normative Aussagen zur

---

[228] Nach *Williamson* bezwecken die Institutionen im Kapitalismus hauptsächlich die Einsparung von Transaktionskosten. Vgl. Williamson (1990), S. 21. Zu den Transaktionskosten als Maßstab der Vorteilhaftigkeit institutioneller Arrangements vgl. Göbel (2002), S. 152 - 155.

[229] Vgl. Beitzinger (2004), S. 90.

[230] Infolge der Abkehr vom neoklassischen Ideal vollkommener und vollständiger Märkte beeinflussen Transaktionskosten das wirtschaftliche Geschehen. Institutionen beeinflussen die Höhe der Transaktionskosten und sind deshalb wesentliches Erkenntnisobjekt. Vgl. Jansen (2005b), S. 108.

[231] Vgl. Beitzinger (2004), S. 93 - 94.

[232] Vgl. Jansen (2005a), S. 63.

Ausgestaltung der Anfechtungsklage, die auf dem Kaldor-Hicks-Kriteriums basieren, durchaus getroffen werden. Das Effizienzprinzip liefert letztlich einen Beitrag zur Erklärung der Entstehung und der Funktionsweise von Institutionen und den darin verkörperten Property Rights.[233] Schließlich werden sich die Institutionen und rechtlichen Regeln durchsetzen, die effizient sind. Aufgrund eines fehlenden Effizienz-Kriteriums in der Neuen Institutionenökonomik ist die Verwendung des Kaldor-Hicks-Kriteriums als Effizienzmaßstab auch zweckmäßig.[234]

Wie bereits erwähnt, wirkt sich der Individualrechtsschutz in Form der Anfechtungsklage wie eine Beschränkung der Property Rights des Mehrheitsaktionärs mit dem Ziel der Minimierung von Transaktionskosten[235] aus.[236] Mit der Möglichkeit zur Anfechtung von Hauptversammlungsbeschlüssen sollen z.B. zukünftige Rückabwicklungskosten vermieden werden. Die Schaffung des aktienrechtlichen Anfechtungsrechts kann deshalb als optimale Gestaltung der Property-Rights-Struktur einer Publikumsgesellschaft mit dem Ziel der Transaktionskostensenkung verstanden werden. Der Property-Rights-Ansatz[237] ist zur Untersuchung der Problematik aktienrechtlicher Anfechtungsklagen geeignet, weil dieser die Art und den Umgang mit materiellen und immateriellen Gütern untersucht.[238] Die Konsequenzen des Anfechtungsrechts ergeben sich unmittelbar aus der Analyse der Property-Rights-Struktur.[239]

2.3.2. Property-Rights-Ansatz und Themenbezug

Die Property Rights sind Gegenstand der ökonomischen Analyse des Rechts.[240] Ziel der Analyse ist die Ermittlung optimaler Konstellationen der Property Rights, um gewünschtes Verhalten der Individuen zu induzieren.[241] Property Rights und Transaktionskosten geben mithin eine Struktur vor, die das Verhalten der Individuen und die

---

[233] Vgl. Neumann (2002), S. 285.

[234] Vgl. auch Richter / Furubotn (2003), S. 554 - 555.

[235] Dies sind vor allem Kontrollkosten der Minderheitsaktionäre.

[236] So werden die Kontrollrechte der Aktionäre in der Hauptversammlung als gesetzlich institutionalisierte Rechte angesehen. Vgl. Rudolph (2006), S. 120. Der Schutz der Kontrollrechte bedingt annahmegemäß eine Ausdünnung der Property Rights beim Hauptaktionär und führt zu einer Diskrepanz zwischen rechtlichen und faktischen Machtverhältnissen.

[237] Die Property Rights werden in der deutschsprachigen Literatur häufig mit Verfügungs- oder Handlungsrechten übersetzt. Siehe Weigel (2003), S. 24. Der Begriff Property Rights und Verfügungsrechte wird hier synonym verwendet. Kritisch zur Übersetzung von Property Rights: Vgl. Tietzel (1981a), S. 209.

[238] Vgl. Weigel (2003), S. 25.

[239] Zur Wirkung der Veränderung der Property Rights vgl. Schoppe et al. (1995), S. 140.

[240] Vgl. etwa Erlei / Leschke / Sauerland (2007), S. 293 - 294, und Kirchner / Koch (1989), S. 115.

[241] Vgl. Schäfer / Ott (2005), S. 99.

Allokation des ökonomischen Ergebnisses beeinflusst.[242] Betrachtet wird nicht lediglich eine Rechtsnorm, sondern vielmehr ein Rechtsnormgefüge. Die Individuen werden unter einem gegebenen Rechtsnormgefüge anstreben, ihren Nutzen aus diesen Rechten zu maximieren. Anders als bei der Neoklassik stehen ökonomische Entscheidungen im institutionellen Umfeld[243] und die Ausgestaltung dieses Umfeldes im Fokus der Betrachtung.[244]

Das aktienrechtliche Anfechtungsrecht bewirkt, dass Transaktionskosten zur Durchsetzung von Mitgliedschaftsrechten, welche mit dem Aktienbesitz verbunden sind, reduziert werden. Dem Management, das i.S.d. Mehrheitsaktionärs agiert, werden Property Rights der Minderheitsaktionäre übertragen. Die Kontrolle über die Vermögenswerte und deren gewinnmaximierende Verwendung liegen deshalb in der Hand des Managements, da dieses über die optimale Ressourcenallokation im Produktionsprozess besser informiert ist. Die Aktionäre erhoffen sich hiervon höhere zukünftige Dividendenzahlungen. Dieser Umstand geht aber mit einer Ausdünnung der Property Rights der Aktionäre einher,[245] wodurch die Tendenz zum wertschädigenden Verhalten bei sehr geringem Anteilsbesitz a priori existent ist.

Das Management ist über die Geschäftsprozesse besser informiert als die Anteilseigner, und es ist möglich, dass dieses opportunistisch agiert.[246] Es handelt sich dann um das Risiko der Nichterfüllung der Vertragsbeziehung.[247] Um opportunistisches Verhalten des Managements zu beschränken, fallen bei den Minderheitsaktionären Kontrollkosten an. Die Verringerung der Kontrollkosten ohne Kontrollverlust kann als Optimierung des Vertragsverhältnisses interpretiert[248] und durch die Institution der aktienrechtlichen Anfechtungsklage gewährleistet werden.[249] Das Anfechtungsrecht gewährleistet eine effektive Rechtmäßigkeitskontrolle von Hauptver-

---

[242] Hierzu Schoppe et al. (1995), S. 142.

[243] Die Institution verfolgt den Zweck, individuelles Verhalten zu ordnen, so dass Unsicherheiten im menschlichen Zusammenleben reduziert werden. Infolgedessen sinken die Koordinationskosten gesellschaftlicher Aktivitäten. Vgl. Richter / Furubotn (2003), S. 7 - 8.

[244] Vgl. Göbel (2002), S. 69 - 70.

[245] Zur Ausdünnung der Property Rights bei Publikumsgesellschaften vgl. Rudolph (2006), S. 125.

[246] Zu Prinzipal-Agenten-Konflikten in der Unternehmensfinanzierung vgl. Rudolph (2006), S. 163 - 164.

[247] Dieser Umstand führt zur Entstehung unvollständiger Verträge, die Kernfrage der Wirtschaftsordnung sind. Die Prinzipal-Agenten-Theorie befasst mit der Optimierung unvollständiger Verträge. Vgl. etwa Schneider (1997), S. 23 - 24.

[248] Vgl. Beitzinger (2004), S. 93.

[249] Hierzu auch Sauerbruch (2008), S. 165.

sammlungsbeschlüssen ohne wesentliche Steigerung der Kontrollkosten von Aktionären.[250]

Wird das Unternehmen als Träger von Property Rights untersucht, dann ist relevant, inwieweit eine Veränderung der Property-Rights-Struktur Einfluss auf den Wert des Unternehmens und auf das Verhalten der Anteilseigner hat. Die aktienrechtliche Anfechtungsklage hat in ihrer Ausgestaltung, zumindest temporär,[251] die Wirkung der Einschränkung von Property Rights des Mehrheitsaktionärs. Die aktienrechtliche Anfechtungsklage greift demzufolge in die Rechtsnormkonstellation der Unternehmung zu Gunsten der Minderheiten ein. Zentrale Fragestellung ist, inwiefern ein zu ausgedehnter Individualrechtsschutz das Rechtsnormgefüge der Unternehmung so verändert, dass bei den Rechtsbegünstigten wertschädigendes Verhalten wegen einer gesteigerten faktischen Machtposition induziert wird und der Rechtsunterworfene infolge der eingeschränkten Property Rights einen Wertverlust des Unternehmens antizipiert und wertsteigernde Maßnahmen unterlässt.[252] Das Ausmaß des Individualrechtsschutzes sollte eingeschränkt werden, wenn die Nutzung des Anfechtungsrechts negative Wohlfahrtseffekte generiert. Ist der monetäre Vorteil des Anfechtungsrechts nicht hinreichend groß, um die Rechtsnormbelasteten potenziell zu entschädigen, wird die Zwecksetzung des Anfechtungsrechts verfehlt.

Es sollte in keinem Fall unbeachtet bleiben, dass ein Individualrechtsschutz betriebswirtschaftlich vorteilhaft ist.[253] Deshalb wäre eine zu starke Beschränkung der Interessen der Minderheitsaktionäre kontraproduktiv. Fehlt die Garantie der Durchsetzung der mit der Aktie verbrieften Mitgliedschaftsrechte, erhöht sich die Einkommensunsicherheit[254] bei den Minderheitsaktionären, und die Möglichkeit der Finanzierung größerer Investitionen am anonymen Kapitalmarkt würde eingeschränkt bzw. verteuert.[255] Innovative Investitionen würden unterbleiben und eine effiziente Ressourcenallokation wäre nicht gewährleistet. Induziert jedoch die Ausdünnung der Property Rights des Mehrheitsaktionärs opportunistisches Verhalten der Minderhei-

---

250 Normzweck der Anfechtungsklage ist auch die Rechtmäßigkeitskontrolle. Vgl. Göz (2008), § 243 AktG, Anm. 1.

251 Infolge der Registersperre und des damit verbundenen Aufschubes des Vollzuges einer bereits beschlossenen Maßnahme im Falle anhängiger Anfechtungsklagen werden die Property Rights des Hauptaktionärs temporär eingeschränkt. Zur gesetzlich kodifizierten Registersperre bei Verschmelzungen vgl. § 16 Abs. 2 UmwG.

252 Vgl. Göbel (2002), S. 70.

253 Zu Vorteilen der Finanzierung am anonymen Kapitalmarkt vgl. Rudolph (2006), S. 263 - 265, und Perridon / Steiner / Rathgeber (2009), S. 368.

254 Zur Verringerung der Einkommensunsicherheit mittels Institutionen vgl. Schneider (1995), S. 20 - 24.

255 Zu weiteren Vorteilen bezüglich der Kapitalbeschaffung durch die Beteiligung von Minderheitsaktionären vgl. Schenk (1997), S. 659 - 661.

ten in Form eines Rechtsmissbrauchs, wird der monetäre Vorteil eines garantierten Individualrechtsschutzes durch die Kosten der Rechtsnormbelasteten überkompensiert und die Ausgestaltung des Anfechtungsrechts wäre nicht effizient i.S.d. Kaldor-Hicks-Kriteriums.

Werden die mit der Anfechtungsklage verbundenen negativen Werteffekte empirisch nicht falsifiziert, sollte der Frage nach einem Individualrechtsschutz nachgegangen werden, der wertschädigendes Verhalten in Form des Klagemissbrauchs reduziert oder unterbindet. Die Einschränkung von wertschädigendem Verhalten führt nach den Implikationen der Property-Rights-Theorie c.p. zu einer Unternehmenswertsteigerung. Um die praktische Relevanz derartiger positiver Werteffekte zu verdeutlichen, sei auf Kapitalmarktstudien zu strategischen Desinvestitionen verwiesen.[256] Z.B. kann eine Unternehmenswertsteigerung infolge einer Going-Private-Transaktion darauf zurückgeführt werden, dass das Risiko von Sperrminoritäten oder Anfechtungsklagen, mithin wertschädigendes Verhalten, eliminiert wird. Diesbezüglich hat die optimale Ausgestaltung von Individual- und Minderheitenschutznormen erhebliche Bedeutung im institutionellen Umfeld des Unternehmens.

2.3.3. Der Begriff der Property Rights und alternative Rechtsnormkonstellationen

Das Schaffen und das Übertragen von Property Rights erhöht die Produktivität, da mit der Begründung von Rechtssicherheit und der damit einhergehenden Reduktion der Einkommensunsicherheit eine bessere Güterallokation möglich ist.[257] Die Einbeziehung des Rechtssystems in ökonomische Argumentationen und die Analyse der Effekte einer spezifischen Verteilung der Property Rights entwickelte die neoklassischen Denkstrukturen entscheidend weiter.[258] Wegen der Bedeutung der Property-Rights werden diese sowohl als Mittelpunkt der ökonomischen Analyse angesehen als auch methodisch zur ökonomischen Rechtsanalyse verwendet.[259]

Der Begriff der Property Rights umfasst das Recht zur Nutzung, das Recht zur Einbehaltung von Erträgen, das Recht zur Veränderung von Form und Substanz, das Recht zur Übertragung und das Recht, andere von der Nutzung auszuschließen.[260] Bei Betrachtung von Unternehmen sind das Koordinationsrecht, das Aneignungs-

[256] Vgl. Bartsch (2005) und Eisele / Walter (2006).
[257] Vgl. etwa Schneider (1995), S. 254 - 255 und S. 261. Vgl. auch Jansen (2005b), S. 107.
[258] Vgl. Schoppe et al. (1995), S. 137.
[259] Hierzu Erlei / Leschke / Sauerland (2007), S. 293, und Schäfer / Ott (2005), S. 97 - 98.
[260] Siehe Göbel (2002), S. 66, sowie Schäfer / Ott (2005), S. 549.

recht und das Veräußerungsrecht wesentliche Property Rights.[261] Das Koordinationsrecht beinhaltet das Recht zur Planung, zur Organisation und zur Kontrolle.[262] Hinsichtlich einer Unternehmensbeteiligung kann das Koordinationsrecht als Stimmrecht verstanden werden, mit dem der Aktionär Einfluss auf Entscheidungen der Gesellschaft nehmen kann. Eine Beteiligungsquote zwischen $0,2 \leq q_B \leq 0,5$ wird nach deutschem Handelsrecht als maßgeblicher[263] und eine Beteiligung i.H.v. $q_B > 0,5$ als beherrschender Einfluss bezeichnet.[264] In diesem Sinn sollen auch hier die Grade der Einflussnahme verwendet werden. Das Recht zur Einbehaltung von Erträgen bedeutet im Falle der Gewinnausschüttung einen Anspruch auf Dividendenzahlungen. Das Recht auf Veränderung von Form und Substanz kann dahingehend interpretiert werden, dass bei qualifizierten Mehrheitsbeschlüssen Umstrukturierungsmaßnahmen vollzogen werden können. Das Übertragungsrecht wird durch die uneingeschränkte Möglichkeit zur Beteiligungsveräußerung gewährleistet.[265]

Unter Annahme einer Rechtsnormkonstellation A, welche keinen Individualrechtsschutz in der Ausprägung des aktienrechtlichen Anfechtungsrechtes kennt und welche in der Hauptversammlung die einfache Mehrheitsregel $q_B \geq 0,5$ zugrunde legt, konzentrieren sich die Property Rights extrem auf den Mehrheitsaktionär. In diesem Fall kann der Mehrheitsaktionär sämtliche strategische Entscheidungen ohne Beteiligung von Minderheitsaktionären durchsetzen.[266] Als Folge der Verdünnung der Property Rights des Minderheitsaktionärs nehmen zum einen dessen Transaktionskosten in Form von Kontrollkosten zu[267] und zum anderen verursacht die Ausdünnung vertragsabweichendes und unwirtschaftliches Handeln, da die Minderheitsaktionäre mit den Konsequenzen ihres Handels nicht direkt konfrontiert werden.[268]

Andererseits führt der Kontrollverlust aber auch zu opportunistischem Agieren des Managements. Die Rechtmäßigkeitskontrolle durch die aktienrechtliche Anfechtungsklage soll das Kontrollvakuum der Minderheitsaktionäre ausfüllen.[269] Aus diesem Grund werden die Property Rights des Mehrheitsaktionärs gezielt einge-

---

[261] Vgl. Picot (1981), S. 162, und Kaulmann (1987), S. 31.
[262] Vgl. Schoppe et al. (1995), S. 144.
[263] Vgl. § 311 Abs. 2 HGB i.V.m. § 271 Abs. 1 Satz 3 HGB.
[264] Vgl. § 290 Abs. 2 Nr. 1 HGB. Siehe auch Baetge / Kirsch / Thiele (2009), S. 89.
[265] Vgl. Rudolph (2006), S. 124 - 125.
[266] Anders gestaltet sich der Sachverhalt bei geforderten Hauptversammlungsmehrheiten i.H.v. $q_B \geq 0,75$, sollte der Mehrheitsaktionär zu weniger als drei Viertel beteiligt sein. In diesem Fall sind opponierende Sperrminoritäten möglich.
[267] Kontrollkosten werden auch als ex post Transaktionskosten bezeichnet. Vgl. Schoppe et al. (1995), S. 150.
[268] Vgl. Schoppe et al. (1995), S. 144.
[269] Vgl. Schenk (1997), S. 663.

schränkt, indem durch Implementierung des Rechtsnormgefüges B jedem Aktionär unabhängig von der Höhe seines Anteilsbesitzes Klagebefugnis eingeräumt wird. In der Hauptversammlung beschlossene Maßnahmen können somit von jedem Aktionär innerhalb einer bestimmten Frist angefochten werden. Weiterhin soll die Rechtmäßigkeitskontrolle von Hauptversammlungsbeschlüssen durch Gewährleistung von Rechtssicherheit und Vermeidung zukünftiger Prozesskosten auch gesellschaftlichen Nutzen stiften und opportunistisches Agieren des Managements bzw. des beherrschenden Aktionärs zurückdrängen. Im Folgenden soll auf die Besonderheit gemeinschaftlicher Property Rights und deren Abgrenzung zum herkömmlichen Begriff der Property Rights eingegangen werden.

2.3.4. Besonderheit der Property Rights bei Publikumsgesellschaften

Die Property Rights sind bei großen sich im Streubesitz befindenden Publikumsgesellschaften zu Lasten der Minderheiten ungleich verteilt, da Handlungsflexibilität gewährleitet sein muss. Problematisch hierbei ist zum einen das damit einhergehende Kontrollvakuum bzw. die Schaffung von opportunistischem Handlungsspielraum für den beherrschenden Aktionär, zum anderen die Tendenz zu wertschädigendem Verhalten einzelner Aktionäre. Grundsätzlich gilt jedoch, dass der Empfänger des Residualeinkommens[270] Träger der Property Rights sein sollte.[271] Eine Verlagerung der Entscheidungskompetenz auf alle Aktionäre ist jedoch ökonomisch nicht zielführend.[272] Demzufolge ist es vorteilhaft, die Geschäftsführungsbefugnis dem Management bzw. dem dahinterstehenden beherrschenden Aktionär zu übertragen. Die Geschäftsführung bzw. die Konzentration der Property Rights auf den beherrschenden Aktionär ist vorteilhaft, da dieser die Kontrollrechte zu seinem eigenen Vorteil ausübt, um sein Residualeinkommen zu erhalten bzw. zu erhöhen.[273] Angenommen wird, dass die Interessen des Managements mit denen des beherrschenden Aktionärs übereinstimmen.

Der Minderheitsaktionär kann über die Vermögenswerte der Gesellschaft nicht unmittelbar, sondern nur mittelbar verfügen. Dies geschieht z.B., indem der Aktionär an der Wahl des Aufsichtsrates mitwirkt, welcher den Vorstand bestellt.[274] Direkte Einflussnahme hat der Minderheitsaktionär bei strategischen Managemententscheidun-

[270] Das Residualeinkommen ist das Einkommen nach Abzug aller vertraglichen Verpflichtungen des Unternehmens. Hierzu zählen z.B. die Lohn- und Zinszahlungen.

[271] Vgl. Schäfer / Ott (2005), S. 644.

[272] Die ökonomische Unvorteilhaftigkeit kollektiver Entscheidungen wird durch die Public-Choice-Theorie belegt. Vgl. etwa Mueller (2003) und Stevens (1993).

[273] Vgl. Schäfer / Ott (2005), S. 645.

[274] Vgl. Rudolph (2006), S. 126.

gen, wie z.B. einer Verschmelzung, da diese eines qualifizierten Mehrheitsbeschlusses bedürfen. Jedoch ist die Mitwirkung des Aktionärs auch hier von der Höhe des Stimmrechtsanteils des Hauptaktionärs abhängig. Verfügt der Mehrheitsaktionär nicht über die für den Beschluss benötigte Drei-Viertel-Mehrheit, ist die Einflussnahme eines Minderheitsaktionärs vom Stimmverhalten der anderen Minderheitsaktionäre abhängig. Hieran wird der wesentliche Unterschied zwischen alleinigem Eigentum am Vermögenswert und mittelbarem Eigentum eines Unternehmensanteils in Form einer Aktie deutlich.[275]

Um strategische Managemententscheidungen zu beeinflussen, müssen die Minderheitsaktionäre Koalitionen bilden, sog. Sperrminoritäten. Verfügt der beherrschende Aktionär über eine sog. qualifizierte Mehrheitsbeteiligung, kann sich dieser über nicht rechtmäßige Hauptversammlungsbeschlüsse zu Lasten der Minderheiten bereichern. Eine Kontrolle derartiger opportunistischer Aktivitäten ist für den einzelnen Aktionär zu teuer und unterbleibt aus diesem Grund.[276] Die aktienrechtliche Anfechtungsklage soll als ein Instrument zur Rechtmäßigkeitskontrolle von Hauptversammlungsbeschlüssen dieses Kontrollvakuum beseitigen.[277] Allerdings führt das Anfechtungsrecht zu einem zu großen Eingriff in die Property Rights des beherrschenden Aktionärs, wenn das Kontrollinstrument der Klage signifikante Einbußen des Residualeinkommens zur Folge hat. Mithin ist der aktienrechtlichen Anfechtungsklage ein Tradeoff eigen, welcher zum einen durch die Zwecksetzung der Beseitigung des Kontrollvakuums der Minderheitsaktionäre und zum anderen durch die rechtswidrige Aneignung von Residualeinkommen mit missbräuchlichen Anfechtungsklagen gekennzeichnet ist. Beide Ausprägungen können als Ergebnis der Property-Rights-Struktur in einer Publikumsgesellschaft interpretiert werden.

Auf die Geschäftspolitik hingegen können Minderheitsaktionäre keinen Einfluss nehmen, da die Kontrolle über die Vermögenswerte der Gesellschaft beim Management liegt und derartige Entscheidungen der Hauptversammlungsbeschlüsse nicht bedürfen. Die wirtschaftliche Disposition der Vermögenswerte liegt nicht in der Hand der Aktionäre von Publikumsgesellschaften.[278] Über den Einsatz und die Verwendung der Vermögenswerte entscheidet das Management. Anspruch auf die erwirtschafteten Erträge haben bei unverschuldeten Unternehmen lediglich die Anteilseigner. Dies zeigt, dass die Property-Rights-Struktur einer Publikumsgesellschaft aufgrund der

[275] Vgl. May (1986), S. 226.
[276] Die einzelnen Aktionäre bleiben rational apathisch. Vgl. Sauerbruch (2008), S. 116.
[277] Diese entspricht einer sog. Kontrolle des Managements bzw. des beherrschenden Aktionärs durch das Gesellschaftsrecht. Hierzu Schäfer / Ott (2005), S. 647 - 649.
[278] Vgl. auch Schoppe et al. (1995), S. 144.

Zuordnung dieser zum beherrschenden Aktionär besondere Eigenschaften aufweist und damit auch besondere Handlungsfolgen induziert.[279]

Hoffmann und *Fischer* benannten einige Ausprägungen gemeinschaftlicher Property Rights:[280]

a) Die Anteilseigner sind berechtigt, alle Nicht-Anteilseigner vom Stimmrecht der Aktie und von Dividendenzahlungen auszuschließen. Gleichzeitig haften ausschließlich die Anteilseigner für Schäden, die aus der wirtschaftlichen Tätigkeit des Unternehmens resultieren.
b) Weiterhin muss gewährleistet sein, dass alle Anteilseigner Kontrolle über die Vermögenswerte haben und alle am Ertrag beteiligt sind.

Hinsichtlich dieser Ausprägungen bestehen bei Publikumsgesellschaften Besonderheiten, da die Kontrolle über die Vermögenswerte nicht den Anteilseignern, sondern zu großen Teilen dem Management bzw. dem beherrschendem Aktionär zugeteilt wird.[281] Außerdem wird der Grad der Einflussnahme der Minderheitsaktionäre infolge der Bildung von Koalitionen beeinflusst. Ferner ist problematisch, dass die Anteilseigner nur mit ihrem investierten Betrag haften, so dass die Schadensumme möglicherweise nicht durch die Summe aller investierten Beträge gedeckt ist.

Wegen gemeinschaftlicher Property Rights sollten die Beziehungen der Akteure einer Publikumsgesellschaft, insbesondere die des beherrschenden Aktionärs und der Minderheitsaktionäre, bei der Gestaltung von Rechtsnormen wesentlich beachtet werden, weil die Zuteilung der Property Rights einer Publikumsgesellschaft wesentlich von der Entscheidungsbefugnis des beherrschenden Aktionärs geprägt ist.[282]

---

[279] Vgl. May (1986), S. 227.

[280] Vgl. Hoffmann / Fisher (1979), S. 193.

[281] Das Management soll Einkommensunsicherheiten durch optimale Handlungen für die Unternehmenseigner reduzieren. Vgl. Schneider (1995), S. 34 und S. 40.

[282] Vgl. May (1986), S. 229.

3. Die aktienrechtliche Anfechtungsklage

3.1. Der Anfechtungsgegenstand nach § 243 AktG

Grundsätzlich ist jeder Hauptversammlungsbeschluss anfechtbar, sowohl Antrag stattgebende als auch Antrag ablehnende Beschlüsse.[283] Gemäß § 243 Abs. 1 AktG kann ein Hauptversammlungsbeschluss ganz allgemein wegen Verletzung des Gesetzes oder der Satzung durch Klage angefochten werden. Hieraus lässt sich ableiten, dass Beschlüsse des Vorstandes oder des Aufsichtsrates nicht anfechtbar sind.[284] Die Anfechtung kann auch darauf gestützt werden, dass ein Aktionär durch die Ausübung seines Stimmrechtes für sich selbst oder einen Dritten Sondervorteile zu erlangen versuchte, die der Gesellschaft oder den anderen Aktionären schaden.[285] Zentraler Bestandteil von § 243 AktG ist Absatz 1, der das Gebot der Einhaltung von Gesetz und Satzung als Maßstab für Hauptversammlungsbeschlüsse vorgibt.[286] Während § 243 Abs. 3 AktG lediglich klarstellende Bedeutung zukommt,[287] weil hier genannte mögliche Verfahrensverstöße vom Anfechtungsrecht ausgenommen werden,[288] regelt § 243 Abs. 4 AktG, dass dennoch nicht jeder andere Verfahrensverstoß anfechtbar ist.[289]

Gesetz i.S.v. § 243 Abs. 1 AktG ist jede kodifizierte oder gewohnheitsrechtliche Rechtsnorm,[290] wie z.B. Rechtsverordnungen, Satzungen öffentlich-rechtlicher Körperschaften, Generalklauseln etc.[291] Die Satzung einer Aktiengesellschaft wird explizit genannt, da diese kein Gesetz i.S.v. § 243 Abs. 1 AktG ist.[292] Da dem Gesetzesbegriff insbesondere auch geschriebene und ungeschriebene Generalklauseln unterfallen, können Beschlüsse der Hauptversammlung, die gegen das in § 53a AktG kodifizierte Gleichbehandlungsgebot verstoßen oder die mitgliedschaftliche Treuepflicht verletzen, grundsätzlich angefochten werden.[293] Nicht anfechtbar sind hingegen

---

[283] Vgl. Henn (2002), § 27, Anm. 912; Schmidt (1996), § 243 AktG, Anm. 2, und Würthwein (2007), § 243 AktG, Anm. 33.
[284] Vgl. Mimberg (2005), § 37, Anm. 37.
[285] Vgl. § 243 Abs. 2 AktG.
[286] Hierzu Göz (2008), § 243 AktG, Anm. 1.
[287] Die Anfechtung kann nicht auf eine Verletzung von § 128 AktG oder auf Gründe, die ein Verfahren nach § 318 Abs. 3 HGB rechtfertigen, gestützt werden.
[288] Vgl. etwa Göz (2008), § 243 AktG, Anm. 1.
[289] Vgl. Göz (2008), § 243 AktG, Anm. 1.
[290] Vgl. Hüffer (2008), § 243 AktG, Anm. 5.
[291] Vgl. Schmidt (1996), § 243 AktG, Anm. 9, und Würthwein (2007), § 243 AktG, Anm. 57 - 60.
[292] Vgl. § 243 Abs. 1 AktG.
[293] Vgl. Mimberg (2005), § 37, Anm. 38; Reichert (2009), § 5, Anm. 263, und Schmidt (1996), § 243 AktG, Anm. 9.

Beschlüsse, die schuldrechtliche Bindungen seitens der Gesellschaft oder der Aktionäre verletzen, die gegen Stimmrechtsbindungsverträge verstoßen[294] oder bloße Ordnungswidrigkeiten darstellen.[295]

Hinsichtlich der Anfechtbarkeit von Hauptversammlungsbeschlüssen wegen Verletzung des Gesetzes oder der Satzung[296] ist zwischen Verfahrensfehlern und Inhaltsmängeln zu differenzieren. Das Vorliegen eines Verfahrensfehlers kann die Anfechtbarkeit eines Beschlusses nur unter der Voraussetzung begründen, dass dieser für das Ergebnis der Beschlussfassung relevant gewesen ist.[297] Bei den verfahrensrechtlichen Vorschriften, die das Zustandekommen eines Beschlusses betreffen, lassen sich grob folgende Fallgruppen unterscheiden: Verletzung von Informationspflichten und Fehler bei der Vorbereitung sowie bei der Durchführung der Hauptversammlung.[298]

3.2. Anfechtungsgründe nach § 243 AktG

3.2.1. Verfahrensfehler als Anfechtungsgrund

Die Verletzung gesetzlicher Informationspflichten ist zum einen im Vorfeld der Hauptversammlung und zum anderen bei der Durchführung der Hauptversammlung möglich. Beispiele für eine Verletzung der Informationspflicht im Vorfeld der Hauptversammlung ist die unzureichende Bekanntgabe der Tagesordnung,[299] das Unterbleiben der notwendigen Auslage des Jahresabschlusses,[300] des Vermögensübertragungsvertrages[301] oder die Verletzung der Berichtspflicht bei Ausschluss des Bezugsrechts.[302] Während der Hauptversammlung könnten Informationsrechte dadurch verletzt werden, dass den Aktionären unter Verstoß gegen § 131 AktG auf ihr Verlangen keine oder lediglich unzureichende, unrichtige oder verspätete Auskünfte erteilt werden.[303] Nach § 243 Abs. 4 Satz 1 AktG kann jedoch wegen unrichtiger, un-

---

[294] Eine Ausnahme von der grundsätzlichen Nichtanfechtbarkeit gilt dann, wenn die Stimmbindungsverpflichtung in der Satzung festgeschrieben ist. Vgl. Hüffer (2008), § 243 AktG, Anm. 9.

[295] Vgl. Schmidt (1996), § 243 AktG, Anm. 10, und Göz (2008), § 243 AktG, Anm. 5.

[296] Hinsichtlich der normativen Grundlagen der Anfechtung wird zwischen Gesetzeswidrigkeit und Satzungswidrigkeit differenziert. Sachlich wird zwischen Verfahrensfehlern und Inhaltsmängeln unterschieden. Vgl. dazu Schmidt (1996), § 243 AktG, Anm. 5, und Göz (2008), § 243 AktG, Anm. 2.

[297] Vgl. Mimberg (2005), § 37, Anm. 42.

[298] Vgl. Reichert (2009), § 5, Anm. 264, und Schmidt (1995), § 243 AktG, Anm. 21.

[299] Vgl. Reichert (2009), § 5, Anm. 265.

[300] Vgl. § 175 Abs. 2 AktG.

[301] Vgl. § 179a Abs. 2 AktG.

[302] Vgl. § 186 Abs. 4 S. 2 AktG.

[303] Vgl. Reichert (2009), § 5, Anm. 267, und Schmidt (1996), § 243 AktG, Anm. 34.

vollständiger oder verweigerter Erteilung von Informationen nur dann angefochten werden, wenn ein objektiv urteilender Aktionär die Informationserteilung als wesentliche Voraussetzung für die sachgerechte Wahrnehmung seiner Teilnahme- und Mitgliedschaftsrechte angesehen hätte.[304] Entscheidend ist, ob ausgeschlossen werden kann, dass sich der Verfahrensfehler auf das Beschlussergebnis ausgewirkt hat.[305] Die im Vorfeld nicht erteilte Information muss demnach so gewichtig sein, dass diese das Verhalten des Aktionärs bei der Abstimmung beeinflusst hätte.[306]

Die Anfechtungsklage kann nicht auf unrichtige, unvollständige oder unzureichende Informationen in der Hauptversammlung über die Ermittlung, Höhe oder Angemessenheit von Ausgleich, Abfindung Zuzahlung oder sonstige Kompensationen gestützt werden, wenn das Gesetz für Bewertungsrügen ein Spruchverfahren vorsieht.[307]

Letztendlich sind auch Mängel bei der Feststellung des Abstimmungsergebnisses gemäß § 130 Abs. 2 AktG anfechtbare Verfahrensfehler. Exemplarisch aufzuführen wäre hier das Mitzählen der Stimmen von Aktionären, die für eine konkrete Beschlussfassung einem Stimmverbot unterliegen,[308] oder deren Stimmrechte aus anderen Gründen ausgeschlossen sind.[309] Weiterhin gehören dazu das Vorliegen eines Zählfehlers, wenn der Versammlungsleiter von falschen Mehrheitserfordernissen ausgeht und zu Unrecht eine Beschlussfassung feststellt, oder eine tatsächlich nicht erreichte notwendige Mehrheit eines festgestellten Beschlusses infolge unwirksamer Stimmabgaben einzelner Aktionäre bei Anfechtung wegen Irrtums oder Drohung.[310]

3.2.2. Inhaltliche Fehler als Anfechtungsgrund

Kollidieren Hauptversammlungsbeschlüsse aufgrund ihres Regelungsinhaltes mit dem Gesetz oder der Satzung, sind diese grundsätzlich anfechtbar.[311] Dabei kann das Ergebnis des Hauptversammlungsbeschlusses konkrete Einzelvorschriften des Gesetzes oder der Satzung verletzen oder gegen Generalklauseln verstoßen. Die

[304] Vgl. § 243 Abs. 4 Satz 1 AktG. Zur Erläuterung der Kausalität und Relevanz von Verfahrensfehlern vgl. Reichert (2009), § 5, Anm. 268 - 269.

[305] Siehe Reichert (2009), § 5, Anm. 269.

[306] Vgl. BT-Drucksache 15/5092, S. 57.

[307] Vgl. § 243 Abs. 4 Satz 2 AktG.

[308] Vgl. § 136 AktG.

[309] Vgl. Schmidt (1996), § 243 AktG, Anm. 38. Zu weiteren Ausschlussgründen vgl. §§ 20 Abs. 7, 21 Abs. 4 AktG, § 28 WpHG und § 59 WpÜG.

[310] Vgl. Mimberg (2005), § 37, Anm. 53.

[311] Die Anfechtung kommt dann in Betracht, wenn nicht bereits ein Nichtigkeitsgrund gegeben ist. Das Merkmal der Kausalität oder der Relevanz sind hierbei unbeachtlich. Vgl. Schmidt (1996), § 243 AktG, Anm. 40.

praktische Relevanz von Verstößen gegen Einzelvorschriften ist wegen des weiten Anwendungsbereiches der Nichtigkeitsnormen sehr gering.[312] Zu nennen wäre etwa die Verletzung von § 222 Abs. 3 AktG wegen fehlender Zweckangabe bei der Kapitalherabsetzung.

Bei einem Verstoß gegen gesetzliche Generalklauseln ist insbesondere an die mitgliedschaftliche Treuepflicht und an das Gleichbehandlungsgebot gemäß § 53a AktG zu denken. Einen Beschluss wegen Verletzung der mitgliedschaftlichen Treuepflicht anzufechten, eröffnet dem Aktionär die Möglichkeit der sog. materiellen Beschlusskontrolle.[313] Dieser liegt der Rechtsgedanke zugrunde, dass der Mehrheitsaktionär bei Ausübung der Mehrheitsmacht auf die Interessen der Minderheit Rücksicht zu nehmen hat.[314] Auch ein Verstoß gegen das Gleichbehandlungsgebot kann zur Anfechtung eines Beschlusses führen. Die Anfechtung von Hauptversammlungsbeschlüssen wegen inhaltlicher Verstöße gegen Generalklauseln und gesellschaftsrechtliche Grundsätze ist in der Praxis sehr häufig.[315]

3.2.3. Verfolgung von Sondervorteilen als Anfechtungsgrund

Die Anfechtung eines Hauptversammlungsbeschlusses kann gemäß § 243 Abs. 2 AktG auch darauf gestützt werden, dass ein Aktionär mit der Ausübung seines Stimmrechts für sich oder einen Dritten Sondervorteile zum Schaden der Gesellschaft oder der anderen Aktionäre zu erlangen suchte und der Beschluss geeignet ist, diesem Zweck zu dienen. Die praktische Bedeutung einer Anfechtung aufgrund der Erlangung von Sondervorteilen ist als eher gering anzusehen, da das kodifizierte Gleichbehandlungsgebot und die Anerkennung der mitgliedschaftlichen Treuebindungen mit unter den Anwendungsbereich von § 243 Abs. 2 AktG fallen.[316]

Als Sondervorteil ist jeder sachwidrige Vorteilserwerb anzusehen, der einem Aktionär oder einem Dritten gestattet oder – im Falle eines bereits vollzogenen Vorteilserwerbes – von einem Aktionär oder einem Dritten hingenommen wird. In Betracht kommt dabei eine mögliche Zuwendung der Gesellschaft an den Aktionär, aber auch ein zugunsten des Aktionärs erfolgender Verzicht der Gesellschaft auf eigene Erwerbs-

---

[312] Vgl. Reichert (2009), § 5, Anm. 271.

[313] Die von der Hauptversammlung gefassten Beschlüsse werden durch die Anfechtung einer gerichtlichen Angemessenheitsprüfung unterzogen.

[314] Vgl. BGH, Urteil vom 05.06.1975, S. 1450, und BGH, Urteil vom 01.02.1988, S. 595.

[315] Vgl. Reichert (2009), § 5, Anm. 272.

[316] Vgl. Hüffer (2008), § 243 AktG, Anm. 32; Mimberg (2005), § 37, Anm. 61, und Schmidt (1996), § 243 AktG, Anm. 52.

chancen.[317] Um eine sachwidrige Bevorzugung handelt es sich dann, wenn die Vorteilsgewährung nicht allen Aktionären zugutekommt, die sich im Verhältnis zur Gesellschaft in vergleichbarer Lage befinden.[318] I.S.v. § 243 Abs. 2 Satz 1 AktG ist erforderlich, dass der Beschluss zur Erlangung eines Sondervorteils für den Aktionär oder einen Dritten tatsächlich zu einem Sondervorteil führt und dass der Aktionär die Erlangung des Sondervorteils bedingt in seinem Willen aufgenommen hat.[319]

Gemäß § 243 Abs. 2 Satz 2 AktG ist die Anfechtung des Beschlusses nach § 243 Abs. 2 Satz 1 AktG jedoch dann ausgeschlossen, wenn der Beschluss den übrigen Aktionären einen angemessenen Ausgleich ihres erlangten Schadens gewährt.[320] Um die Anfechtung auszuschließen, muss die Ausgleichsregelung angemessen sein und in dem jeweiligen Beschluss, der zur Gewährung von Sondervorteilen führt, aufgenommen werden.[321] Der Anfechtungsausschluss greift nicht, wenn zwar die Minderheit einen Schadensausgleich erhält, es aber bei einem Schaden der Gesellschaft verbleibt.[322]

3.2.4. Verletzung des Auskunftsrechts als Anfechtungsgrund

Die größte praktische Bedeutung haben Anfechtungsklagen wegen Verletzung des Auskunftsrechts des Aktionärs nach § 131 AktG oder wegen der Verletzung sonstiger Informationspflichten.[323] Die Informationspflichtverletzung ist ein Unterfall des Verfahrensfehlers und ist von der Relevanz des Informationspflichtverstoßes abhängig.[324] Die Verletzung von Berichtspflichten durch den Vorstand ist ein wesentlicher Anfechtungsgrund.[325] Es sei jedoch nochmals darauf verwiesen, dass die Verletzung von Berichtspflichten in Bezug auf Bewertungsfragen kein Anfechtungsgrund ist, wenn das Gesetz ein Spruchverfahren vorsieht.[326] Jedoch greift der Ausschluss des Anfechtungsgrundes nur dann, wenn unrichtig, unvollständig oder unzureichend informiert wurde. Wurde jegliche Auskunft verweigert, bleibt der Hauptversammlungs-

[317] Vgl. Hüffer (2008), § 243 AktG, Anm. 35.
[318] Ist zur Beurteilung des Sachverhaltes ein Fremdvergleich nicht möglich, wird auf die fiktive Gegenleistung abgestellt, die ein außen stehender Dritter zur Erlangung des Sondervorteils zu zahlen bereit wäre. Vgl. Hüffer (2008), § 243 AktG, Anm. 35, und Schmidt (1996), § 243 AktG, Anm. 55.
[319] Vgl. Hüffer (2008), § 243 AktG, Anm. 34.
[320] Ein angemessener Schadensausgleich wäre z.B. eine Dividendengarantie i.S.v. § 304 AktG. Vgl. Hüffer (2008), § 243 AktG, Anm. 38, und Mimberg (2005), § 37, Anm. 63. Zum Anfechtungsausschluss vgl. Schmidt (1996), § 243 AktG, Anm. 59 - 62.
[321] Vgl. Hüffer (2008), § 243 AktG, Anm. 38.
[322] Siehe Göz (2008), § 243 AktG, Anm. 19, und Hüffer (2008), § 243 AktG, Anm. 40.
[323] Vgl. Baums / Vogel / Tacheva (2000), S. 1652.
[324] Hierzu Göz (2008), § 243 AktG, Anm. 21.
[325] Vgl. Reichert (2009), § 5, Anm. 267.
[326] Vgl. § 243 Abs. 4 Satz 2 AktG.

beschluss auch anfechtbar, wenn durch das Gesetz ein Spruchverfahren vorgesehen ist.[327]

Die Strategie rechtsmissbräuchlich agierender Aktionäre besteht darin, auf Hauptversammlungen Verfahrensfehler und damit auch Informationspflichtverletzungen durch die extensive Nutzung ihrer Aktionärsrechte zu provozieren.[328] Hierunter fallen vor allem die Nutzung des Rede- und des Fragerechts, die Störung des Versammlungsablaufes und die Provokation eines ungerechtfertigten Saalverweises.[329]

3.3. Die Anfechtungsbefugnis der Aktionäre nach § 245 AktG

Zur Anfechtung von Hauptversammlungsbeschlüssen befugt sind die in § 245 AktG genannten Personen und der Vorstand der Gesellschaft.[330] Durch die Anfechtungsbefugnis wird den in § 245 Nr. 1 - 3 AktG genannten Personen die Möglichkeit eingeräumt, die von der Hauptversammlung gefassten Beschlüsse auf ihre Gesetz- und Satzungsmäßigkeit hin zu überprüfen.[331] Die Anfechtungsbefugnis zählt aus Sicht der Aktionäre zu den eigennützigen Verwaltungsrechten.

Jeder Aktionär ist gemäß § 245 Nr. 3 AktG anfechtungsbefugt, wenn dieser seine Anfechtungsklage auf die unzulässige Verfolgung von Sondervorteilen i.S.v. § 243 Abs. 2 AktG stützt. Voraussetzung ist, dass der Aktionär seine Aktien bereits vor der Bekanntmachung der Tagesordnung erworben hatte.[332] Weitere Voraussetzungen, wie das Erscheinen in der Hauptversammlung und die Erklärung des Widerspruchs zur Niederschrift gegen den Beschluss, werden bei der auf unzulässige Verfolgung von Sondervorteilen gestützten Anfechtungsklage nicht gefordert.[333]

Weiterhin ist gemäß § 245 Nr. 1 AktG jeder in der Hauptversammlung erschienene Aktionär zur Anfechtung befugt, wenn er die Aktien vor Bekanntmachung der Tagesordnung erworben hatte und Widerspruch zur Niederschrift erklärt hat.[334] Die Aktionärseigenschaft setzt das Innehaben mindestens einer Aktie voraus, unabhängig

---

[327] Siehe Göz (2008), § 243 AktG, Anm. 21.

[328] Vgl. Sauerbruch (2008), S. 212 - 213.

[329] Zu den Strategien der Anfechtungskläger vgl. Waclawik (2006), S. 2179.

[330] Vgl. § 245 Nr. 1 - 5 AktG.

[331] Vgl. Göz (2008), § 245 AktG, Anm. 1.

[332] Die Vorverlagerung des Aktienerwerbes wurde in das Gesetz eingefügt, um missbräuchliche Klagen einzudämmen. Vgl. Reichert (2009), § 5, Anm. 256.

[333] Vgl. § 245 Nr. 3 AktG. Weiterhin Hüffer (2008), § 245 AktG, Anm. 21, sowie Reichert (2009), § 5, Anm. 260.

[334] Vgl. etwa Göz (2008), § 245 AktG, Anm. 9.

davon, ob die Aktien dem Inhaber ein Stimmrecht gewähren oder ob der Aktionär einem Stimmverbot[335] unterliegt.[336]

Als in der Hauptversammlung erschienen gelten diejenigen Aktionäre, die bei der Beschlussfassung persönlich anwesend waren oder sich durch einen gesetzlichen oder rechtsgeschäftlichen Vertreter vertreten lassen.[337] Als Teilnehmer der Hauptversammlung gelten auch Aktionäre, die dieser online zugeschaltet sind und ihre Stimme auch online abgeben. Aktionäre, die ihre Stimme im Vorfeld per Briefwahl abgeben, gelten jedoch im aktienrechtlichen Sinne als nicht erschienen.[338]

Für den Widerspruch zur Niederschrift muss der Widersprechende zum Ausdruck bringen, dass sich dieser gegen die Gültigkeit des Beschlusses richtet. Besondere Formerfordernisse und eine Begründung des Widerspruches gibt es nicht.[339] Die Erhebung des Widerspruchs ist während der gesamten Dauer der Hauptversammlung möglich, damit auch vor Beschlussfassung.[340] Für die Anfechtung des Beschlusses ist unbeachtlich, ob der Widerspruch zur Niederschrift erklärt wurde. Der Aktionär muss demnach nicht auf eine Protokollierung bestehen, sondern es ist ausreichend, wenn objektiv ein Widerspruch erkennbar ist.[341] Entbehrlich ist der Widerspruch entgegen dem Gesetzeswortlaut aber dann, wenn dem Aktionär der Mangel des Beschlusses während der Hauptversammlung nicht ersichtlich war und wenn der Aktionär irrtümlich für den Beschluss gestimmt und seine Stimmabgabe deshalb angefochten hat.[342]

Nach § 245 Nr. 2 AktG sind nicht erschienene Aktionäre dann anfechtungsbefugt, wenn sie zur Hauptversammlung zu Unrecht nicht zugelassen worden sind oder die Versammlung nicht ordnungsgemäß einberufen oder der Gegenstand der Beschlussfassung nicht ordnungsgemäß bekanntgemacht worden ist.[343] Nicht erschienen sind Aktionäre, die zur Hauptversammlung weder persönlich anwesend waren noch ver-

[335] Vgl. § 136 AktG.
[336] Vgl. Göz (2008), § 245 AktG, Anm. 5, und Hüffer (2008), § 245 AktG, Anm. 5.
[337] Vgl. Schmidt (1996), § 245 AktG, Anm. 18.
[338] Siehe Reichert (2009), § 5, Anm. 256.
[339] Vgl. Göz (2008), § 245 AktG, Anm. 11; Hüffer (2008), § 245 AktG, Anm. 13 - 15, und Schmidt (1996), § 245 AktG, Anm. 21.
[340] Vgl. Göz (2008), § 245 AktG, Anm. 11; Hüffer (2008), § 245 AktG, Anm. 14, und Schmidt (1996), § 245 AktG, Anm. 20.
[341] Vgl. Göz (2008), § 245 AktG, Anm. 11, und Mimberg (2005), § 37, Anm. 82.
[342] Vgl. Hüffer (2008), § 245 AktG, Anm. 16.
[343] Siehe Reichert (2009), § 5, Anm. 258.

treten wurden oder deren Stimmrechte nicht durch einen Legitimationsaktionär wahrgenommen wurden.[344]

Die unberechtigte Nichtzulassung i.S.v. § 245 Nr. 2 AktG liegt vor, wenn der Aktionär oder sein Vertreter unter Verletzung des Teilnahmerechts zur Hauptversammlung nicht zugelassen wird. Das Teilnahmerecht besteht unabhängig vom Stimmrecht und kann unter bestimmten Voraussetzungen ausgeschlossen sein, so dass die Anfechtungsbefugnis i.S.v. § 245 Nr. 2 AktG entfällt.[345] Liegt der Fehler der Nichtzulassung bei Dritten, kann dieser nicht der Gesellschaft mit der Folge zu Lasten gehen, dass die Anfechtungsbefugnis entfällt. Gleiches gilt für technische Störungen bei einer Online-Teilnahme an der Hauptversammlung.[346]

Ein Einberufungsfehler[347] i.S.v. § 245 Nr. 2 AktG ist dann gegeben, wenn bei Einberufung der Hauptversammlung die Vorgaben der §§ 121 bis 123 AktG oder der §§ 125 bis 127 AktG verletzt wurden.[348] Erscheint der Aktionär trotz des Einberufungsfehlers, ist er nur durch Erklärung des Widerspruchs zur Anfechtung befugt.[349] Ein Bekanntmachungsfehler i.S.v. § 245 Nr. 2 AktG liegt bei Verstoß gegen die §§ 124 Abs. 1 bis 3 AktG vor.[350] Auch in diesem Fall muss der Aktionär dem Beschluss widersprechen, erscheint er trotz des Bekanntmachungsfehlers zur Hauptversammlung.[351]

3.4. Rechtsfolgen der Anfechtungsklage und Bekanntmachungspflicht

Die Erhebung der Anfechtungsklage und der Termin für die mündliche Verhandlung ist gemäß § 246 Abs. 4 AktG unverzüglich in den Geschäftsblättern der Gesellschaft bekanntzugeben. Die Rechtsfolge einer zulässigen und begründeten Anfechtungsklage führt zu Unwirksamkeit des Hauptversammlungsbeschlusses ex tunc. Die rückwirkende Vernichtung des Hauptversammlungsbeschlusses ist dann problematisch, wenn die Maßnahme bereits durchgeführt wurde. Um derartige kostenintensive

---

[344] Vgl. Göz (2008), § 245 AktG, Anm. 10; Mimberg (2005), § 37, Anm. 85, und Schmidt (1996), § 245 AktG, Anm. 24.

[345] Vgl. Schmidt (1996), § 245 AktG, Anm. 26.

[346] Hierzu Reichert (2009), § 5, Anm. 258.

[347] Einige der hierunter zu subsumierenden Fälle stellen Nichtigkeitsgründe dar, so dass es einer Anfechtung der in der fehlerhaft einberufenen Hauptversammlung gefassten Beschlüsse nicht bedarf. Vgl. Hüffer (2008), § 245 AktG, Anm. 19.

[348] Vgl. Hüffer (2008), § 245 AktG, Anm. 19; Reichert (2009), § 5, Anm. 259, und Schmidt (1996), § 245 AktG, Anm. 27.

[349] Vgl. Göz (2008), § 245 AktG, Anm. 13, und Hüffer (2008), § 245 AktG, Anm. 19.

[350] Vgl. Hüffer (2008), § 245 AktG, Anm. 20; Reichert (2009), § 5, Anm. 259, und Schmidt (1996), § 245 AktG, Anm. 28.

[351] Vgl. Hüffer (2008), § 245 AktG, Anm. 20.

Rückabwicklungen zu vermeiden, existiert bezüglich Umstrukturierungsmaßnahmen eine sog. gesetzliche Registersperre.[352]

Bei erfolgreicher Anfechtungsklage muss der Vorstand das rechtskräftige Urteil und ggf. den Wortlaut der geänderten Satzung, falls der Hauptversammlungsbeschluss eine Satzungsänderung zum Gegenstand hatte, unverzüglich zum Handelsregister einreichen.[353] Börsennotierte Gesellschaften haben die Verfahrensbeendigung gemäß § 248a AktG ohne Verzug in den Geschäftsblättern bekanntzumachen. Die Bekanntmachung muss in allen Einzelheiten darstellen, wie der Prozess beendet wurde; insbesondere die getroffenen Vereinbarungen und ggf. die Art und Höhe der gewährten Leistungen sind wesentlich.[354] Die gewährten Leistungen sind z.B. Prozesskosten- und Aufwandserstattungen, Vergleichswert, Schadensersatzzahlungen, Honorare oder sonstige Zuwendungen an den Anfechtungskläger.[355]

3.5. Missbrauch des Anfechtungsrechts

Zwar muss der Aktionär bei der Erhebung der Anfechtungsklage kein besonderes Rechtsschutzinteresse darlegen, dennoch ist die individuelle Kontrollbefugnis missbrauchsanfällig.[356] Fälle rechtsmissbräuchlicher Anfechtungsklagen sind in den letzten 25 Jahren zahlreich bekanntgeworden und haben die gesellschaftsrechtliche Praxis und Literatur sowie die Rechtsprechung beschäftigt.[357]

Die Rechtsprechung definiert den Missbrauchstatbestand dergestalt, dass der Anfechtungskläger die Klage mit dem Ziel erhebt, die Gesellschaft in grob eigennütziger Weise zu einer Leistung zu veranlassen, auf die er keinen Anspruch hat und billigerweise auch keinen Anspruch erheben kann.[358] Dennoch ist der Missbrauchstatbestand nicht trennscharf und daher selten augenfällig.[359] Dies gestaltet die Eindämmung rechtsmissbräuchlich erhobener Klagen äußert schwierig.[360]

Indizien für den Rechtsmissbrauch sind das Verhalten des Anfechtungsklägers sowohl im laufenden als auch in möglichen Parallelverfahren, Umfang und Zeitpunkt

[352] Vgl. § 16 Abs. 2 UmwG.
[353] Siehe § 248 Abs. 1 Satz 2 und Abs. 2 AktG.
[354] Vgl. Reichert (2009), § 5, Anm. 284.
[355] Vgl. Göz (2008), § 249 AktG, Anm. 3.
[356] Hierzu Göz (2008), § 245 AktG, Anm. 19.
[357] Vgl. Hüffer (2008), § 245 AktG, Anm. 22. Zu einer Auflistung der Literatur bezüglich rechtsmissbräuchlicher Anfechtungsklagen vgl. Sauerbruch (2008), S. 3.
[358] Vgl. BGH, Urteil vom 18.12.1989, S. 262 - 263.
[359] Vgl. Hüffer (2008), § 245 AktG, Anm. 24.
[360] Siehe Göz (2008), § 245 AktG, Anm. 19.

des Aktienerwerbes oder auch Drohungen mit einer weitreichenden Wahrnehmung des Anfechtungsrechts.[361] Die Zahlungsbereitschaft der Gesellschaft und das Ergreifen der Initiative für einen Vergleich stehen dem Missbrauchstatbestand nicht entgegen.[362] Werden Anfechtungsklagen rechtsmissbräuchlich erhoben, führt das zum Verlust der Anfechtungsbefugnis und zur Unbegründetheit der Klage.[363] Die bereits an den Aktionär erbrachten Leistungen lösen Rückzahlungs- und Schadensersatzansprüche aus.[364]

Hinsichtlich der Wirkung der zu untersuchenden Anfechtungsklagen gegen Verschmelzungsbeschlüsse erwächst das Erpressungspotenzial aus der gesetzlichen Registersperre, die in § 16 Abs. 2 UmwG kodifiziert ist. Nutzt der Aktionär die Anfechtungsklage, um unangemessene persönliche Vorteile zu erzielen, liegt der Tatbestand des Rechtsmissbrauchs vor. Dies äußert sich z.B. darin, dass der Kläger einen deutlich überhöhten Vermögensvorteil für die Rücknahme der Klage fordert oder sich gewähren lässt.[365] Der Tatbestand des Rechtsmissbrauchs ist auch dann erfüllt, wenn die Zahlung deklariert wird. Die Abfindungszahlungen werden häufig durch Kostenerstattungen, Beratungshonorare oder Gebührenteilungen getarnt.[366] Bezüglich des Tatbestandes eines ersuchten und überhöhten Vermögensvorteils wird hier auf die vom Kläger eingeforderte Abfindung gegen Rücknahme der Klage abgestellt.

3.6. Blockadewirkung der aktienrechtlichen Anfechtungsklage

Bei Verschmelzungen wird gemäß § 16 Abs. 2 UmwG verlangt, zur Eintragung ins Handelsregister eine sog. Negativerklärung abzugeben. Infolgedessen wird eine Verschmelzung erst dann ins Handelsregister eingetragen, wenn eine Klage gegen die Wirksamkeit des Verschmelzungsbeschlusses nicht oder nicht fristgemäß erhoben oder rechtskräftig abgewiesen oder zurückgenommen wurde.[367] Diese im Gesetz kodifizierte formale Registersperre verleiht der aktienrechtlichen Anfechtungsklage einen Lästigkeitswert, der umso größer ist, je zügiger die beschlossene Ver-

[361] Zur Erläuterung der BGH-Rechtsprechung in Bezug auf den Missbrauch des Anfechtungsrechts vgl. Sauerbruch (2008), S. 217 - 218.

[362] Vgl. Göz (2008), § 245 AktG, Anm. 19.

[363] Vgl. BGH, Urteil vom 15.06.1992, S. 449. Siehe auch Hüffer (2008), § 245 AktG, Anm. 26.

[364] Vgl. Göz (2008), § 245 AktG, Anm. 19, und Hüffer (2008), § 245 AktG, Anm. 26.

[365] Rechtsmissbräuchlich handelt der klagende Aktionär dann, wenn er ihm nicht gebührende Sonderleistungen, in welcher rechtlichen Einkleidung auch immer, zu erlangen sucht. Zur Beurteilung des Tatbestandes des Rechtsmissbrauchs vgl. Hüffer (2008), § 245 AktG, Anm. 24.

[366] Vgl. Göz (2008), § 245 AktG, Anm. 19.

[367] Vgl. Keßler (2009), § 16 UmwG, Anm. 7 - 9.

schmelzung vollzogen werden soll.[368] Um das Betätigungsfeld rechtsmissbräuchlich agierender Aktionäre einzuschränken und die Vollzugsinteressen der Gesellschaft zu wahren, sieht § 16 Abs. 3 UmwG ein gerichtliches Freigabeverfahren vor.[369] Nach dieser Vorschrift steht es der Negativerklärung gemäß § 16 Abs. 2 Satz 1 UmwG gleich, wenn nach Erhebung einer Klage gegen die Wirksamkeit des Verschmelzungsbeschlusses das zuständige Prozessgericht auf Antrag des Rechtsträgers durch rechtskräftigen Beschluss festgestellt hat, dass die Erhebung der Klage der Eintragung nicht entgegensteht.[370] Jedoch darf der Freigabebeschluss nur dann ergehen, wenn die Anfechtungsklage unzulässig oder offensichtlich unbegründet ist, wenn der Nachweis des Mindestbesitzanteils i.H.v. 1000 € nicht erbracht wird oder wenn das Vollzugsinteresse der beteiligten Rechtsträger und deren Anteilseigner das Aufschubinteresse der klagenden Anteilseigner überwiegt und kein besonders schwerer Rechtsverstoß vorliegt.[371]

Die Tatsachen, aufgrund derer der Freigabebeschluss ergehen kann, sind von der Antrag stellenden Gesellschaft glaubhaft darzulegen.[372] Der Beschluss des OLG ist unanfechtbar[373] und soll spätestens drei Monate nach der Antragstellung ergehen.[374] Sollte das Prozessgericht durch einen rechtskräftigen Beschluss festgestellt haben, dass die Erhebung der Klage der Eintragung der beschlossenen Maßnahme in das Handelsregister nicht entgegensteht, wird die beschlossene Maßnahme vollzogen. Dabei lassen Mängel der Verschmelzung die Wirkung der Eintragung unberührt.[375] Bei Erfolg der Anfechtungsklage besteht für eine eingetragene und vollzogene Umwandlung somit Bestandsschutz.[376] Es ist jedoch ungewiss, ob die Gesellschaft einen Freigabebeschluss beim zuständigen Prozessgericht bewirken und ob die durch das Gesetz vorgegebene Drei-Monats-Frist eingehalten werden kann.

Eine selbst dem Freigabeverfahren anhaftende Verzögerung ist u.U. der Auslastung der Gerichte geschuldet. Vom Prozessgericht ist in einem vierstufigen Verfahren zu prüfen, ob die Anfechtungsklage unzulässig (1. Stufe), offensichtlich unbegründet (2. Stufe), ob der oder die Kläger mindestens mit einem anteiligen Betrag i.H.v. 1000 € am gezeichneten Kapital beteiligt sind (3. Stufe) oder ob ein vorrangiges Vollzugsin-

[368] Hierzu Marsch-Barner (2010), § 16 UmwG, Anm. 32, und Keßler (2009), § 16 UmwG, Anm. 10.
[369] Vgl. Stratz (2006), § 16 UmwG, Anm. 23.
[370] Vgl. § 16 Abs. 3 Satz 1 UmwG. Vgl. auch Marsch-Barner (2010), § 16 UmwG, Anm. 32.
[371] Vgl. § 16 Abs. 3 Satz 3 UmwG.
[372] Vgl. § 16 Abs. 3 Satz 6 UmwG. Siehe auch Marsch-Barner (2010), § 16 UmwG, Anm. 49.
[373] Zuständig für das Verfahren ist ausschließlich das OLG. Siehe auch Marsch-Barner (2010), § 16 UmwG, Anm. 36. Der Beschluss kann nicht angefochten werden. Vgl. § 16 Abs. 3 Satz 9 UmwG.
[374] Siehe § 16 Abs. 3 Satz 5 UmwG.
[375] Vgl. § 20 Abs. 2 UmwG. Siehe auch Keßler (2009), § 20 UmwG, Anm. 33.
[376] Vgl. Marsch-Barner (2010), § 16 UmwG, Anm. 52 - 53, und § 20 UmwG, Anm. 47.

teresse der Gesellschaft besteht (4. Stufe). Insbesondere die 2. und 4. Stufe des Verfahrens eröffnen den zuständigen Prozessgerichten Ermessensspielräume und ziehen demzufolge einen erheblichen Prüfungsumfang nach sich, was einem zügigen Fortschreiten des Verfahrens auch nach dem ARUG möglicherweise entgegensteht.

1. Stufe: Unzulässigkeit

Das zuständige Prozessgericht muss in vollem Umfang die Zulässigkeit der Klage prüfen. Auf die Offensichtlichkeit kommt es hierbei nicht an, so dass die Entscheidung nicht im Ermessen des Gerichtes steht.[377] Ermessenspielräume und damit gegebenenfalls langwierige Verfahren ergeben sich vielmehr bei der Prüfung der Begründetheit der Klage und bei der Interessenabwägungsklausel.

2. Stufe: Offensichtliche Unbegründetheit

Der Erlass des Freigabebeschlusses steht im Ermessen des Prozessgerichtes; deshalb ist es von essentieller Bedeutung, wie das Gericht den Tatbestand der offensichtlichen Unbegründetheit der Klage auslegt. Da dies bis zum heutigen Zeitpunkt nicht eindeutig geschehen ist, war die bisherige Rechtsprechung[378] im Hinblick auf einen schnellen Vollzug der beschlossenen Maßnahmen nicht richtungsweisend. Jedoch hat sich der Gesetzgeber in der Begründung des Regierungsentwurfes zum UMAG zur Interpretation des Tatbestandsmerkmals offensichtliche Unbegründetheit eindeutig positioniert,[379] indem er dazu ausgeführt hat, dass Unbegründetheit der Klage dann hinreichend anzunehmen ist, wenn sich diese mit hoher Wahrscheinlichkeit vorhersagen lasse. Dabei kommt es nicht darauf an, welcher Prüfungsaufwand erforderlich ist,[380] um die Unbegründetheit der Anfechtungsklage festzustellen, sondern es wird vorrangig auf das Maß an Sicherheit abgestellt, mit der sich eine Unbegründetheit unter der Vorgabe des Eilverfahrens vorhersagen lässt.[381]

---

[377] Vgl. Stratz (2006), § 16 UmwG, Anm. 56.

[378] Vgl. LG Wuppertal, Beschluss vom 06.11.2003, S. 161 - 162; LG Hanau, Beschluss vom 05.10.1995, S. 1820 – 1822, und LG Freiburg, Beschluss vom 26.11.1997, S. 536 - 537.

[379] Vgl. BR-Drucksache 3/05, S. 60.

[380] Bisher war eine Anfechtungsklage bereits dann nicht offensichtlich unbegründet, wenn eine Beweisaufnahme notwendig ist oder schwierige rechtliche Überlegungen anzustellen sind (vgl. Bork (2004), § 16 UmwG, Anm. 19a, und OLG München, Beschluss vom 17.02.2005, S. 407 - 408. Dieser Rechtsauffassung hat sich der Gesetzgeber in der Hoffnung auf zukünftig großzügig erlassene Freigabebeschlüsse entgegengestellt.

[381] Nach § 246a Satz 4 AktG soll die Entscheidung des Prozessgerichtes spätestens drei Monate nach Stellung des Antrages ergehen. Eine Fristüberschreitung ist durch das Prozessgericht in einem an die Parteien zu richtenden Zwischenbescheid unmittelbar nach Fristablauf zu begründen. Der Beschluss zur Entscheidungsfristverlängerung ist unanfechtbar. Mit der Möglichkeit der Entscheidungsfristverlängerung soll es den Gerichten ermöglicht werden, auf tatsächliche oder rechtli-

Fraglich ist, inwieweit die zuständigen Prozessgerichte, losgelöst vom Kriterium des erforderlichen Prüfungsaufwandes,[382] den Erfolg der Klage mit hoher Wahrscheinlichkeit zu prognostizieren in der Lage sind.[383] Denn gerade die Erörterung schwieriger Rechts- oder Tatfragen hatte die Prozessgerichte bisher davon abgehalten, Freigabebeschlüsse zu erlassen.[384]

3. Stufe: Bagatellquorum

Der Kläger muss binnen einer Woche nach Zustellung des Freigabeantrages nachweisen, dass er seit Bekanntmachung der Einberufung mindestens i.H.v. 1000 € am gezeichneten Kapital der beklagten Gesellschaft beteiligt gewesen ist. Zweck der Regelung ist, dass Anfechtungskläger mit einer nominellen Beteiligung unter 1000 € die Freigabe der Maßnahme nicht verhindern sollen.[385] Das Hauptsacheverfahren bleibt hiervon unberührt. Gibt es nur einen Anfechtungskläger, der das erforderliche Quorum nicht erreicht, ist für das Freigabeverfahren lediglich die Antragschrift der Gesellschaft relevant. Es soll verhindert werden, dass Kläger mit Kleinstbeteiligungen, die wirtschaftlich unbedeutend sind, den Vollzug der Maßnahme blockieren können.[386]

4. Stufe: Interessenabwägungsklausel

Grundsätzlich kann ein Freigabebeschluss auch dann erlassen werden, wenn die Anfechtungsklage voraussichtlich oder auch zweifelsfrei begründet ist. Das Gericht muss die Nachteile der Gesellschaft[387] bei Erfolg der Anfechtungsklage gegen die

---

che Besonderheiten des Falles angemessen zu reagieren. Im Zuge des ARUG wurde die Drei-Monats-Frist auch in § 16 Abs. 3 Satz 4 UmwG kodifiziert.

[382] Vor einer oberflächlichen Prüfung höchstrichterlich noch nicht entschiedener Rechtsfragen ist zu warnen. Die offensichtliche Unbegründetheit offenbare sich nicht ohne Weiteres, da die bei einer Verschmelzung anfallenden Rechtsfragen regelmäßig von komplexer Natur sind. Vgl. Stratz (2006), § 16 UmwG, Anm. 59.

[383] Vgl. OLG Hamm, Beschluss vom 04.03.1999, S. 798 - 804, und OLG Hamm, Beschluss vom 28.02.2005, S. 361 - 364. Kritisch zu diesen Beschlüssen vgl. Heermann (1999), S. 1861 - 1873, und Bork (2004), § 16 UmwG, Anm. 19a, sowie Stratz, § 16 UmwG, Anm. 63.

[384] Vgl. OLG Hamburg, Beschluss vom 29.09.2004, S. 2805 - 2806, und BGH, Beschluss vom 02.07.1990, S. 10 - 30.

[385] Vgl. Marsch-Barner (2010), § 16 UmwG, Anm. 41a.

[386] Vgl. Simon (2009), § 16 UmwG, Anm. 105.

[387] In die Interessenabwägung sind die wesentlichen Nachteile einzubeziehen, die der Gesellschaft aus der Verzögerung des Vollzuges der Maßnahme entstehen. Diese wesentlichen Nachteile müssen so schwer wiegen, dass es gerechtfertigt ist, die Verschmelzung trotz einer anhängigen Anfechtungsklage in das Handelsregister einzutragen und die Kläger auf Schadensersatzansprüche zu verweisen. Zu den wesentlichen Nachteilen eines Aufschubes einer beschlossenen Verschmelzung zählen u.a. der zeitweilige oder endgültige Verlust der Synergiepotenziale, eine zukünftige Unmöglichkeit des Vollzuges, die Abwanderung qualifizierten Personals, die Verunsicherung von Geschäftspartnern und der Verlust von Ansehen auf dem Markt sowie der Verlust steuerlicher Vorteile oder die drohende Insolvenz eines beteiligten Rechtsträgers. Diese oder andere wesentliche Nachteile einer Blockade müssen durch die Antragstellerin konkret und substanziell dargelegt und

Nachteile des Anfechtungsklägers bei Vollzug der Maßnahme abwägen. Bei Beurteilung des Vollzugsinteresses sind alle wesentlichen Nachteile für sämtliche Rechtsträger und deren Anteilsinhaber zu würdigen. Das Entstehen höherer Kosten durch einen nicht sofortigen Vollzug der Maßnahme ist für die Aufhebung der Registersperre regelmäßig nicht ausreichend. Der zeitweilige oder gänzliche Verlust von Synergieeffekten sowie die Marktsituation der an der Verschmelzung beteiligten Rechtsträger sind hingegen in der Rechtsprechung anerkannte Vollzugsinteressen. Jedoch hat das Prozessgericht bei der Abwägung der Vollzugs- und Aufschubinteressen der streitenden Parteien einen umfassenden Beurteilungsspielraum, so dass es auch den Schutz der Position der Anfechtungskläger vertreten kann. Hierbei ist vor allem das Informationsbedürfnis der Aktionäre wesentlich zu beachten.[388] Ergänzend hinsichtlich der Abwägung wirtschaftlicher Vor- und Nachteile ist zu prüfen, inwieweit ein besonders schwerer Rechtsverstoß vorliegt, der einer Freigabe entgegensteht.[389]

Überwiegen die Schäden der Gesellschaft bei Nichteintragung und Aufschub des Vollzuges der Maßnahmen die Nachteile des Anfechtungsklägers wegen Eintragung und Vollzug eines rechtswidrigen Hauptversammlungsbeschlusses, kann das Prozessgericht trotz der offensichtlichen Begründetheit der Klage einen Freigabebeschluss erlassen.[390]

Wurde durch das Prozessgericht ein Freigabebeschluss erlassen, hat der Minderheitsaktionär bei erfolgreicher Anfechtungsklage gemäß § 16 Abs. 3 Satz 9 UmwG lediglich Anspruch auf Schadensersatz.[391] Dabei kommt der Ersatz des Schadens, den der Anfechtungskläger durch den Vollzug der Maßnahme erlitten hat, in Geld in Betracht[392], da in § 16 Abs. 3 Satz 9 UmwG explizit kodifiziert wurde, dass eine Beseitigung der Wirkungen der Eintragung der Verschmelzung nicht verlangt werden kann.

---

glaubhaft gemacht werden (vgl. Bork (2004), § 16 UmwG, Anm. 21, und Marsch-Barner (2010), § 16 UmwG, Anm. 45).

[388] Vgl. OLG Düsseldorf, Beschluss vom 15.03.1999, S. 797 - 798.

[389] Siehe Marsch-Barner (2010), § 20 UmwG, Anm. 43.

[390] Bei einem besonders schwerwiegenden Verstoß gegen Aktionärsrechte ist die Entscheidung des Prozessgerichtes entsprechend anders zu gewichten. Bei besonderer Schwere der Rechtsverletzung wäre die Bestandskraft des Beschlusses nicht zu rechtfertigen. Deshalb kommt ein Freigabebeschluss grundsätzlich dann nicht in Betracht, wenn Normen verletzt werden, die zur Nichtigkeit führen. Die in § 241 AktG aufgezählten Beschlussmängel stehen einem Freigabebeschluss regelmäßig entgegen. Gleiches gilt für Normen zum Schutz des öffentlichen Interesses. Eine Einzelfallabwägung kommt nur dann in Betracht, wenn Individualrechtsnormen verletzt sind. Dabei ist auf die Schwere des Verstoßes gegen Individualrechtsnormen und auf die Schwere der Folgen des Verstoßes abzustellen (vgl. dazu ausführlich: Bork (2004), § 16 UmwG, Anm. 22 - 23).

[391] Vgl. Simon (2009), § 16 UmwG, Anm. 106 - 112.

[392] Vgl. Stratz (2006), § 16 UmwG, Anm. 73.

3.7. Arten des Freigabeverfahrens

Das Freigabeverfahren gemäß § 16 Abs. 3 UmwG betrifft lediglich Umstrukturierungsmaßnahmen und unterscheidet sich in der Ausgestaltung anderer Freigabeverfahren. In der ökonomischen Analyse der aktienrechtlichen Anfechtungsklage werden blockierte Verschmelzungsbeschlüsse analysiert. Deshalb steht ausschließlich das umwandlungsrechtliche Freigabeverfahren im Fokus der Betrachtung.

Das Freigabeverfahren nach § 16 Abs. 3 UmwG unterscheidet sich vom Freigabeverfahren nach § 246a AktG und vom Freigabeverfahren gemäß § 319 Abs. 6 AktG sowie von dem nach § 327e Abs. 2 AktG. Die Freigabebeschlüsse bei Eingliederung und Squeeze-out haben keinen Bestandsschutz, so dass die Maßnahmen bei erfolgreicher Anfechtungsklage rückabgewickelt werden müssen. Für angefochtene Beschlüsse zu Kapitalmaßnahmen und Unternehmensverträgen gab es keine gesetzliche Registersperre. Grundsätzlich konnte die Maßnahme auch dann eingetragen werden, wenn dagegen geklagt wurde. Jedoch wurde der Vollzug derartiger Maßnahmen i.d.R. nach § 127 Satz 1 FGG ausgesetzt und erst nach Prozessbeendigung eingetragen, um eine kostenintensive Rückabwicklung zu vermeiden.[393] Diese sog. faktische Registersperre kann jetzt durch einen Freigabebeschluss überwunden werden, und es gilt auch für Kapitalmaßnahmen und für Unternehmensverträge Bestandsschutz.[394]

3.8. Abgrenzung zur Nichtigkeitsklage

Wesentlicher Unterschied der Nichtigkeits- zur Anfechtungsklage ist, dass der angegriffene Beschluss von Anbeginn nichtig ist. Das Gericht stellt mit dem Feststellungsurteil die Nichtigkeit klar. Hingegen ist bei der Anfechtungsklage der angefochtene Beschluss zunächst wirksam; erst das Gericht führt die materiell zutreffende Rechtslage herbei.[395] Weiterhin stellt die Nichtigkeitsklage höhere Anforderungen an den Nichtigkeitsgrund und geringere Anforderungen an die Klagefrist, da diese nicht fristgebunden ist.[396]

---

[393] In der Praxis wird der Vollzug angefochtener Beschlüsse regelmäßig nach § 127 Satz 1 FGG ausgesetzt. Begründet wird dies mit Haftungsrisiken des Registergerichtes, die im Falle einer fehlerhaften Eintragung drohen. Vgl. Sauerbruch (2008), S. 4 - 5.

[394] Vgl. § 246a Abs. 1 Satz 1 AktG.

[395] Vgl. Göz (2008), § 249, Anm. 2.

[396] Die viermonatige Klagefrist der Anfechtungsklage gilt nicht. Vgl. BGH, Urteil vom 23.02.1978, S. 387. Lediglich bei Umwandlungsbeschlüssen nach §§ 14, 125, 195 Abs. 1 UmwG gilt auch für die Nichtigkeitsklage die Monatsfrist nach Beschlussfassung.

Gemäß § 249 AktG steht sowohl den Aktionären als auch dem Vorstand und einzelnen Mitgliedern des Vorstandes und Aufsichtsrates der Rechtsbehelf der Nichtigkeitsklage zur Verfügung.[397] Nichtigkeitsgründe können schwerwiegende Einberufungs- und Protokollierungsmängel sein. Außerdem sind Hauptversammlungsbeschlüsse nichtig, die mit dem Wesen der Aktiengesellschaft unvereinbar sind,[398] die überwiegend die Gläubiger schützende oder im öffentlichen Interesse stehende Vorschriften verletzen oder gegen die guten Sitten verstoßen.[399] Weitere Nichtigkeitsgründe, die an anderer Stelle geregelt sind, werden in § 241 AktG aufgeführt.[400] Im Übrigen entspricht das Verfahren der Nichtigkeitsklage weitgehend dem der Anfechtungsklage, da die Rechtsschutzziele übereinstimmen.[401] Dies ist auch sachlogisch, da beide auf die Klärung einer zweifelhaften Rechtsbeständigkeit von Hauptversammlungsbeschlüssen abzielen.[402] Auch die Erhebung der Nichtigkeitsklage und der erste Termin für die mündliche Verhandlung sind unverzüglich in den Geschäftsblättern der Gesellschaft bekanntzugeben.[403] Das Freigabeverfahren steht dem Beklagten auch bei erhobener Nichtigkeitsklage grundsätzlich zur Verfügung.[404] Die Beendigung des Verfahrens ist gleichfalls in Einzelheiten öffentlich darzulegen.[405]

3.9. Wesentliche Änderung des aktienrechtlichen Anfechtungsrechts

Mit Verabschiedung des ARUG[406] werden erneut Änderungen des aktienrechtlichen Anfechtungsrechts wirksam, die eine rechtsmissbräuchliche Anwendung unterbinden sollen. Nachfolgend werden relevante Änderungen zum Beschlussmängelrecht hinsichtlich der Verschmelzung aufgeführt.

In § 16 Abs. 3 UmwG wird nach Satz 1 ein weiterer Satz eingefügt, der besagt, dass eine im Hauptsacheverfahren erteilte Prozessvollmacht auch für das Freigabeverfahren gilt. Dies erscheint zweckmäßig, weil im Falle einer für das Freigabeverfahren nicht bestehenden Vollmacht die Zustellung der Freigabeanträge zu Klägern, die im Ausland ansässig sind, Verzögerungen der Verfahren nach sich ziehen.[407]

---

[397] Vgl. Reichert (2009), § 5, Anm. 285.
[398] Vgl. § 241 Nr. 3 AktG.
[399] Vgl. § 241 Nr. 4 AktG.
[400] Hierzu Reichert (2009), § 5, Anm. 286.
[401] Siehe Hüffer (2008), § 249 AktG, Anm. 15a.
[402] Vgl. Reichert (2009), § 5, Anm. 288.
[403] Vgl. Hüffer (2008), § 249 AktG, Anm. 15.
[404] Vgl. Hüffer (2008), § 249 AktG, Anm. 15a.
[405] Vgl. Hüffer (2008), § 249 AktG, Anm. 18a.
[406] Vgl. ARUG, S. 2479 - 2494.
[407] Vgl. Seibert (2008), S. 910, und Drinhausen / Keinath (2008), S. 2081.

Die Umsetzung des ARUG verkürzt den Instanzenzug des Freigabeverfahrens mit anhängiger Beschwerde, der trotz erfolgter Verbesserung durch das UMAG[408] nach wie vor zu langwierig war.[409] Die Verkürzung des Instanzenzuges und damit die Beschleunigung der Freigabeverfahren sollen durch die Eingangszuständigkeit der OLG für Freigabeanträge erreicht werden.[410] Bisher waren in erster Instanz das LG und in der Beschwerdeinstanz das OLG zuständig. Da eine rechtskräftige Freigabe des zuständigen OLG teilweise erst neun Monate nach Beschluss der Hauptversammlung erging, ist die Verkürzung des Instanzenzuges positiv zu beurteilen. Die Beschleunigung des Freigabeverfahrens sollte das Erpressungspotenzial und damit auch den Rechtsmissbrauch der Anfechtungsklage verringern.[411] Fraglich bleibt nur, inwieweit die OLG in der Lage sind, die gesetzlich geforderte Frist für Freigabeanträge einzuhalten.[412]

Die Interessenabwägungsklausel wurde in § 16 Abs. 3 UmwG[413] unmissverständlich präzisiert, so dass lediglich die Interessen des Klägers einerseits gegen die wirtschaftlichen Nachteile der Gesellschaft und ihrer Anteilseigner andererseits aufzuwiegen sind.[414] Selbst bei begründeter Anfechtungsklage kann das Vollzugsinteresse das Anfechtungsinteresse überwiegen, es sei denn, die mit der Klage vorgebrachte Rechtsverletzung ist besonders schwer.[415] Die besondere Schwere der Rechtsverletzung des Hauptversammlungsbeschlusses ist vom Anfechtungskläger zu beweisen.[416] Absicht und Ergebnis der Präzisierung der Interessenabwägungsklausel sind auch eine inhaltliche Harmonisierung aller Interessenabwägungsklauseln in den Freigabeverfahren zu angefochtenen Kapitalmaßnahmen, Eingliederungen sowie Umstrukturierungs- und Squeeze-out-Beschlüssen. Zu den hier betrachteten Verschmelzungsbeschlüssen ist anzumerken, dass eine einheitliche Anwendung der Interessenabwägungsklausel die Erfolgschancen von Freigabebeschlüssen erhöht, weil hiervon bisher selten Gebrauch gemacht wurde.[417]

Weiterhin wurde in § 16 Abs. 3 Satz 3 Nr. 2 UmwG[418] eine Bagatellgrenze festgelegt, welche es dem zuständigen Prozessgericht bei Unterschreitung ermöglicht, ohne

[408] Vgl. UMAG, S. 2802 - 2808.
[409] Vgl. Florstedt (2009), S. 468.
[410] Für Verschmelzungen vgl. § 16 Abs. 3 Satz 7 UmwG.
[411] Vgl. Arnold, (2009), S. R271.
[412] Für den Fall der Verschmelzung vgl. § 16 Abs. 3 Satz 5 UmwG.
[413] Vgl. ARUG, S. 2489, Artikel 4 Nr. 2 Buchstabe c), Nr. 3.
[414] Siehe Seibert (2008), S. 910; Waclawik (2008), S. 1144, und Florstedt (2009), S. 469.
[415] Vgl. Noack (2008), S. 446.
[416] Vgl. Drinhausen / Keinath (2009), S. 69 - 70, und Paschos / Goslar (2009), S. 20.
[417] Vgl. Baums / Keinath / Gajek (2007), S. 1649, und Paschos / Goslar (2008), S. 616.
[418] Vgl. ARUG, S. 2489, Artikel 4 Nr. 2 Buchstabe c), Nr. 2.

Prüfung der Zulässigkeit und Begründetheit der Klage sowie ohne eine Interessenabwägung einen Freigabebeschluss zu erlassen. Das ist dann möglich, wenn der Kläger zum Zeitpunkt der Bekanntmachung der Einberufung der Hauptversammlung mit weniger als 1000 € an der beklagten Gesellschaft beteiligt gewesen ist. Im Ergebnis beschränkt diese Regelung nicht die Klagebefugnis der Aktionäre, sondern lediglich die Möglichkeit, einen vorzeitigen Vollzug der Maßnahme zu verhindern.

Nachdem die aktienrechtlichen Regelungsinhalte der Anfechtungsklage und die Tatbestände des Rechtsmissbrauchs sowie das umwandlungsrechtliche Freigabeverfahren und auch die aktuellen Aktienrechtsreformen zum Anfechtungsrecht dargestellt wurden, werden nachfolgend die ökonomischen Sachzusammenhänge analysiert. Hierzu wird zunächst der Normzweck der aktienrechtlichen Anfechtungsklage mit Hilfe des Transaktionskostenansatzes dargestellt und das gesellschaftliche Optimum des Klageumfangs abgeleitet.

4. Ökonomische Analyse der Anfechtungsklage im Konzern

4.1. Ökonomische Notwendigkeit der aktienrechtlichen Anfechtungsklage

Der Normzweck der aktienrechtlichen Anfechtungsklage ist die Wahrung der Rechtmäßigkeit von Hauptversammlungsbeschlüssen.[419] Damit einhergehend wird für beschlossene und vollzogene Maßnahmen Bestandsschutz garantiert und damit Rechtssicherheit gewährleistet. Wegen der materiellen Bedeutung bestimmter Hauptversammlungsbeschlüsse für die Gesellschaft und den Rechtsverkehr soll verhindert werden, dass die rechtliche Gültigkeit beschlossener und bereits vollzogener Maßnahmen dauerhaft in Zweifel gezogen werden können. Diese Rechtsunsicherheit und ggf. kostenintensiven Rückabwicklungen führen zu hohen zukünftigen Transaktionskosten. Jede durchzuführende Maßnahme sollte daher in begründeten Verdachtsfällen hinsichtlich der Rechtmäßigkeit im Vorfeld eingehend juristisch geprüft werden.

Um den ökonomischen Bedarf einer derartigen Kontrollmöglichkeit darzustellen, soll eine Zwei-Perioden-Betrachtung herangezogen werden. Die Anfechtungsklage verursacht volkswirtschaftliche Kosten,[420] die sich aus privaten und sozialen Kosten zusammensetzen. Die Verzögerungskosten[421] der Gesellschaft[422] werden als soziale Kosten definiert. Das ist folgerichtig, weil der Aktienerwerb zu einem zivilrechtlichem Vertragsverhältnis führt und die mit der Anfechtung verbunden Verzögerungskosten externalisiert werden.[423] Die privaten Kosten sind die, welche der Anfechtungskläger selbst tragen muss.

In Periode 1 wird die Maßnahme beschlossen und in Periode 2 vollzogen. Die Anfechtungsklage ist nur in begründeten Verdachtsfällen zweckmäßig, da die volkswirtschaftlichen Kosten der Periode 1 geringer sind als die mit unrechtmäßigen, aber dennoch vollzogenen Maßnahmen verbundenen Kosten in Periode 2.[424] Wesentlich ist, dass der Gebrauch des Anfechtungsrechts Kosten externalisiert. Bei begründeten Klagen ist die Kostenexternalisierung wegen der Wirkung der Beschlusskontrolle

[419] Vgl. Göz (2008), § 243 AktG, Anm. 1.

[420] Die Kosten sind als zahlungswirksam definiert.

[421] Zu möglichen Verzögerungskosten infolge anhängiger Anfechtungsklagen vgl. Sauerbruch (2008), S. 149 - 150.

[422] Zum Drohpotenzial der Anfechtungsklage vgl. Sauerbruch (2008), S. 149.

[423] Die Differenz zwischen sozialen und privaten Kosten ist der externe Effekt. Vgl. Donges / Freytag (2004), S. 158.

[424] Die Verzögerungskosten werden den erwarteten Transaktionskosten gegenübergestellt. Sind die Kosten der Verzögerung höher, führt dies zu negativen Wohlfahrtseffekten.

auch in gewissem Umfang erwünscht, um den Aktionären einen Klageanreiz in begründeten Verdachtsfällen zu geben.[425]

Die rechtsmissbräuchliche Anfechtung führt in Periode 2 nicht zur Verringerung erwarteter Transaktionskosten infolge nicht rechtskonformer, aber vollzogener Beschlüsse, weil Transaktionskosten in Form von Kontroll- oder Verhandlungskosten für nachträgliche Anpassungen nicht erforderlich sind. Da den Kosten in Periode 1 kein Kosteneinsparpotenzial in Periode 2 gegenübersteht, sondern der mit der Maßnahme verbundene Nutzen reduziert wird, führt die rechtsmissbräuchliche Anfechtung zu einem negativen Wohlfahrtseffekt. Die Vorteilhaftigkeit begründeter Anfechtungsklagen lassen sich im Zwei-Perioden-Zeitraum wie folgt darstellen:

Anfechtungsklagen sollen erwartete Transaktionskosten $EW(K_2)$ nicht rechtmäßiger, aber vollzogener Hauptversammlungsbeschlüsse vermeiden, indem diese Beschlüsse angefochten werden. Die volkswirtschaftlichen Kosten der Anfechtung in Periode 1 sind K_1. Klageerhebungen sind in dem Umfang (n) erwünscht, wie sie über die Totalperiode (Periode 1 und 2) volkswirtschaftliche Gesamtkosten minimieren. Wenn die Zahl der Anfechtungsklagen in Periode 1 steigt, fällt der Barwert erwarteter Transaktionskosten (V^K_1), die wegen der Rückabwicklung nicht rechtmäßiger, aber vollzogener Hauptversammlungsbeschlüsse anfallen können:

$$(1) \quad K_1 = K_1(n), \text{ mit } \frac{dK_1(n)}{dn} > 0 \text{ und } \frac{EW(K_2(n))}{1+k} = V_1^K(n), \text{ mit } \frac{dV_1^K(n)}{dn} < 0.$$

Der Barwert erwarteter Transaktionskosten berechnet sich aus dem diskontierten Erwartungswert der Periode 2. Die Wahrscheinlichkeit anfallender Transaktionskosten rechtskonformer Hauptversammlungsbeschlüsse beträgt null; die von nicht rechtmäßig ergangenen ist größer null. Der gesellschaftlich wünschenswerte Umfang aktienrechtlicher Anfechtungsklagen (n^{opt}) ergibt sich aus den betragsgleichen Ableitungen beider Funktionen:

$$(2) \quad \frac{dK_1(n)}{dn} = -\frac{dV_1^K(n)}{dn}.$$

[425] Allerdings sind die Anreize für eine begründete Klage gering. Vgl. Sauerbruch (2008), S. 146 - 147.

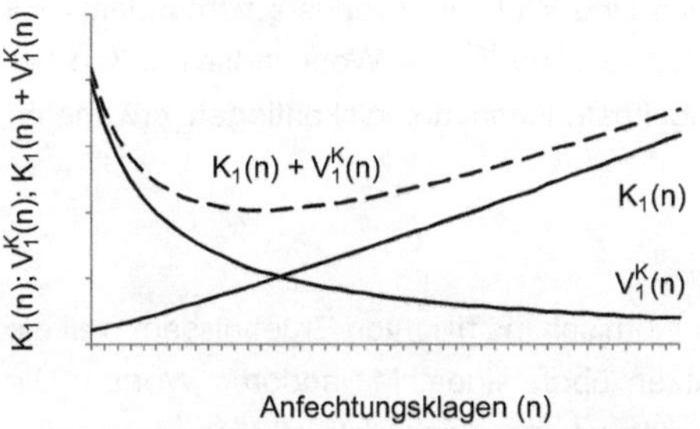

Abbildung 1: Klageumfang, Kosten und Kosteneinsparpotenzial

Aus der Darstellung folgt, dass eine Anfechtung aller Hauptversammlungsbeschlüsse ein ökonomisch nicht anstrebenswertes Ziel darstellt.[426] Um ein gesellschaftlich erwünschtes Ausmaß der Rechtmäßigkeitskontrolle zu gewährleisten, werden für den klagenden Aktionär die Prozesskosten gemäß § 247 Abs. 1 AktG begrenzt. Außerdem gewährt § 247 Abs. 2 AktG die Möglichkeit der Streitwertspaltung. Die geringen Prozesskosten der Anfechtungsklage sollen die Interessen des Kleinaktionärs vor der Mehrheitsmacht schützen.[427]

Die geringe Kostenbelastung des Anfechtungsklägers und die drohenden Verzögerungskosten[428] führen zu rechtsmissbräuchlichen Anfechtungsklagen in erheblichem Umfang. Die Internalisierung der Kosten der Anfechtungsklage würde das Ausmaß rechtsmissbräuchlicher Klagen zwar reduzieren, jedoch widerspräche dies der Schutzbedürftigkeit des Kleinaktionärs und dem mit der Klage für die Allgemeinheit verbundenen Nutzen, wenn hierdurch auch begründete Klagen unterlassen werden.[429] Um zumindest die Verzögerungskosten infolge nicht eingetragener und vollzogener Beschlüsse bei den betreffenden Unternehmen zu reduzieren und um Bestandsschutz zu gewährleisten, wurde das sog. Freigabeverfahren kodifiziert.[430] Dies ermöglicht einen vorzeitigen Vollzug der Maßnahme sowie einen garantierten Bestandsschutz und reduziert damit die Verzögerungskosten der Anfechtungsklage, vermindert deren rechtsmissbräuchliche Anwendung aber nicht.

[426] Die Kostenanalyse der Anfechtungsklage erfolgt analog zu Erlei / Leschke / Sauerland (1999), S. 275 - 277.

[427] Von der Streitwertspaltung wird jedoch nur geringfügig Gebrauch gemacht. Vgl. Sauerbruch (2008), S. 147, und Weiler (1996), S. 36.

[428] Die Verzögerungskosten, die den beherrschenden Aktionär zu einem großen Teil belasten, führen beim Kleinaktionär zum Klageanreiz. Die Prozesskosten spielen hierbei eine untergeordnete Rolle.

[429] So auch Shavell (2004), S. 398 - 399.

[430] Vgl. für Verschmelzungen § 16 Abs. 3 UmwG.

Mit dem umfangreichen Rechtsmissbrauch sind Wohlfahrtsverluste verbunden, weil auch rechtmäßige Beschlüsse angefochten werden.[431] Die Wohlfahrtseinbußen bestehen in der Differenz der Verzögerungskosten und der diskontierten erwarteten Kosten:

(3) $K_1(n) - V_1^K(n) > 0.$

In diesem Fall führt die Anfechtung zu ökonomisch ineffizienten Ergebnissen, weil die Kosten der Anfechtungsklage deren Nutzen übersteigen. Mit anderen Worten: Die sozialen Kosten der Anfechtungsklage übersteigen die diskontierten erwarteten Transaktionskosten.

Weil umfangreiche rechtsmissbräuchliche Anfechtungsklagen zu negativen externen Effekten führen, bedarf es einer Änderung in der Ausgestaltung des Anfechtungsrechts, so dass opportunistisches Verhalten zurückgedrängt wird. Übersteigen die Verzögerungskosten den Barwert des Fusions-Cashflows, wird eine Verschmelzung unterbleiben.[432] In diesem Fall hat das Risiko rechtsmissbräuchlicher Klagen Einfluss auf strategische Managemententscheidungen und verhindert wohlfahrterhöhende Maßnahmen. Zudem erhöht das Risiko rechtsmissbräuchlicher Klagen auch die geforderte Eigenkapitalverzinsung.[433]

In der nachfolgenden ökonomischen Analyse der aktienrechtlichen Anfechtungsklage werden auch Reformformvorschläge zur Eindämmung eines rechtsmissbräuchlichen Gebrauchs der Aktionärsklage ausführlich erläutert.

4.2. Einfluss der Aktionärsklage auf den Unternehmenswert

4.2.1. Die Anfechtungsklage als Einschränkung von Handlungsflexibilität

In diesem Teil der Arbeit werden die ökonomischen Wirkungen der aktienrechtlichen Anfechtungsklage modelltheoretisch analysiert, um Werteffekte zu quantifizieren. Die aus dem Modell gewonnenen Erkenntnisse sind das Fundament der Hypothesenbildung und werden anschließend empirisch evaluiert.[434] Kernelement der Modelltheorie ist die Ausdünnung der Property Rights des Mehrheitsaktionärs und die sich daraus ergebenden materiellen Konsequenzen. Es soll dargelegt wer-

[431] Zu gesellschaftlich nicht erwünschten Klagen und deren negativen Folgewirkung vgl. etwa Shavell (2004), S. 422 - 423.
[432] Damit hat die rechtsmissbräuchliche Anfechtungsklage ex ante eine indirekte negative allokative Folgewirkung.
[433] Vgl. Sauerbruch (2008), S. 152.
[434] Zur Vorgehensweise bei der Hypothesenbildung vgl. etwa Trautwein (2007), S. 127.

den, dass die Aktionärsklage den Wert des Tochterunternehmens verringert und zudem wertschädigendes Verhalten bei den Minderheiten fördert.[435] Auf diese Weise ist das Anfechtungsrecht ineffizient ausgestaltet.

Die ökonomische Analyse basiert auf der Annahme von Verschmelzungen[436] im Konzernverbund[437], die durch Anfechtungsklagen blockiert werden. Die Handlungsflexibilität des beherrschenden Aktionärs, die Verschmelzung zu beschließen und ohne Verzögerung umzusetzen, wird im Weiteren als Realoption modelliert.[438] Anhand des Realoptionsansatzes werden materielle Konsequenzen der Blockadewirkung von Anfechtungsklagen quantifiziert.[439] In einer weiterführenden Betrachtung werden der Einfluss der Blockademöglichkeit auf die Verhaltensweisen der Minderheiten und der hieraus resultierende Zwang zur Verhandlung und Abfindungszahlung untersucht.[440]

Im Falle der Einigung des Hauptaktionärs mit den Anfechtungsklägern werden Preisober- und Preisuntergrenzen ermittelt und deren Sensitivität auf Veränderungen der Höhe des prognostizierten Fusions-Cashflows bestimmt. Die Ermittlung eines teilspielperfekten Gleichgewichts[441] soll zeigen, wie die Klagemöglichkeit wertschädigende Verhaltensweisen der Minderheiten induziert und soll als Modell für Stellschrauben notwendiger Rechtsreformen behilflich sein. Weiterhin wird mittels der kooperativen Spieltheorie die Diskrepanz zwischen faktischer Einflussnahme und rechtlichem Anteilsbesitz der Minderheitsaktionäre verdeutlicht. Auf dieser Grundlage wird eine dem rechtlichen Anteilsbesitz adäquate Mehrheitsregel abgeleitet, welche bei Überschreitung eines geforderten Quorums einen sofortigen Vollzug der Verschmelzung ermöglicht.[442]

Hinsichtlich der Allokation von Kapital im Rahmen einer Investitionsentscheidung in Unternehmensanteile sind für die Kapitalgeber zunächst primär die erwarteten Cash-

---

435 Zur bereits dargestellten Wirkung der Ausdünnung von Property Rights vgl. Schoppe et al. (1995), S. 139 - 140.

436 Es werden sog. Upstream-, Downstream- und Sidestream-Mergers betrachtet. Zu Begriff und Formen von Verschmelzungen vgl. etwa Langecker (2009), S. 29 - 32.

437 Hierbei handelt es sich um verbundene Unternehmen i.S.d. § 271 Abs. 2 HGB.

438 Vgl. Myers (1977), S. 150. Vgl. weiterhin Franke / Hax (2009), S. 667 - 668, und Peemöller / Beckmann (2009), S. 1052.

439 Der Unternehmenswert wird durch den Wert realer Handlungsmöglichkeiten beeinflusst. Vgl. Matschke / Brösel (2007), S. 695 - 696.

440 Zum Vorteil eines Klagerückkaufs vgl. Sauerbruch (2008), S. 210 - 211.

441 Ein Spiel in extensiver Form wurde bereits zur Analyse des Freigabeverfahrens nach § 246a AktG hinzugezogen. Vgl. Sauerbruch (2008), S. 229 - 237. Dieses soll in erweiterter Form auf den Verschmelzungsfall übertragen werden.

442 Vgl. Casajus / Labrenz / Hiller (2009).

flows der Zielgesellschaft relevant.[443] Zusätzlich können aber auch zukünftig zu treffende Entscheidungen des Managements auf sich verändernde Umweltbedingungen einen signifikanten Einfluss auf den Wert einer Investition haben.[444]

Sollte die Handlungsflexibilität des Managements durch ausgedünnte Property Rights eingeschränkt sein, führt das zu einem Wertverlust des Investitionsobjekts. Die Möglichkeit, auf das Eintreten eines Umweltzustandes durch Ausübung einer Flexibilitätsoption zu reagieren, erhöht den Gesamtwert der Tochtergesellschaft, der sich aus Bar- und Optionswert zusammensetzt.[445] Derartige Flexibilitätsoptionen sind z.B. die Möglichkeit zur Kapitalerhöhung, zur Umstrukturierung, zum Squeeze-out oder zur Eingliederung. Die Flexibilitätsoption wird mit dem Erwerb qualifizierter Mehrheitsanteile entgolten und stellt nichts anderes als einen Paketzuschlag bzw. eine Kontrollprämie dar.[446] Nachfolgend wird dieser Paketzuschlag als Flexibilitätsaufschlag bezeichnet. Der Verkäufer der Anteile erhält den Flexibilitätsaufschlag nicht aufgrund seiner Risikoübernahme,[447] sondern wegen der Übertragung von Flexibilität hinsichtlich der Durchführung von Kapitalmaßnahmen und Umstrukturierungen, ohne Sperrminoritäten befürchten zu müssen.[448]

Im Falle anhängiger Anfechtungsklagen wird der Vollzug der Umstrukturierungsmaßnahme aufgeschoben. Die übertragene und entgoltene Handlungsflexibilität ist nicht ohne Verzögerung realisierbar. Die Anfechtungsklagen führen zur Einschränkung von zeitlicher Flexibilität, deren Werteffekt auf den Optionswert quantifiziert werden soll. Die Verschmelzungsoption wird zunächst typisiert und die mit ihr verbundenen Synergiepotenziale beschrieben. Anschließend wird der Verzögerungsabschlag definiert und die Wertvernichtung der Aktionärsklage berechnet.

Ein weiterer aufzuzeigender Aspekt ist die Abbildung des Kaufpreises der Flexibilität (Flexibilitätszuschlag) als Teilkomponente im neu erworbenen Goodwill.[449] Die mit

[443] Vgl. etwa Penman (2010), S. 118 - 121.

[444] Vgl. Matschke / Brösel (2007), S. 696 - 697, und Peemöller / Beckmann (2009), S. 1047.

[445] Der Wert der Tochtergesellschaft entspricht der Summe eines Grundwertes und eines Optionswertes. Die Verschmelzungsoption erhöht den Barwert der Tochtergesellschaft. Die Verschmelzungsoption kann deshalb als strategischer Zuschlag auf den Barwert angesehen werden. Vgl. Copeland et al. (2002), S. 466 - 467, und Matschke / Brösel (2007), S. 695 - 696, sowie Peemöller / Beckmann (2009), S. 1047.

[446] Zu Kontrollprämien bzw. sog. Paketzuschlägen vgl. BVerfG vom 27.04.1999, S. 306 - 307, sowie Piltz (2001) S. 198 - 199.

[447] Zur Optionsprämie vgl. Kruschwitz (2007), S. 296.

[448] Vgl. Ernst / Thümmel (2002), S. 628. Zur Interpretation der Parameter einer Investitionsgelegenheit vgl. Peemöller / Beckmann (2009), S. 1058 - 1059.

[449] Die mit der Verschmelzungsoption übertragenen Chancen erhöhen den Kaufpreis der Anteile und damit den auszuweisenden Goodwill, welcher zukünftiges Ertragspotenzial signalisiert. Wird neben

der Anfechtungsklage einhergehende Einschränkung der zeitlichen Flexibilität und die damit verbundene Cashflow-Reduzierung entsprechen nicht den ursprünglichen mit dem neu erworbenen Goodwill verbundenen Ertragserwartungen, und es werden möglicherweise falsche zukünftige Erfolgspotenziale signalisiert.[450]

4.2.2. Berücksichtigung der Flexibilitätsoption beim Anteilskauf

Mit Erwerb einer qualifizierten Mehrheitsbeteiligung werden in Abhängigkeit von der Verwendungsabsicht des Käufers Flexibilitätsoptionen, z.B. in der Ausprägung der Verschmelzungsoption, mit vergütet[451] und sind als Komponenten im Goodwill enthalten.[452] Kaufinteressenten, die Anteile zwecks Zusammenführung oder Umstrukturierung erwerben (hier: Großaktionär), werden die noch fehlenden Anteile höher bewerten als Kaufinteressenten, welche die Beteiligung lediglich zum Zweck der Finanzinvestition erwerben wollen (hier: Kleinaktionär).[453]

Es wird unterstellt, dass mit dem den Börsenkurs der Anteile übersteigenden Betrag positive Ertragserwartungen in Form erworbener Flexibilität entgolten werden.[454] Zu unterscheiden sind folgende zwei Fälle:

Im Fall A hält der Großaktionär bereits längere Zeit Anteile knapp unterhalb der qualifizierten Mehrheitsbeteiligung und kauft die noch fehlende letzte Aktie außerbörslich hinzu.

Im Fall B erwirbt der Großaktionär von einem maßgeblich beteiligten Aktionär außerbörslich ein Aktienpaket, um den Grenzwert zu überschreiten. Für die zuletzt erworbene, einen Grenzwert[455] überschreitende Aktie wird bekanntlich das Vielfache des

der Flexibilität kein weiteres Ertragspotenzial entgolten, entspricht der neu erworbene Goodwill dem Flexibilitätszuschlag.

450 Vgl. Matschke / Brösel (2007), S. 696. Zur Bedeutung des Geschäfts- oder Firmenwertes hinsichtlich zukünftiger Erwartungen vgl. Baetge / Kirsch / Thiele (2009), S. 213; Coenenberg et al. (2009), S. 667 - 669, und Küting et al. (2008), S. 318.

451 Zur Vergütung erwarteter Synergieeffekte über dem Börsenkurs vgl. auch Busse von Colbe (1994), S. 604.

452 Zur Entstehung eines derivativen Goodwill im Konzernabschluss vgl. etwa Wöhe / Döring (2008), S. 874 - 875.

453 Vgl. Piltz (2001), S. 192.

454 Das Bundesverfassungsgericht differenziert nach einem Verkehrswert für den Großaktionär und nach einem Verkehrswert für den Kleinaktionär. Infolge eines Paketaufschlages ist der Verkehrswert des Großaktionärs höher als der des Kleinaktionärs. Vgl. BVerfG, Beschluss vom 27.04.1999, S. 306 - 307.

455 Ein Grenzwert ist der beherrschende Einfluss, bei dem gem. § 290 Abs. 2 Nr. 1 HGB die Stimmrechte mehr als 50% betragen. Ein anderer Grenzwert ist die qualifizierte Mehrheitsbeteiligung (75%), um das Risiko von Sperrminoritäten in der Hauptversammlung ausschließen zu können.

Börsenkurses bezahlt, da nicht der Kapitalanteil, sondern die Herrschaft bzw. uneingeschränkte Flexibilität im Unternehmen entgolten wird.[456]

Zur Berechnung der Höhe der Flexibilitätsoptionen wird davon ausgegangen, dass der Preis, den Kleinaktionäre für die Anteile zu zahlen bereit sind, dem Börsenkurs entspricht.[457] Der Preis, den ein Großaktionär für die Anteile bezahlt, übersteigt den Börsenkurs um ein Vielfaches. Das ist auf den Erwerb der Flexibilitätsoptionen zurückzuführen. Alleinige zusätzliche Wertfaktoren sind externe Synergiepotenziale[458], die sich im Konzernverbund mit Erwerb der Flexibilitätsoptionen realisieren lassen.[459] Der Flexibilitätsaufschlag wird zum Börsenpreis des erworbenen Aktienpakets addiert. Aus dem Verkehrswert der Anteile des Großaktionärs (VW^G) und der des Kleinaktionärs (VW^K) in Abhängigkeit von der Anzahl erworbener Aktien werden die Grenzpreisfunktionen mittels Ableitung bestimmt. Dabei steht V_t^U für den Wert des Unternehmens zum Zeitpunkt t, N für die Gesamtzahl der emittierten Aktien und n für die Anzahl der erworbenen Aktien sowie v_t^u für den Wert der Aktie, der sich aus V_t^U / N ermittelt. Es wird davon ausgegangen, dass der Börsenkurs dem inneren Wert der Anteile entspricht.[460] Der Preis für das Aktienpaket berechnet sich für den Großaktionär wie folgt:

(4) $$VW^G(n) = v_t^u n^{\omega} \text{ ; mit } \omega > 1 \text{ und}$$

$$\frac{dVW^G}{dn} = v_t^u \omega n^{\omega-1};$$

(5) $$VW^K(n) = v_t^u n \text{ ; } \frac{dVW^K}{dn} = v_t^u.$$

Hierbei steht ω für den Elastizitätsparameter[461] des Großaktionärs und drückt aus, dass der Erwerb einer weiteren Aktie den Kaufpreis um das ω-fache steigen lässt.[462] Der Großaktionär zahlt einen Preis über den Börsenkurs, weil er mit den Anteilen Verbundeffekte realisieren will. Die Höhe der Elastizität wird vom Käufer individuell

456 Vgl. Piltz (2001), S. 197 - 198.

457 Die Flexibilitätsoptionen können auch zu unterschiedlichen Zeitpunkten in Tranchen erworben werden. Der Goodwill ist dementsprechend aufzustocken. Vgl. Küting et al. (2008), S. 286 - 287.

458 Externe Synergiepotenziale lassen sich nur im Verbund realisieren, interne Synergiepotenziale hingegen auch *stand alone*. Vgl. Franke (2009), S. 29.

459 Vgl. Piltz (2001), S. 198 - 199.

460 Der Aktienkurs entspricht dem Unternehmenswert pro Aktie. Zum inneren Wert vgl. etwa Perridon / Steiner / Rathgeber (2009), S. 214 - 215, und 220 - 225.

461 Die Elastizität gibt die prozentuale Änderung des Anschaffungspreises infolge einer prozentualen Steigerung der Beteiligungsquote an. Zu Elastizitäten vgl. etwa Pindyck / Rubinfeld (2005), S. 63 - 66.

462 Vgl. Anlage 1.

festgelegt, ist aber größer als eins. Für Fall A, den Zukauf der letzten Aktie, berechnen sich die Anschaffungskosten der Flexibilitätsoption aus der Differenz der Grenzpreise:

$$(6) \quad [\text{Fall A}]\ AK = \frac{dVW^G}{dn} - \frac{dVW^K}{dn} = v_t^u \omega n^{\omega-1} - v_t^u = v_t^u(\ \omega n^{\omega-1} - 1).$$

Sollte der Käufer ein Aktienpaket zum Erreichen des Grenzwertes erwerben (Fall B), bestimmen sich die Anschaffungskosten der Flexibilitätsoption aus der Differenz der Integrale beider Grenzpreisfunktionen:

$$(7) \quad [\text{Fall B}]\ AK = \int_{n_1}^{n_2} \frac{dVW^G}{dn}(n)\,dn - \int_{n_1}^{n_2} \frac{dVW^K}{dn}(n)\,dn.$$

Nachfolgend wird davon ausgegangen, dass der Aktienkäufer die zur Umstrukturierung notwendigen Aktien als Aktienpaket erwirbt. Der Flexibilitätsaufschlag wird im Rahmen der Kapitalkonsolidierung als Goodwill gebucht. Die Differenz zwischen dem Buchwert des Eigenkapitals zum Zeitpunkt t (E_t) und dem Marktwert zum Zeitpunkt t (V_t^U) sind annahmegemäß sonstige Ertragserwartungen, welche in der Goodwillkomponente g_0 ihren Niederschlag finden:[463]

$$(8) \quad g_0 = (n_2 - n_1)\left[\frac{1}{N}\,(V_t^U - E_t)\right].$$

Mit Erwerb der einfachen Mehrheitsbeteiligung wird die Möglichkeit der Ausübung eines beherrschenden Einflusses nach § 290 Abs. 2 Nr. 1 HGB mit entgolten (Beherrschung). Deshalb liegt ein Goodwill i.H.d. Betrags $G = g_0 + g_1$ vor. Die Komponente g_1 ist der strategische Kaufpreisaufschlag des Großaktionärs bei einem Aktienzukauf, der zum beherrschenden Einfluss, aber nicht zur qualifizierten Mehrheit führt. Wird ein Aktienpaket erworben, mit dem der Stimmrechtsanteil i.H.v. 75% erreicht oder überschritten wird, erhöht der Flexibilitätsaufschlag I den Kaufpreis der Anteile. Die Flexibilität I führt zur Eliminierung von Sperrminoritäten und deren Anschaffungskosten zur Erhöhung des Goodwills um den Betrag g_2. Der Gesamtgoodwill ergibt sich dann zu: $G = g_0 + g_1 + g_2$.

Kauft der bereits qualifiziert mehrheitlich beteiligte Aktionär ein Aktienpaket, das zu einem Stimmrechtsanteil 95% führt, ist dieser berechtigt, mittels der sog. Squeeze-out-Regelung gegen Zahlung einer Abfindung auch die Minderheitsanteile zu erwer-

[463] Von stillen Reserven wird abstrahiert. Das Symbol N bezeichnet die Gesamtzahl der von der Zielgesellschaft emittierten Aktien und die Differenz $n_2 - n_1$ die Anzahl der vom Käufer hinzu erworbenen Aktien.

ben.[464] Somit ist der Mehrheitsaktionär z.B. in der Lage, sich aus strategischen Gründen von der Börse zurückzuziehen. Der Goodwill würde sich infolge dieser Handlungsoption (Flexibilitätsoption II) nochmals um den Betrag g_3 erhöhen. Der Gesamtgoodwill setzt sich demnach aus den folgenden Komponenten zusammen: $G = g_0 + g_1 + g_2 + g_3$. Die Goodwillkomponenten können jeweils durch die Differenz der integrierten Grenzpreisfunktionen in den entsprechenden Intervallen berechnet werden:

(9) $$AK_B = g_1 = \int_{n_1}^{n_2} \frac{dVW^G}{dn}(n)\,dn - \int_{n_1}^{n_2} \frac{dVW^K}{dn}(n)\,dn;$$

mit $0{,}2N < n_1 < 0{,}51N$ und $0{,}51N \leq n_2 < 0{,}75N$;

$$g_2 = \int_{n_1}^{n_2} \frac{dVW^G}{dn}(n)\,dn - \int_{n_1}^{n_2} \frac{dVW^K}{dn}(n)\,dn;$$

mit $0{,}51N < n_1 < 0{,}75N$ und $0{,}75N < n_2 < 0{,}95N$;

$$g_3 = \int_{n_1}^{n_2} \frac{dVW^G}{dn}(n)\,dn - \int_{n_1}^{n_2} \frac{dVW^K}{dn}(n)\,dn\,;$$

mit $0{,}75N < n_1 < 0{,}95N$ und $0{,}95N \leq n_2 < N$.

Nachfolgend sollen die bisher dargelegten Sachverhalte an einem Beispiel verdeutlicht werden. Es sind die Grenzpreisfunktionen und der Börsenwert des Unternehmens i.H.v. 1000 GE gegeben. Insgesamt wurden 100 Aktien emittiert. Mithin beträgt der Wert pro Aktie 10 GE. Der Elastizitätsparameter ω des Großaktionärs beträgt *1,1*:

(10) $$\frac{dVW^G}{dn} = v_t^u \cdot 1{,}1n^{0{,}1} = 10\ GE \cdot 1{,}1n^{0{,}1};$$

$$\frac{dVW^K}{dn} = v_t^u = 10\ GE.$$

Die Verbundeffekte werden im Börsenpreis nicht abgebildet. Es wird davon ausgegangen, dass der Buchwert des Eigenkapitals 900 GE beträgt. Mithin liegt eine Goodwillkomponente g_0 i.H.v. 1 GE[465] pro erworbener Aktie vor, wenn die Anteile zum Börsenkurs bezogen werden. Weiterhin wird davon ausgegangen, dass jeweils Tranchen erworben werden, die eine maßgebliche Beteiligung (20%)[466] auf eine beherrschende (51%ige), dann auf eine 75%ige und schließlich auf eine 95%ige auf-

[464] Vgl. § 327a - 327f AktG.

[465] Die Goodwillkomponente pro erworbener Aktie berechnet sich für das Beispiel wie folgt: $g_0 = 1/100 \cdot V_t - 1/100 \cdot E_t = 10\ GE - 9\ GE = 1\ GE$.

[466] Vgl. § 311 Abs. 1 Satz 2 HGB.

stocken. Tabelle 1 zeigt die Anschaffungskosten der Flexibilitätsoptionen für die entsprechenden Beteiligungshöhen und den daraus resultierenden Goodwillanteil:

in GE:	Beteiligungshöhe		
	Beherrschung 20% auf 51%	Beherrschung und Flexibilität I 51% auf 75%	Beherrschung und Flexibilität II 75% auf 95%
AK Beteiligung	485,80	399,30	342,99
– EK (Buchwert)	279*	216**	180***
= Goodwill (neu)	206,80	183,30	162,99

Tabelle 1: Anschaffungskosten (AK), neubewertetes Eigenkapital (EK) und resultierender Goodwill

* 279 GE = 31 Stück · 9 GE; ** 216 GE = 24 Stück · 9 GE; *** 180 GE = 20 Stück · 9 GE

Die Anschaffungskostenfunktionen und die dazugehörigen Grenzpreisfunktionen sind für den Großaktionär und für den Kleinaktionär nachfolgend abgebildet.[467] Die jeweils nicht durchgezogenen Linien stellen die Anschaffungskosten der Anteile bzw. den Grenzpreis der Anteile für den Minderheitsaktionär dar.

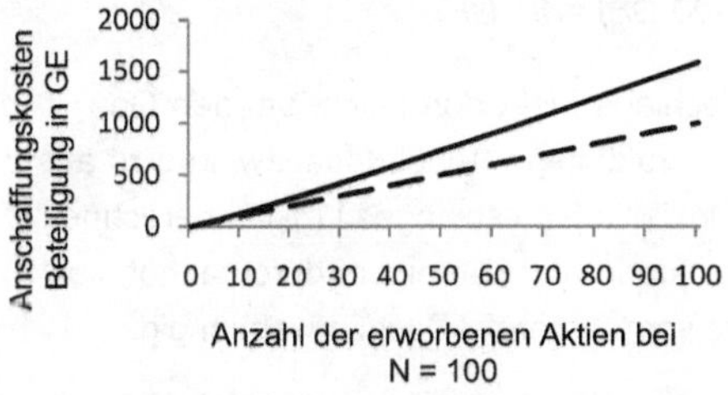

Abbildung 2: Anschaffungskosten der Beteiligung für Klein- und Großaktionär

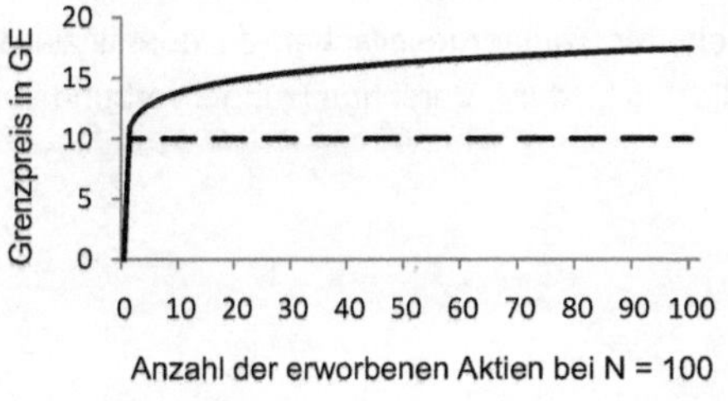

Abbildung 3: Grenzpreis der Anteile für Klein- und Großaktionär

467 Es wird nochmals darauf hingewiesen, dass die Bezeichnung *Kleinaktionär* für Aktionäre verwendet wird, welche die erworbenen Aktien lediglich als Finanzinvestition halten. Der *Großaktionär* hingegen will mit den Anteilen Verbundeffekte realisieren.

Bei Geltung dieser Annahmen lassen sich die Aufschläge für die Beherrschungs- und die Flexibilitätsoptionen I und II aus dem neu erworbenen Goodwill der hinzugekauften Anteile separieren.[468] Abhängig von der hinzuerworbenen Beteiligungshöhe berechnen sich die Beherrschungs- und Flexibilitätsaufschläge wie folgt:[469]

(11) $g_1 = G_1 - g_0 = 206{,}80\ GE - 31\ GE = 175{,}80\ GE$;

(11a) $g_2 = G_2 - g_0 = 183{,}30\ GE - 24\ GE = 159{,}30\ GE$;

(11b) $g_3 = G_3 - g_0 = 162{,}99\ GE - 20\ GE = 142{,}99\ GE$.

Der neu erworbene Goodwill G_1 steht hierbei für eine Beteiligungsaufstockung von 20% auf 51%, der Goodwill G_2 für einen weiteren Erwerb von 51% auf 75% und der Goodwill G_3 für den Zukauf von über 75% der Anteile auf 95%. Die Goodwill-Komponente g_0 berechnet sich jeweils aus der erworbenen Beteiligungsquote multipliziert mit dem Differenzbetrag aus Börsenpreis und Wert des anteiligen Buchwertes des Eigenkapitals. Für die Gleichung (11) berechnet sich die Goodwill-Komponente entsprechend: $(0{,}51 - 0{,}2) \cdot (1000\ GE - 900\ GE) = 31\ GE$.

Die Höhe des gezahlten Flexibilitätsaufschlags I ist erforderlich, um den Gewinn bei Ausübung der Option zu ermitteln.[470] Der zukünftige Ausübungsgewinn wird aus der Differenz des inneren Wertes und des Flexibilitätsaufschlages I (g_2)[471] berechnet. Der innere Wert ist seinerseits vom Umweltzustand und von einem durch anhängige Klagen eintretenden Verzögerungsabschlag vom Synergie-Cashflow abhängig.

Im weiteren Verlauf wird die Verschmelzung als Flexibilitätsoption I aufgefasst und die mit ihr verbundenen Modellparameter untersucht.[472] Um den durch anhängige Anfechtungsklagen hervorgerufenen negativen Effekt auf den Wert der Verschmelzungsoption und den Unternehmenswert der Tochtergesellschaft zu quantifizieren, werden im Folgenden zunächst die mit der Verschmelzung verbundenen Synergiepotenziale erläutert.

---

[468] Das ist erforderlich, um die Anschaffungskosten der Verschmelzungsoption zu berechnen. Diese werden zur Bestimmung des zukünftigen Ausübungsgewinns benötigt.

[469] Zur Berechnung vgl. auch Anlage 2.

[470] Zur Ermittlung des Ausübungsgewinns einer Kaufoption vgl. etwa Hull (2006), S. 228 - 229.

[471] Die Optionsprämie für die Flexibilitätsoption I entspricht der Höhe der Goodwillkomponente (g_2).

[472] Zu den Modellparametern einer Realoption vgl. Peemöller / Beckmann (2009), S. 1059.

4.2.3. Die mit der Flexibilitätsoption I verbundenen Synergiepotenziale

Synergieeffekte können im Konzernverbund z.B. durch Umstrukturierungsmaßnahmen oder auch durch einen Börsenrückzug (Going Private) in Erscheinung treten.[473] Der Synergieeffekt beschreibt die ex post eingetretene ökonomische Wirkung aus der gemeinsamen Nutzung materieller und immaterieller Faktoren.[474] Derartige Effekte haben Auswirkung auf die Rentabilität und damit auf die Wettbewerbsfähigkeit von Unternehmen und können im Absatz-, Forschungs-, Beschaffungs-, Personal-, im Produktions- und im Finanzbereich auftreten.[475] Positive Synergieeffekte liegen vor, wenn aus der Zusammenführung zweier unabhängiger Unternehmen oder Bereiche eine Einheit entsteht, deren Wert höher ist als die Summe der beiden Einzelwerte.[476]

Das Synergiepotenzial ist die maximal mögliche ökonomische Wirkung aus der gemeinsamen Nutzung materieller und immaterieller Faktoren.[477] Die hier betrachteten Synergiepotenziale beziehen sich auf die durch Ausübung der Flexibilitätsoption I realisierbaren ökonomischen Wirkungen. Speziell wird auf die Verschmelzung als Ausprägung der Flexibilitätsoption I abgestellt. Das Synergiepotenzial besteht in der Differenz des Barwerts des Fusions-Cashflows und des Barwerts des Konzern-Cashflows[478] und wird nachfolgend als innerer Wert der Option bzw. als Synergie-Cashflow bezeichnet. Diese positive Differenz ist die alleinige ökonomische Motivation zur Ausübung der Verschmelzungsoption[479] und bildet sämtliche Synergiepotenziale ab. Im Weiteren wird ausschließlich von positiven erwarteten Synergieeffekten ausgegangen.[480] Sollten diese negativ sein, wird der Inhaber die Verschmelzungsoption nicht ausüben.

Es werden sofort realisierbare Synergiepotenziale angenommen,[481] so dass der erwartete Synergie-Cashflow aufgrund der Verschmelzung zweier spezifischer Unternehmen sofort nach Vollzug realisierbar ist.[482] Monetäre bzw. quantitative Synergie-

[473] Vgl. etwa Wöhe / Döring (2008), S. 200.
[474] Vgl. Peemöller / Kunowski (2009), S. 284.
[475] Vgl. Busse von Colbe (1994), S. 602, und Angermayer-Michler / Oser (2009), S. 979 - 980.
[476] Vgl. Wöhe / Döring (2008), S. 201.
[477] Siehe auch Peemöller / Kunowski (2009), S. 284.
[478] Der Barwert des Konzern-Cashflows ist die Summe der Barwerte der Cashflows der zum Konzern gehörenden rechtlich selbständigen Unternehmen.
[479] Zur Motivation von Verschmelzungen in Erwartung positiver Synergieeffekte vgl. Wiechers (2009), S. 637 - 638.
[480] Vgl. Peemöller / Kunowski (2009), S. 284.
[481] Zur Definition vgl. Angermayer-Michler / Oser (2009), S. 980.
[482] Hierzu Peemöller / Kunowski (2009), S. 284.

effekte[483] können durch das Unterlassen neutralisierender Aktivitäten, durch Vermeidung bzw. Beendigung von Doppelaktivitäten, durch Verbesserung der Faktorallokation, durch Erhöhung der Marktmacht und durch Übernahme des akquisitorischen Potenzials anderer Konzernunternehmen entstehen.[484] Hieran wird deutlich, wie stark eine Verzögerung der geplanten Verschmelzung die Höhe des Synergiepotenzials beeinflusst. Dies liegt daran, dass die Verschmelzung und das damit verbundene Synergiepotenzial bekanntgegeben werden. Durch die Verzögerung des Vollzugs der Maßnahme sind Konkurrenzunternehmen in der Lage, sich den bevorstehenden Veränderungen anzupassen. Aufgrund der Anpassungsreaktionen könnte z.B. die mit der Fusion erhoffte Marktführerschaft nicht mehr realisierbar sein, da andere Unternehmen ihre Marktanteile durch entsprechende Maßnahmen bereits erhöht haben.[485] Derartige Verluste des Synergiepotenzials werden durch einen Abschlag vom Fusions-Cashflow in das Realoptionsmodell integriert.

4.2.4. Typisierung und Wert der Verschmelzungsoption

Realoptionen[486] können nach strategischen, operativen und finanzseitigen Optionen kategorisiert werden.[487] Strategische Optionen reflektieren den Wert der Flexibilität des Managements, zukünftige Investitionen in Abhängigkeit vom eingetretenen Umweltzustand zu tätigen oder zu unterlassen bzw. bereits getätigte Investitionen einzuschränken.[488] Unter strategischen Optionen werden in der Literatur[489] die Aufschuboption, die Wachstumsoption und die Liquidationsoption subsumiert.[490]

---

483 Monetäre Synergieeffekte werden aus quantifizierbaren Zielvorstellungen abgeleitet und sind in monetär erfassbaren Größen realisierbar. Nicht monetäre Synergieeffekte werden nicht berücksichtigt, da diese sich kaum messen lassen. Vgl. Gröger (2009), S. 11 - 12, und Küting (1981), S. 178.

484 Vgl. Angermayer-Michler / Oser (2009), S. 981, und Küting (1981), S. 181 - 183.

485 Aufgrund der negativen Effekte anhängiger Anfechtungsklagen wäre es z.B. auch denkbar, dass konkurrierende Unternehmen die Anfechtungsklage zur Unternehmenssabotage instrumentalisieren.

486 Die Realoption steht im Zusammenhang mit realen Investitionsprojekten und bezieht sich nicht auf an Börsen gehandelte Finanztitel. Vgl. Peemöller / Beckmann (2009), S. 1053. In diesem Sinne gebraucht, bezieht sich die Verschmelzungsoption auf das reale Investitionsprojekt Verschmelzung.

487 Vgl. Koch (1999), S. 90 - 94, und Meyer (2006), S.169. Bei dieser Klassifizierung werden Wachstumsoptionen unter strategische Optionen subsumiert. Zur Klassifizierung der Realoptionen in operative Optionen und in Wachstumsoptionen vgl. auch Pindyck (1988), S. 970, und Trigeorgis (1993), S. 203. Zur Klassifizierung der Realoptionen in Investitions- und Desinvestitionsoptionen vgl. Ernst / Thümmel (2000), S. 669.

488 Vgl. Meyer (2006), S. 169.

489 Die Zahl der gebildeten Kategorien und die Kategorien selbst sind in der Literatur nicht einheitlich. Vgl. Peemöller / Beckmann (2009), S. 1053.

490 Vgl. Mostowfi (2000), S. 75 - 78.

Ist eine Investition dadurch gekennzeichnet, dass diese nicht zu einem bestimmten Zeitpunkt durchgeführt werden muss, sondern aufgeschoben werden kann, wird die Investitionsmöglichkeit als Aufschub- oder Warteoption bezeichnet.[491] Hierbei ist wesentlich, dass der Investor aufgrund neuer Information den optimalen Investitionszeitpunkt bestimmen kann, um in Abhängigkeit vom eintretenden Umweltzustand die erwarteten Cashflows zu maximieren. Es ist auch möglich, die Option bei Eintritt anderer Umweltzustände nicht auszuüben.[492]

Bedingt die Schaffung einer Investitionsmöglichkeit eine vorab zu tätigende Investition, wird dies als Wachstumsoption bezeichnet.[493] Die Liquidationsoption stellt die Möglichkeit dar, eine bereits getätigte Investition abzubrechen und die damit verbundenen Vermögenswerte zu veräußern. Die Liquidation sollte dann ausgeübt werden, wenn der Barwert der zukünftig liquidierten Vermögenswerte den Barwert zukünftiger Cashflows bei Weiterführung der Investition übersteigt.[494]

Die operativen Realoptionen beschreiben die Flexibilität des Entscheidungsträgers, hinsichtlich einer veränderten operativen Nutzung verfügbarer Vermögenswerte zukünftige Cashflows zu beeinflussen.[495] Operative Realoptionen werden in der Literatur in Kapazitätsänderungsoptionen, in Abbruchs- und Wiedereröffnungsoptionen, in Umstellungsoptionen und in Verzögerungsoptionen unterteilt.[496]

Bei der Umstellungs- bzw. Nutzungswechseloption hat der Optionsinhaber das Recht, einen Vermögenswert oder einen Produktionsmodus gegen einen anderen inklusive der damit verbundenen zukünftigen Cashflows zu tauschen.[497] Der Erwerb dieser Option räumt damit dem Entscheidungsträger die Möglichkeit ein, bei Erhalt neuer Information den Vermögenswert bzw. den Produktionsmodus mit dem maximalen zukünftigen zustandsabhängigen Cashflow zu wählen.[498]

Die Kapazitätsänderungsoption ermöglicht es dem Management, den Produktionsoutput an eine geänderte Nachfrage anzupassen. Ist es möglich, eine bereits getätigte Investition zunächst einzustellen und später fortzuführen, verfügt der Entscheidungsträger über die Option, vorübergehend zu schließen und wiederzueröffnen. Die

[491] Nach *Ernst / Thümmel* haben Realoptionen grundsätzlich den Charakter einer Warteoption. Vgl. Ernst / Thümmel (2000), S. 668 - 669.
[492] Vgl. Copeland et al. (2002), S. 472 - 473.
[493] Vgl. Mostowfi (2000), S. 77.
[494] Siehe Ernst / Thümmel (2000), S. 669; Mostowfi (2000), S. 77 - 78; Müller (2005), S. 49, und Trigeorgis (1993), S. 204.
[495] Vgl. Koch (1999), S. 93.
[496] Vgl. etwa Mostowfi (2000), S. 79.
[497] Vgl. Meyer (2006), S. 179 - 180, und Peemöller / Beckmann (2009), S. 1054 - 1055.
[498] Hierzu auch Peemöller / Beckmann (2009), S. 1054 - 1055.

Option zur Verzögerung der Investitionsdurchführung ermöglicht es, jede Teilinvestition individuell voranzutreiben, zu unterlassen oder abzubrechen. Derartige Investitionsmöglichkeiten werden als mehrstufige Compound Optionen bewertet.[499]

Finanzoptionen betreffen die Flexibilität bezüglich der Kapitalstruktur des Unternehmens.[500] Auf Finanzoptionen wird nicht näher eingegangen, da die Kapitalstruktur nicht im Fokus der Betrachtung steht. Vielmehr interessiert der mit der Verschmelzungsmöglichkeit verbundene potenzielle Synergie-Cashflow. Mithin wird die Flexibilität bezüglich rechtlicher Verbundverhältnisse betrachtet.

Hinsichtlich der hier im Mittelpunkt stehenden Verschmelzungsoption soll der Tausch des Barwerts des Konzern-Cashflows gegen den Barwert des Fusions-Cashflows zu einem bestimmten Zeitpunkt untersucht werden.[501] Die damit verbundene Konsequenz ist der Untergang eines oder beider Rechtsträger und der Antritt der Gesamtrechtsnachfolge des aufnehmenden oder des neugegründeten Rechtsträgers.[502]

In den nachfolgenden Analysen wird unterstellt, dass der Mehrheitsaktionär eines börsennotierten Unternehmens Anteile hinzukauft, so dass dessen Stimmrechtsquote zwischen 75% und 95% liegt. Dabei werden Kapitalanteil und Stimmrechtsquote als identisch angenommen. Die zusätzlichen Anteile werden mit der Absicht erworben, um mit dem Tochterunternehmen zu verschmelzen.[503] Die Aufstockung der Beteiligung auf mindestens 75% entspricht dem Erwerb der Flexibilitätsoption I mit Verschmelzungsabsicht. Für die Anteile wurde der Flexibilitätsaufschlag I bezahlt, welcher dem Wesensmerkmal einer Optionsprämie beim Erwerb einer Aktienoption entspricht. Der Barwert des prognostizierten Konzern-Cashflows und die Verschmelzungskosten gelten folgend als Basispreis[504] der Realoption.

Das Basisinstrument ist der Barwert des Fusions-Cashflows des verschmolzenen Unternehmens. Durch den Barwerttausch von Konzern- und Fusions-Cashflow wird die Verschmelzungsoption als operative und speziell als Umstellungsoption[505] charakterisiert, da der Modus beherrschender Einfluss auf den Modus Gesamtrechts-

[499] Vgl. Mostowfi (2000), S. 79 - 81.

[500] Vgl. Koch (1999), S. 94.

[501] Die Realisierung der Verschmelzung entspricht bei abstrahierter Betrachtung einem Tauschgeschäft. Zu Eigenschaften von realen Tauschoptionen vgl. Müller (2005), S. 50 - 51.

[502] Zu den Arten der Verschmelzung vgl. § 2 Nr. 1 und 2 UmwG. Vgl. auch Langecker (2009), S. 29.

[503] Vor der Aufstockung der Anteile war der betreffende Aktionär bereits mehrheitlich am Unternehmen beteiligt, so dass nach § 290 Abs. 2 Nr. 1 HGB ein Mutter-Tochterverhältnis vorlag.

[504] Als Basispreis wird bei Finanzoptionen der vertraglich festgesetzte Bezugspreis des Basisinstruments bezeichnet.

[505] Zur Charakterisierung der Umstellungsoption vgl. etwa Copeland et al. (2002), S. 473 - 474.

nachfolge[506] umgestellt wird. Es handelt sich hierbei konkret um eine Umstrukturierungsmaßnahme und nicht lediglich um eine Variation des Inputs oder des Outputs im Produktionsprozess. Eine eindeutige Zuordnung der Verschmelzungsoption in genau eine Kategorie der Realoptionen ist aufgrund der Interdependenz der Eigenschaften von Realoptionen nicht möglich.[507] Nachfolgende Übersicht[508] zeigt die Modellparameter der Flexibilitätsoption I (Verschmelzungsoption) im Vergleich zu einer Aktienkaufoption[509]:

	Aktienkaufoption	Verschmelzungsoption
Art des Optionsrechts	Erwerb der Aktien zum Basispreis	Möglichkeit des Cashflow-Tausches
Optionspreis	Optionsprämie	Flexibilitätsaufschlag I
Optionswert	innerer Wert und Zeitwert	Kapitalwert Fusions-Cashflow abzüglich Barwert Konzern-Cashflow zzgl. Ausübungsflexibilität
Basisinstrument	Aktien	Fusions-Cashflow
Wert Basisinstrument	Aktienkurs	Barwert Fusions-Cashflow
Basispreis	vertraglich fixierter Ausübungspreis	Konzern-Cashflow zzgl. Verschmelzungskosten
innerer Wert	Aktienkurs abzüglich Basispreis	Barwert Fusions-Cashflow abzüglich Konzern-Cashflow und Verschmelzungskosten
Laufzeit	vertraglich vereinbart	Zeitfenster einer vorteilhaften Verschmelzung
Volatilität	erwartete Volatilität der Aktienrendite	Veränderung der prognostizierten Cashflows
Opportunitätskosten der Verzögerung	entgangene Dividendenzahlungen	Cashflow-Differenz (Synergie-Cashflow)

Tabelle 2: Analogie der Modellparameter der Aktienkauf- zur Verschmelzungsoption[510]

Die Ausübung der Option am Verfallstag ist dann vorteilhaft, wenn bei Eintritt eines Umweltzustandes der Kapitalwert des Fusions-Cashflows den Barwert des Konzern-Cashflows übersteigt. Die Opportunitätskosten der Nichtausübung entsprechen der Differenz aus Fusions-Cashflow abzüglich Konzern-Cashflow, mithin dem Synergie-Cashflow. Ist der Synergie-Cashflow größer als die Kosten der Verschmelzung (-A), wird der Optionsinhaber ausüben.[511] Der Wert der Verschmelzungsoption zum Zeitpunkt t (C_t) wird wie folgt definiert:

$$(12) \quad C_t\left(V_t^{a+b};V_t^a;V_t^b;A_t\right) = \max\left\{\left(V_t^{a+b} - A_t\right) - \left(V_t^a + V_t^b\right) ; 0\right\}.$$

506 Zur Wirkung der Eintragung der Verschmelzung vgl. § 20 UmwG.

507 Vgl. Peemöller / Beckmann (2009), S. 1053.

508 In Anlehnung an Peemöller / Beckmann (2009), S. 1059.

509 Zu den Eigenschaften von Aktienoptionen vgl. etwa Schmidt / Pittroff / Klingels (2007), S. 11 - 12.

510 In Anlehnung an Peemöller / Beckmann (2009), S. 1059.

511 Eine positive Cashflow-Differenz (Synergie-Cashflow) entspricht positiven erwarteten Synergieeffekten.

Die oben aufgeführte Gleichung zeigt, dass die Wertuntergrenze der Verschmelzungsoption vom Barwert des Fusions-Cashflows (V_t^{a+b}) abzüglich Verschmelzungskosten A_t und vom Barwert des Konzern-Cashflows ($V_t^a + V_t^b$)[512] determiniert wird.[513] Folgende Grafik veranschaulicht den eben geschilderten Sachverhalt unter Berücksichtigung des vom Inhaber gezahlten Flexibilitätsaufschlags I (g_2):

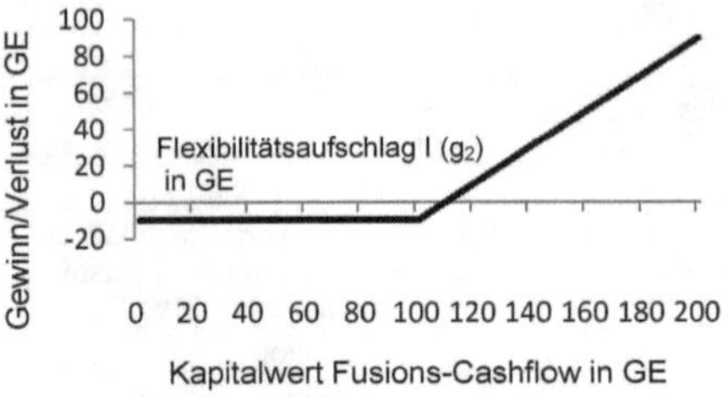

Abbildung 4: Risikoverlauf bei Kauf der Verschmelzungsoption

In Abbildung 4 wird angenommen, dass der Flexibilitätsaufschlag I 10 GE und der Barwert des Konzern-Cashflows 100 GE betragen. Übersteigt der Kapitalwert des Fusions-Cashflows den Barwert des Konzern-Cashflows und den gezahlten Flexibilitätsaufschlag I, ist es für den Entscheidungsträger vorteilhaft, die Verschmelzungsoption auszuüben.[514] Sobald der Kapitalwert des Fusions-Cashflows größer als 110 GE ist, realisiert der Entscheidungsträger mit der Ausübung der Verschmelzungsoption einen zukünftigen Gewinn.

Der Charakter der Verschmelzungsoption entspricht einer amerikanischen Kaufoption[515], da die Option zu jeder Zeit ausgeübt werden kann[516] und eine Optionsfrist nicht existiert, d.h., die Restlaufzeit der Verschmelzungsoption ist für deren Wert bedeutsam. Je länger die Restlaufzeit, desto größer ist der Zeitwert, da die Chance für eine positive Wertentwicklung des Fusions-Cashflows mit längerer Laufzeit steigt. Übersteigt der Flexibilitätsaufschlag I den inneren Wert der Verschmelzungsoption zum Zeitpunkt des Erwerbes, wird der Zeitwert mit entgolten.

512 Die Barwertdifferenz von Fusions- und Konzern-Cashflow entspricht dem Barwert des Synergie-Cashflows.

513 Zum inneren Wert einer Optionen vgl. Kruschwitz (2007), S. 301 - 302, und Steiner / Bruns (2002), S. 320.

514 Zu Risikoverläufen von Finanzoptionen vgl. etwa Hielscher (1999), S. 109 - 110.

515 Vgl. Kruschwitz (2007), S. 295.

516 Allerdings wird der Verschmelzungsvertrag gemäß § 13 Abs. 1 UmwG nur wirksam, wenn die Anteilseigner beider beteiligter Rechtsträger diesem durch Beschluss in der Hauptversammlung zustimmen.

Die zu bewertende Verschmelzungsoption kann als Kombination aus operativer Tausch- und strategischer Aufschuboption aufgefasst werden, da der beherrschende Einfluss gegen die Gesamtrechtsnachfolge zum optimalen Ausübungszeitpunkt getauscht werden kann. Der Zeitpunkt der Verschmelzung wird vom Management des Mutterunternehmens in Abhängigkeit von den eintretenden Umweltbedingungen bestimmt. Die Tochtergesellschaft wird folglich entweder als rechtlich selbständiges Unternehmen (Modus 1) fortgeführt oder sie geht unter und das Mutterunternehmen tritt die Gesamtrechtsnachfolge an (Modus 2).[517] Zu einem bestimmten Zeitpunkt, nämlich genau dann, wenn der Kapitalwert des Fusions-Cashflows (Modus 2) den Barwert des Konzern-Cashflows (Modus 1) zuzüglich des Flexibilitätsaufschlags I übersteigt, wird das Management die Option ausüben. Der Wert der Tochtergesellschaft (V^b) mit Verschmelzungsoption ist zum Zeitpunkt t aufgrund dieser Flexibilität wie folgt definiert:[518]

$$(13) \quad V_t^b = \frac{x^b}{r_f} + C_t.$$

Der Cashflow des Tochterunternehmens (x^b) wird als sicher, unendlich fortwährend und jährlich gleichbleibend angenommen. Der Wert zum Zeitpunkt t bestimmt sich aus dem Barwert der operativen Cashflows des Tochterunternehmens im Modus 1 und dem Wert der Option (C),[519] zu einem Zeitpunkt auf Modus 2 umzustellen.[520] Hieran wird deutlich, dass der Wert des Tochterunternehmens durch die Handlungsflexibilität steigt. Folglich haben Einschränkungen der zeitlichen Flexibilität durch aktienrechtliche Anfechtungsklagen Einfluss auf den Gesamtwert des Tochterunternehmens. Mittels des Binomialmodells wird die Verschmelzungsoption bewertet und der optimale Ausübungszeitpunkt bestimmt.[521]

Die Darstellung der eingeschränkten Handlungsflexibilität wegen anhängiger Klagen im Realoptionsmodell birgt den Vorteil einer Quantifizierung beigemessener Wertminderungen, die aus einer Beschränkung der Property Rights resultieren. Die Erheblichkeit der Wirkung aktienrechtlicher Anfechtungsklagen wird durch die Formalisierung im Modell präzisiert. Wesentlich ist, dass bei anhängigen Anfechtungsklagen Ausübungszeitpunkt und Vollzug auseinanderfallen. Faktisch entspricht dies einer

[517] Vgl. § 20 Abs. 1 Nr. 1 UmwG.
[518] Zum Einfluss zukünftiger Investitionsmöglichkeiten auf den Unternehmenswert vgl. Peemöller / Beckmann (2009), S. 1066 - 1067.
[519] Vgl. etwa Matschke / Brösel (2007), S. 695 - 696.
[520] In Anlehnung an Koch (1999), S. 170 - 171.
[521] Zur Bewertung amerikanischer Kaufoptionen mit Binomialbäumen vgl. etwa Hull (2006), S. 394 und S. 474, sowie Perridon / Steiner / Rathgeber (2009), S. 338 - 339. Vgl. weiterhin speziell zur Bewertung von Realoptionen Peemöller / Beckmann (2009), S. 1060 - 1063.

Ausübung zum nicht optimalen Zeitpunkt. Infolgedessen reduziert sich der Wert der Realoption, da die Chance auf eine zukünftige positive Wertentwicklung des Fusions-Cashflows zum optimalen Ausübungszeitpunkt gering ist.[522] Hinzukommt ein Cash-flow-Abschlag, der den inneren Wert der Option nochmals reduziert. Aktienrechtliche Anfechtungsklagen haben daher zwei Werteffekte. Die Werteffekte sollen anhand eines dreiperiodigen Binomialmodells quantifiziert werden.[523]

4.2.5. Bewertung der Verschmelzungsoption

4.2.5.1. Das Binomialmodell zur Ermittlung des Optionswerts

Im Folgenden soll dargestellt werden, dass ein Auseinanderfallen von Optionsausübung und Vollzug den Wert der Option und damit auch den Gesamtwert des Tochterunternehmens verringert. Dies ist erstens mit einem Verlust der zeitlichen Flexibilität und zweitens mit eintretenden Wettbewerbsnachteilen infolge der Verzögerung zu begründen, die sich durch einen Abschlag vom Fusions-Cashflow ausdrücken.

Weil die Ausübung der Option und die damit verbundene Realisierung von Synergiepotenzialen mittels Ad-hoc-Mitteilung oder mittels Veröffentlichung im elektronischen Bundesanzeiger publiziert werden, kommt es, wie bereits erläutert, zu Anpassungsreaktionen. Es ist daher naheliegend, dass ein zeitliches Auseinanderfallen von Ausübung und Vollzug höhere negative Werteffekte als eine bloße Aufschiebung der Ausübung nach sich ziehen dürfte.

Zur Quantifizierung der Werteffekte wird zunächst anhand eines dreiperiodigen Binomialmodells der optimale Vollzugszeitpunkt[524] der Verschmelzung bestimmt, d.h., es wird angenommen, dass die Laufzeit der Option begrenzt und die Option in der dritten Periode endfällig ist. Das zur Bewertung von Optionen zugrunde gelegte Modell von *Cox / Ross / Rubinstein*[525] geht bei der Kursentwicklung von einer Binomialverteilung aus. Dabei wird der Betrachtungszeitraum in gleich große Intervalle unterteilt, und es wird für die Barwertentwicklung des Fusions-Cashflows ein diskreter Zu-

[522] Der Wert der Option reduziert sich um die Differenz aus Kapital- und Fortführungswert. Er entspricht dem geringeren Fortführungswert.

[523] Zur Vorteilhaftigkeit einer Bewertung von Realoptionen mit Entscheidungsbäumen vgl. Bonduelle / Schmoldt / Scholich (2003), S. 6 - 9.

[524] Hinsichtlich der Beschlussfassung der Hauptversammlung wird angenommen, dass Ausübung und Vollzug in eine Periode fallen. Die Anfechtungsklage hat die Wirkung, dass der Vollzug der Verschmelzung in die folgende Periode aufgeschoben wird. Faktisch entspricht dies einer Ausübung zum nicht optimalen Zeitpunkt. Weiterer Effekt sind Wettbewerbsnachteile, die durch eine vorverlagerte Bekanntgabe der Verschmelzungsabsicht eintreten.

[525] Vgl. Cox / Ross / Rubinstein (1979).

fallsprozess angenommen. In Abhängigkeit von der Wertentwicklung des Fusions-Cashflows kann der Preis der Option um einen Prozentsatz sinken oder steigen. Nach Modellierung der Wertentwicklung des Barwerts des Fusions-Cashflows wird der Wert der Option rekursiv ermittelt.[526]

Es wird davon ausgegangen, dass die Verschmelzung innerhalb einer Periode beschlossen und vollzogen werden kann, wenn keine Anfechtungsklagen anhängig sind. Im Falle einer möglichen Verschmelzung zu einem Zeitpunkt innerhalb der Perioden t = 0, …, 2 entwickelt sich der erwartete Fusions-Cashflow entsprechend dem eben erläuterten Binomialprozess.[527] Bei positiver Marktentwicklung erwirtschaftet das verschmolzene Unternehmen ab Periode t = 1 einen Cashflow i.H.v. x_{11}^{a+b}, bei negativer Marktentwicklung einen Cashflow i.H.v. x_{12}^{a+b}. Für Periode 1 resultieren unter Zugrundelegung des Modells der ewigen Rente[528] und eines Kapitalisierungszinssatzes k die zwei zustandsabhängigen Barwerte $V^{a+b}_{11} = x_{11}^{a+b} \cdot k^{-1}$ und $V^{a+b}_{12} = x_{12}^{a+b} \cdot k^{-1}$. Ausgehend von der positiven Marktentwicklung werden bei Verschmelzung in Periode t = 2 wiederum die zwei zustandsabhängigen Cashflows x_{21}^{a+b} und x_{22}^{a+b} erwirtschaftet, die zu den zustandsabhängigen Barwerten $V^{a+b}_{21} = x_{21}^{a+b} \cdot k^{-1}$ und $V^{a+b}_{22} = x_{22}^{a+b} \cdot k^{-1}$ führen. Bei Weiterführung der negativen Marktentwicklung erwirtschaftet das verschmolzene Unternehmen ab Periode t = 2 die zustandsabhängigen Cashflows x_{23}^{a+b} und x_{24}^{a+b}, die zu den zustandsabhängigen Barwerten $V^{a+b}_{22} = x_{22}^{a+b} \cdot k^{-1}$ und $V^{a+b}_{23} = x_{24}^{a+b} \cdot k^{-1}$ führen.[529] Die zustandsabhängigen Cashflows und Barwerte sind in nachfolgender Grafik veranschaulicht:

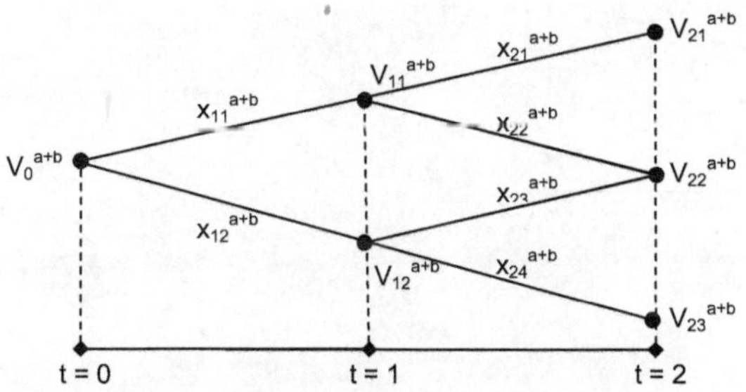

Abbildung 5: Binomialprozess Barwert Fusions-Cashflow

---

[526] Vgl. Matschke / Brösel (2007), S. 699 - 700.

[527] Zu den Annahmen des Binomialmodells vgl. auch Kruschwitz (2007), S. 316.

[528] Die Annahme von gleichbleibenden und unendlich fortwährenden Cashflows reduziert die Komplexität des Modells erheblich, ohne die erforderliche Präzision zur Darstellung der Werteffekte durch anhängige Klagen einzuschränken.

[529] Vgl. Mostowfi (2000), S. 85.

Die Cashflows der Konzernunternehmen sind annahmegemäß sicher, im Zeitablauf konstant und unendlich fortwährend:[530]

$$(14)\quad V_t^a = \left(\frac{x^a}{r_f}\right) \text{ und } V_t^b = \left(\frac{x^b}{r_f}\right).$$

Der Barwert des Fusions-Cashflows in Periode t = 0 wird durch Diskontierung der zustandsabhängigen Barwerte in t = 1 unter Berücksichtigung der jeweiligen Cashflows in t = 1 und bei entsprechender Gewichtung mit den Wahrscheinlichkeiten p_u und $(1 - p_u)$ berechnet:[531]

$$(15)\quad V_0^{a+b} = \left[p_u\left(x_{11}^{a+b} + \frac{x_{11}^{a+b}}{k}\right) + (1-p_u)\left(x_{12}^{a+b} + \frac{x_{12}^{a+b}}{k}\right)\right](1+k)^{-1}.$$

Die Wertentwicklung der zustandsabhängigen Barwerte für das verschmolzene Unternehmen (V_{tz}^{a+b}) und die Summe der Barwerte der rechtlich selbständigen Unternehmen ($V_t^a + V_t^b$) sind in nachfolgender Grafik veranschaulicht. Es wird deutlich, dass es sich bei der Verschmelzungsoption um eine Kombination aus Tausch- und Aufschuboption handelt:[532]

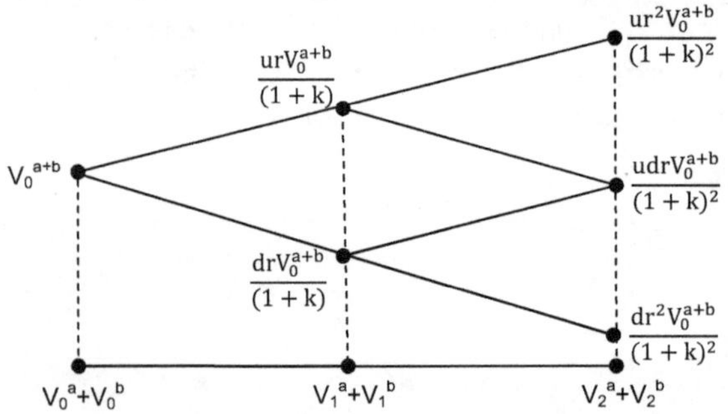

Abbildung 6: Verschmelzungsoption

530 Deshalb werden diese mit dem risikoneutralen Zinssatz (r_f) diskontiert.

531 Hinsichtlich der Zeitpunkte t = 0 und t = 1 herrscht Unsicherheit über die Höhe des zukünftigen Fusions-Cashflows. Die mögliche Entwicklung kann jedoch genau angegeben werden, da der Wertentwicklung ein binomialer Prozess mit gleichbleibenden Renditefaktoren unterstellt wird. Vgl. Kruschwitz (2007), S. 316.

532 Zu einem diskreten Zeitpunkt können die Cashflows getauscht werden. Hinsichtlich der Wahl des Zeitpunktes ist das Management flexibel. Der Cashflow-Tausch kann bis zur Periode t = 2 aufgeschoben werden.

Die Renditefaktoren für die Auf- (*ur*) und Abwärtsbewegung (*dr*), welche zur Berechnung des Fortführungswertes der Option benötigt werden, sind annahmegemäß konstant.[533] Es gilt: $ur_{t=1} = ur_{t=2} = ur_{t=3} > r_f > dr_{t=1} = dr_{t=2} = dr_{t=3}$. Die Renditefaktoren berechnen sich wie folgt:[534]

$$(16) \quad ur = \frac{x_{11}^{a+b} + V_{11}^{a+b}}{V_0^{a+b}} = \frac{x_{21}^{a+b} + V_{21}^{a+b}}{V_{11}^{a+b}} ;$$

$$(17) \quad dr = \frac{x_{12}^{a+b} + V_{12}^{a+b}}{V_0^{a+b}} = \frac{x_{24}^{a+b} + V_{23}^{a+b}}{V_{12}^{a+b}} .$$

Die risikoneutrale Wahrscheinlichkeit (p_r) des Eintretens des günstigen Umweltzustandes ergibt sich aus folgender Relation:

$$(18) \quad p_r = \frac{(1+r_f) - dr}{ur - dr} .$$

Die risikoneutrale Wahrscheinlichkeit ist die Wahrscheinlichkeit einer Aufwärtsbewegung in einer risikoneutralen Welt. Diese entspricht nicht der tatsächlichen Wahrscheinlichkeit einer Auf- oder Abwärtsbewegung.[535] Weil die Unsicherheit der Auf- und Abwärtsbewegung im Kapitalisierungszinssatz nicht abgebildet werden kann, werden risikoneutrale Wahrscheinlichkeiten berechnet, um die zustandsabhängigen Barwerte mit dem risikoneutralen Zinssatz diskontieren zu können. Es wird angenommen, dass die Kosten der Verschmelzung (*A*) im Zeitablauf konstant sind.[536]

In Abhängigkeit von der Entwicklung des prognostizierten Fusions-Cashflows wird im Folgenden der Kapitalwert mit dem Fortführungswert der Option verglichen, um den optimalen Ausübungszeitpunkt zu bestimmen. Ist der Kapitalwert (*KW*) in der Periode t größer als der Fortführungswert der Option (C^C), dann ist ein weiterer Aufschub der Option nicht vorteilhaft. Die Verschmelzung sollte sofort vollzogen werden, wenn gilt: $KW_t > C^C{}_t > 0$. Die Verschmelzung sollte aufgeschoben werden, wenn gilt: $C^C{}_t > KW_t$.

Um den optimalen Zeitpunkt der Verschmelzung zu ermitteln,[537] ist es erforderlich, zu jedem Zeitpunkt t = 2 bis t = 0 rekursiv das Maximum aus Kapital- und Fortführungswert der Option zu bestimmen:[538]

$$(19) \quad \max\left\{(-A + V_t^{a+b}) - (V_t^a + V_t^b) ; C_t^C\right\}.$$

[533] Vgl. Copeland / Weston / Shastri (2005), S. 217 - 218.
[534] Vgl. insbesondere Mostowfi (2000), S. 87. Vgl. auch Kruschwitz (2007), S. 317.
[535] Vgl. Hull (2006), S. 305.
[536] Vgl. Mostowfi (2000), S. 87.
[537] Zur formalen Darstellung des Verfahrens vgl. Hull (2006), S. 479 - 480.
[538] Siehe Hull (2006), S. 476 - 477, und Kruschwitz (2007), S. 318 - 319.

Der Kapitalwert ergibt sich hierbei aus dem Barwert des Fusions-Cashflows abzüglich der Verschmelzungskosten und des Barwerts des Konzern-Cashflows. Annahmegemäß wird die Verschmelzung in t = 2 mit Sicherheit durchgeführt. Der Vollzug der Verschmelzung zu diesem Zeitpunkt ist nur dann vorteilhaft, wenn der zustandsabhängige Kapitalwert größer null ist:

(20) $$KW_{21}: \left(-A + V_{21}^{a+b}\right) - \left(V_2^a + V_2^b\right) > 0;\ KW_{22}: \left(-A + V_{22}^{a+b}\right) - \left(V_2^a + V_2^b\right) > 0;$$

$$KW_{23}: \left(-A + V_{23}^{a+b}\right) - \left(V_2^a + V_2^b\right) > 0\,.$$

Eine Ausübung der Verschmelzungsoption in Periode t = 1 ist dann vorteilhaft, wenn der zustandsabhängige Kapitalwert größer als der zustandsabhängige Fortführungswert der Verschmelzungsoption ist:[539]

(21) $$\max\left\{KW_{11}\,;\,C_{11}^C\right\};\ \max\left\{KW_{12}\,;\,C_{12}^C\right\}$$

$$\text{mit: } C_{11}^C = \frac{p_r \cdot KW_{21} + (1 - p_r)\cdot KW_{22}}{(1 + r_f)}$$

$$\text{und } C_{12}^C = \frac{p_r \cdot KW_{22} + (1 - p_r)\cdot KW_{23}}{(1 + r_f)}.$$

Um festzustellen, inwieweit der Vollzug der Verschmelzung bereits aus heutiger Sicht vorteilhaft ist, wird der Kapitalwert mit dem Fortführungswert der Verschmelzung in Periode t = 0 verglichen. Der Fortführungswert der Verschmelzungsoption in Periode t = 0 berechnet sich wie folgt:

(22) $$C_0^C = \frac{p_r \cdot \max\left\{KW_{11}\,;\,C_{11}^C\right\} + (1 - p_r)\cdot \max\left\{KW_{12}\,;\,C_{12}^C\right\}}{(1 + r_f)}\,.$$

Ist in der Periode t = 0 der Kapitalwert größer als der Fortführungswert der Verschmelzungsoption, sollte die Verschmelzung sofort vollzogen werden.

Die Anfechtung des Verschmelzungsbeschlusses hat nun zur Folge, dass Ausübung und Vollzug zeitlich auseinanderfallen. Die Option wird in Periode t ausgeübt und in t + 1 vollzogen. Dies entspricht faktisch einer Ausübung zum Zeitpunkt t + 1, auch wenn zum aktuellen Zeitpunkt t der Fortführungswert kleiner als der Kapitalwert ist.

[539] Die zustandsabhängigen Kapitalwerte KW_{11} und KW_{12} berechnen sich wie folgt: $KW_{11}=\left(-A + V_{11}^{a+b}\right) - \left(V_1^a + V_1^b\right)$, *und* $KW_{12}=\left(-A + V_{12}^{a+b}\right) - \left(V_1^a + V_1^b\right)$.

Der Wert der Fortführungs-[540] (V_t^F) und der Ausübungsoption (V_t^A) zum Zeitpunkt t berechnen sich wie folgt:

(23) $V_t^F = \max\left\{C_t^C - KW_t\,;\,0\right\}$, und $V_t^A = \max\left\{KW_t - C_t^C\,;\,0\right\}$.

Ist der Fortführungswert größer als der Kapitalwert, kann V_t^F als Zeitwert interpretiert werden, der die Chance auf eine günstige Entwicklung des Fusions-Cashflows darstellt.[541] V_t^A repräsentiert den Wert des sofortigen Vollzuges. Bei einem Aufschub in die Folgeperiode trotz höheren Kapitalwertes wird der monetäre Vorteil eines sofortigen Vollzugs vernichtet. Weiterhin erfolgt durch den Aufschub ein Cashflow-Abschlag (x^{a+b} - γ) in jedem Umweltzustand der Folgeperiode, so dass sich der Fortführungswert zum aktuellen Zeitpunkt t im Zustand z_1 und im Zustand z_2 reduziert:

(24) $$C_{tz_1}^{C\gamma} = \frac{p_r \cdot \left(\frac{X_{(t+1)z_1} - \gamma}{k} - A\right) + (1 - p_r) \cdot \left(\frac{X_{(t+1)z_2} - \gamma}{k} - A\right)}{(1 + r_f)}.$$

Die Vernichtung des Ausübungswertes und der Abschlag auf den Fortführungswert ist der Gesamteffekt aktienrechtlicher Anfechtungsklagen auf die Option. Der Optionswert zum Zeitpunkt t im Zustand z ist jeweils der höhere Wert aus Kapital- und Fortführungswert. Zum Zeitpunkt des Erwerbs der Verschmelzungsoption entspricht der Optionswert dem Flexibilitätsaufschlag I (g_2):

(25) $C_t = g_2 = \max\left\{C_t^C\,;\,KW_t\right\}$.

Der Ausübungsgewinn berechnet sich aus der Differenz von Kapitalwert und Flexibilitätsaufschlag I (g_2). Der durch die Blockadewirkung reduzierte Optionswert (C^γ_t), der auf einen geringeren Fortführungswert zurückzuführen ist ($C^{C\gamma}_t$), verringert auch den Gesamtwert der Tochtergesellschaft zum Zeitpunkt t, da die Realoption Verschmelzung den Unternehmenswert erhöht:[542]

(26) $V_t^b = \frac{x^b}{r_f} + C_t > V_t^b = \frac{x^b}{r_f} + C_t^\gamma$.

Nachfolgender Unterabschnitt verdeutlicht die hier dargestellten Zusammenhänge anhand eines Beispiels.

[540] Vgl. Mostowfi (2000), S. 89.

[541] Zum Wert der zeitlichen Flexibilität von Realoptionen und zum Zeitwert der Finanzoption vgl. Peemöller / Beckmann (2009), S. 1052 - 1053.

[542] Zum Einfluss von Realoptionen auf den Unternehmenswert vgl. Matschke / Brösel (2007), S. 695 - 696.

4.2.5.2. Beispiel zum Einfluss anhängiger Anfechtungsklagen auf den Optionswert

Im vorherigen Kapitel wurde der Werteffekt eines Aufschubs der Verschmelzung infolge anhängiger Anfechtungsklagen dargestellt. Im Folgenden soll dies an einem Beispiel verdeutlicht werden. Unter Beibehaltung des Modus 1 (keine Verschmelzung) ist der Konzern-Cashflow in folgender Höhe gegeben:

(27) $V_0^a + V_0^b = 100\ \text{GE} + 100\ \text{GE} = 200\ \text{GE}.$

Der risikoadjustierte Kapitalisierungszinssatz der an der Verschmelzung beteiligten Unternehmen beträgt $k = 10\%$ und der risikofreie Zinssatz $r_f = 5\%$. Die angenommenen zustandsabhängigen Barwerte des Fusions-Cashflows sind in Abbildung 7 dargestellt:

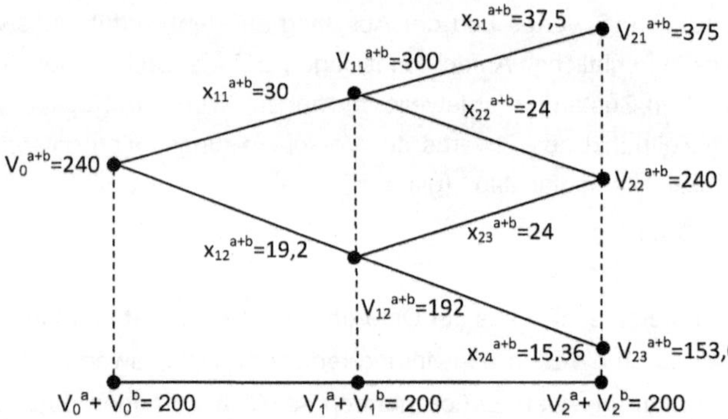

Abbildung 7: Zustandsabhängige Fusions-Cashflows und Barwerte in GE

Die Renditefaktoren für die Auf- und Abwärtsbewegung berechnen sich wie folgt:

(28) $\text{ur} = \frac{300\ \text{GE} + 30\ \text{GE}}{240\ \text{GE}} = \frac{375\ \text{GE} + 37{,}5\ \text{GE}}{300\ \text{GE}} = 1{,}375$

$\text{und dr} = \frac{192\ \text{GE} + 19{,}2\ \text{GE}}{240\ \text{GE}} = \frac{153{,}6\ \text{GE} + 15{,}36\ \text{GE}}{192\ \text{GE}} = 0{,}88.$

Die risikoneutrale Wahrscheinlichkeit des Eintretens eines positiven Umweltzustandes berechnet sich wie nachfolgend dargestellt:

(29) $p_r = \frac{(1 + r_f) - \text{dr}}{\text{ur} - \text{dr}} = \frac{1{,}05 - 0{,}88}{1{,}375 - 0{,}88} = 0{,}343.$

Die Wertobergrenze[543] der Verschmelzungsoption ist die Höhe des Kapitalwertes des Fusions-Cashflows (innerer Wert) zuzüglich der zeitlichen Flexibilität (Zeitwert) zum Zeitpunkt t = 0. Die Wertuntergrenze wird durch den inneren Wert bestimmt.[544] Annahmegemäß zieht die Verzögerung der Verschmelzung um eine Periode einen Abschlag des Fusions-Cashflows i.H.v. $\gamma = 5\ GE$ nach sich. Die Kosten der Verschmelzung betragen $A = 10\ GE$. Bei einem Vollzug der Verschmelzung zum Fälligkeitszeitpunkt t = 2 ist ein Cashflow-Tausch nur dann vorteilhaft, wenn der zustandsabhängige Kapitalwert den Barwert des Konzern-Cashflows übersteigt. Der Optionswert zum Zeitpunkt t = 0 wird rekursiv ermittelt. Folgende Kapitalwerte ergeben sich in t = 2 ohne anhängige Anfechtungsklagen:

(30) $$KW_{21} = \left(-A + V_{21}^{a+b}\right) - \left(V_2^a + V_2^b\right) = -10 + 375 - 200 = 165\ GE;$$

$$KW_{22} = \left(-A + V_{22}^{a+b}\right) - \left(V_2^a + V_2^b\right) = -10 + 240 - 200 = 30\ GE;$$

$$KW_{23} = \left(-A + V_{23}^{a+b}\right) - \left(V_2^a + V_2^b\right) = -10 + 153{,}6 - 200 = -56{,}4\ GE.$$

Der zustandsabhängige Fortführungswert der Option und die zustandsabhängigen Kapitalwerte der Verschmelzung zum Zeitpunkt t = 1 berechnen sich wie folgt:

(31) $$C_{11}^C = \frac{0{,}343 \cdot 165 + 0{,}657 \cdot 30}{1{,}05} = 72{,}67\ GE;$$

$$KW_{11} = \left(-A + V_{21}^{a+b}\right) - \left(V_2^a + V_2^b\right) = -10 + 300 - 200 = 90\ GE;$$

$$C_{12}^C = \frac{0{,}343 \cdot 30}{1{,}05} = 9{,}8\ GE;$$

$$KW_{12} = \left(-A + V_{22}^{a+b}\right) - \left(V_2^a + V_2^b\right) = -10 + 192 - 200 = -18\ GE.$$

Da der Kapitalwert zum Zeitpunkt t = 1 im Umweltzustand I größer als der Fortführungswert der Verschmelzungsoption ist, sollte die Verschmelzung vollzogen werden. Im Umweltzustand II ist wegen des negativen Kapitalwertes ein weiterer Aufschub der Verschmelzung vorteilhaft. Zur Berechnung des Fortführungswertes der Verschmelzungsoption zum Zeitpunkt t = 0 werden die höheren zustandsabhängigen Werte zum Zeitpunkt t = 1 mit den entsprechenden risikoneutralen Wahrscheinlichkeiten gewichtet:

(32) $$C_0^C = \frac{(0{,}343 \cdot 90) + (0{,}657 \cdot 9{,}8)}{1{,}05} = 35{,}53\ GE.$$

543 Der Wert der Option ist der höhere aus Kapital- und Fortführungswert. Die Differenz aus Kapital- und Fortführungswert ist die zeitliche Flexibilität, demzufolge der Zeitwert.

544 Zur Definition der Wertober- und Wertuntergrenze eines Calls vgl. Steiner / Bruns (2002), S. 322.

Der Kapitalwert ist zum Zeitpunkt t = 0 kleiner als der Fortführungswert der Verschmelzungsoption:

(33) $KW_0 = -A + V_1^{a+b} - (V_1^a + V_1^b) = -10 + 240 - 200 = 30$ GE.

Aus diesem Grund sollte die Verschmelzung aufgeschoben werden. Der Wert des Aufschubes der Ausübung (V^F) zum Zeitpunkt t = 0 beträgt 5,53 GE:[545]

(34) $V_0^F = \max\left\{C_0^C - KW_0\ ;\ 0\right\} = 5{,}53$ GE.

Der Erwerber der Verschmelzungsoption wird zum Zeitpunkt t = 0 maximal 35,53 GE Flexibilitätsaufschlag I (g_2) bezahlen, welcher das Maximum von Kapitalwert und Fortführungswert zum Zeitpunkt t = 0 ist:

(35) $C_0 = g_2 = \max\left\{C_0^C\ ;\ KW_0\right\} = 35{,}53$ GE.

Tritt in Periode t = 1 der Umweltzustand I ein, realisiert der Inhaber der Verschmelzungsoption zukünftig einen Ausübungsgewinn i.H.v. 54,47 GE ($KW_{11} - g_2$). Im Umweltzustand II wird der Inhaber die Option nicht ausüben, sondern die Ausübung in Periode t = 2 verschieben, da der Kapitalwert negativ ist.

Sind in U_{11} Anfechtungsklagen anhängig, kann die Verschmelzung erst in Periode t = 2 vollzogen werden und der Wert der sofortigen Ausübung V^A_{11} = *17,33 GE* ($KW_{11} - C^C_{11}$) wird vernichtet. Weiterhin reduziert sich der Kapitalwert infolge der Cashflow-Abschläge im Umweltzustand I auf 115 GE[546] und im Umweltzustand II auf -20 GE,[547] d.h., infolge anhängiger Anfechtungsklagen und des damit verbundenen Aufschubes der Verschmelzung sinkt der Fortführungswert der Verschmelzungsoption zum Zeitpunkt t = 1 auf 37,57 GE:

(36) $C_{11}^C = \frac{0{,}343 \cdot 115\ \text{GE}}{1{,}05} = 37{,}57$ GE.

Der Optionswert reduziert sich bei anhängigen Anfechtungsklagen um den Wert der zeitlichen Flexibilität (V^A_{11}) i.H.v. 17,33 GE und um einen Abschlag des inneren Werts i.H.v. 35,10 GE, insgesamt um 52,43 GE. Da der Kapitalwert durch die Blockade nicht realisiert werden kann, entspricht der Optionswert dem Fortführungswert:

---

545 Vgl. Mostowfi (2000), S. 89.

546 Die Reduzierung des Barwerts in Zustand I zum Zeitpunkt t = 1 ergibt sich aus *(37,5 GE - 5 GE)/0,1 = 325 GE.* Zur Berechnung des Kapitalwerts werden hiervon die Verschmelzungskosten und der Fusions-Cashflow abgezogen: *325 GE - 10 GE - 200 GE = 115 GE.*

547 Der Barwert in Zustand II zum Zeitpunkt t = 2 berechnet sich wie folgt: *(24 GE - 5 GE)/0,1 = 190 GE.* Um zum Kapitalwert zu gelangen, werden vom Barwert die Verschmelzungskosten und der Barwert des Konzern-Cashflows abgezogen: *190 GE - 10 GE - 200 GE = -20 GE.*

(37) $C_{11} = C_{11}^{C} = 37{,}57$ GE.

Um diesen Betrag reduziert sich gleichfalls der Gesamtwert der Tochtergesellschaft (V^b) zum Zeitpunkt t = 1: *100 GE + 90 GE > 100 GE + 37,57 GE.*

Im Umweltzustand II der Periode t = 1 beträgt der Optionswert 9,8 GE, da der Kapitalwert negativ ist. Mithin entspricht der Wert der Option dem Fortführungswert. Infolge des Cashflow-Abschlags werden die Kapitalwerte in den Zuständen II und III zum Zeitpunkt t = 2 negativ;[548] deshalb beträgt der Fortführungswert unter Berücksichtigung des Cashflow-Abschlags im Zustand II zum Zeitpunkt t = 1 null.[549] Der ursprüngliche Optionswert i.H.v. 9,8 GE wird wegen der Blockadewirkung im Zustand II zum Zeitpunkt t = 2 vollständig vernichtet.[550] Demzufolge sinkt auch der Unternehmenswert der Tochtergesellschaft (V^b) gleichfalls um diesen Betrag.

4.2.5.3. Einfluss der Aktionärsklage auf Investitionsentscheidungen

Vor allem für die Anteilseigner des Konzernmutterunternehmens ist relevant, ob und in welcher Höhe ein Verzögerungsabschlag vom Fusion-Cashflow zur Senkung des Shareholder-Values führt.[551] Kann der erwartete Fusions-Cashflow nicht oder nicht vollständig realisiert werden, ist dies möglicherweise für Investitions- oder Desinvestitionsentscheidungen ausschlaggebend. Voraussetzung hierfür ist allerdings, dass der Börsenkurs den Abschlagseffekt nicht eskomptiert. Der Markt ist über die Höhe des Optionswertes vollständig informiert, da die Anschaffungskosten des Zukaufes von Anteilen und der Buchwert des Eigenkapitals in den Geschäftsberichten regelmäßig publiziert werden. Wird der Marktwert des Eigenkapitals pro Aktie als Kriterium der Investitionsentscheidung herangezogen und übersteigt dieser im Zeitpunkt t = 0 den Kurswert, gilt die Aktie als unterbewertet. Dies signalisiert dem Kapitalmarkt zukünftige Kurssteigerungen und die Aktie wird zum Kauf empfohlen:[552]

(38) $\frac{1}{N}\left(V_t^b = \frac{x^b}{r_f} + C_t\right) > P$ (Unterbewertung = Kaufsignal).[553]

548 Der Kapitalwert im Zustand II zum Zeitpunkt t = 2 reduziert sich um 50 GE auf -20 GE und der Kapitalwert im Zustand III zum Zeitpunkt t = 2 um 50 GE auf -56,4 GE.

549 Die Wertuntergrenze des Fortführungswerts ist null, da die Option bei erwarteten negativen Kapitalwerten nicht ausgeübt werden wird.

550 Hieran wird deutlich, dass infolge der Anfechtungsklage die Chance auf eine positive Wertentwicklung des Fusions-Cashflows vernichtet wird. Damit beträgt der Zeitwert 0 GE.

551 Ein stark vereinfachtes Beispiel zum Einfluss der Synergiepotenziale auf den Shareholder-Value findet sich in Wöhe / Döring (2008), S. 200 - 201.

552 Vgl. etwa Steiner / Bruns (2002), S. 229.

553 *N* ist die Gesamtzahl der vom Unternehmen emittierten Aktien.

Reduzieren anhängige Anfechtungsklagen den Gesamtunternehmenswert[554] zum Zeitpunkt t, resultiert daraus eine Überbewertung:

$$(39) \quad \frac{1}{N}\left(V_t^b = \frac{x^b}{r_f} + C_t^\gamma\right) < P \text{ (Überbewertung = Verkaufssignal) ; wobei } 0 < C_t^\gamma < C_t \text{ .}$$

Der innere Wert[555] der Aktie des Konzernmutterunternehmens fällt bei annahmegemäß gleichgebliebenem Kursniveau infolge des Verzögerungsabschlages unter den aktuellen Kurswert. Die Aktie gilt als überbewertet und wird demnach als nicht kaufenswert eingestuft. Ein in t = 0 präsumtiver Erwerb der Aktie unterbleibt somit bei anhängigen Anfechtungsklagen. Die Klagen führen zu einer Desinvestitionsentscheidung, wenn das Risiko der Wertminderung zum Zeitpunkt des Anteilskaufes im Kurswert unberücksichtigt bleibt. Die Information über anhängige Anfechtungsklagen ist damit entscheidungsrelevant, weil diese zu Erwartungsänderungen führen kann.

Der beherrschende Aktionär wird eine Blockade der Verschmelzung antizipieren und wird bestrebt sein, die Fusion im Konzern durchzuführen, solange der Optionswert unter Berücksichtigung des Cashflow-Abschlages positiv ist. Sollte der anteilige oder vollständige Verlust des Synergie-Cashflows im Falle einer Blockade vom beherrschenden Aktionär in der Höhe antizipiert werden, dass der Optionswert zum Zeitpunkt t den Wert null annimmt, dann wird dieser die Verschmelzung unterlassen und sich möglicherweise für ein alternatives Investitionsprojekt entscheiden.

Mit dem Anfechtungsrecht wird dem Aktionär ein Instrument zur Verfügung gestellt, das zu einem Auseinanderfallen von rechtlichem Anteilsbesitz und faktischer Abstimmungsmacht führt. Die Klagemöglichkeit nimmt unmittelbar Einfluss auf Führungsentscheidungen, da potenzielle Anfechtungsklagen die Vorteilhaftigkeit von Investitionsprojekten negativ beeinflussen.

Das Risiko von Aktionärsklagen kann sowohl zur Unterlassung potenzieller Investitionen in das betreffende Unternehmen als auch zur Unterlassung vorteilhafter Verschmelzungen im Konzern führen. Aus volkswirtschaftlicher Sicht wird Kapital nicht effizient alloziert, was eine Steigerung der Gesamtwohlfahrt verhindert. Eine derartige ökonomische Wirkung zeigt die Friktion zum Normzweck des Anfechtungsrechts, der in der Reduzierung erwarteter Transaktionskosten in Verbindung mit nicht rechtmäßigen, aber vollzogenen Beschlüssen besteht. Der exzessive Rechtsmissbrauch

[554] Der Gesamtunternehmenswert ist die Summe aus Bar- und Optionswert.

[555] Der innere Wert der Aktie repräsentiert den Barwert der gesamten mit der Aktie verbundenen Zahlungsreihe und wird im Rahmen der fundamentalen Aktienanalyse als Maßstab zur Feststellung einer Über- oder Unterbewertung herangezogen. Vgl. auch Hielscher (1999), S. 15, und Penman (2010), S. 85 - 86.

führt indes zu negativen Wohlfahrtseffekten, da den volkswirtschaftlichen Kosten der Verzögerung kein Kostensenkungspotenzial gegenübersteht. Das Spannungsverhältnis von Normzweck und ökonomischer Folgewirkung sowie das hieraus resultierende Erpressungspotenzial werden im Unterkapitel 4.3 detailliert analysiert.

4.2.6. Wesentliche Implikation aus dem Realoptionsansatz

Der Realoptionsansatz hat verdeutlicht, dass infolge der Blockadewirkung aktienrechtlicher Anfechtungsklagen der Gesamtunternehmenswert der Tochtergesellschaft vermindert wird. Die Wertminderung ist zum einen auf die Vernichtung des Ausübungswertes[556] und zum anderen auf die Reduzierung des zustandsabhängigen Fusions-Cashflows zurückzuführen.[557]

Der Gesamtwerteffekt stimmt überein mit der Theorie des Property-Rights-Ansatzes, der von einer Wertminderung als Folge einer Ausdünnung der Property Rights ausgeht.[558] Der beherrschende Aktionär misst dem Tochterunternehmen wegen beschränkter Handlungsflexibilität einen geringeren Wert bei, der durch den Realoptionsansatz quantifiziert werden kann. Die Wirkung der Zuordnung von Property Rights wird mittels Realoptionsmodell zur kalkulierbaren Größe, die Abwägungsentscheidungen hinsichtlich der Ausgestaltung des Anfechtungsrechts bedient. Es wurde gezeigt, dass die ökomische Folgewirkung eines exzessiven Rechtsmissbrauchs dem Kostensenkungspotenzial der Anfechtungsklage unverhältnismäßig gegenübersteht.

Weiterhin besagt die Property-Rights-Theorie, dass ausgedünnte Property Rights zu wertschädigendem Verhalten führen;[559] denn für Publikumsgesellschaften führen sie bei Kleinaktionären tendenziell zu wertschädigendem Verhalten. Die Diskrepanz zwischen rechtlichem Anteilsbesitz und faktischer Abstimmungsmacht infolge des Anfechtungsrechts induziert rechtsmissbräuchliche Anfechtungsklagen. Eine Stärkung des Kleinaktionärs in Form des Individualrechtsschutzes ist i.S.d. Property-Rights-Theorie unvorteilhaft.

Im nächsten Unterkapitel soll der Einfluss der Klagemöglichkeit auf die Verhaltensweisen der Minderheiten verdeutlicht werden. Jedoch wird dabei nicht mehr von zustandsabhängigen Fusions-Cashflows, sondern aus Gründen der Komplexitätsreduk-

[556] Der Ausübungswert ist die Differenz aus Kapital- und Fortführungswert.

[557] Die Reduzierung des Fusions-Cashflows findet ihren Niederschlag in einem geringeren Fortführungswert der Realoption.

[558] Vgl. Schoppe et al. (1995), S. 139 - 141.

[559] Vgl. Schoppe et al. (1995), S. 139 - 141.

tion von einem sicheren Fusions-Cashflow ausgegangen, dessen Höhe lediglich durch den Abschlagseffekt bestimmt wird. Die Höhe des Abschlagseffekts ist dabei vom Zeitpunkt des Vollzugs der Verschmelzung abhängig. Anhand des einzuführenden Modells sollen das Erpressungspotenzial der Anfechtungsklagen verdeutlicht und Reformansätze herausgearbeitet werden.

4.3. Wirkung der Aktionärsklage auf die Verhaltensweisen der Minderheiten

4.3.1. Analyse individueller Handlungsstrategien

4.3.1.1. Annahmen des zugrunde liegenden Modells

Um modelltheoretisch[560] zu analysieren, inwieweit die Blockadewirkung aktienrechtlicher Anfechtungsklagen einen Rechtsmissbrauch generiert,[561] ist es erforderlich, im Vorfeld einiges anzumerken. Der Vollzug einer in t = 0 beschlossenen und angefochtenen Verschmelzung wird im Rahmen eines Mehrperiodenmodells untersucht.[562] Dabei sind die drei folgenden Fälle zu unterschieden:

<u>Fall 1</u>: Sind Anfechtungsklagen nicht anhängig, wird die Verschmelzung in Periode t = 1 vollzogen, und der ursprünglich erwartete sichere Fusions-Cashflow kann in vollständiger Höhe realisiert werden.

<u>Fall 2</u>: Im Falle anhängiger Anfechtungsklagen können sich die Anfechtungskläger mit dem Hauptaktionär einigen, so dass die Klage gegen eine Abfindungszahlung zurückgenommen wird. Die Verschmelzung wird in Periode t = 2 vollzogen. Die Höhe des Cashflow-Abschlags in Periode 1 (γ_1) entspricht der Höhe des Fusions-Cashflows:[563]

(40) $0 = x^{a+b} - \gamma_1 \leftrightarrow \gamma_1 = x^{a+b}$.

Der ursprünglich erwartete sichere Fusions-Cashflow verringert sich in den Folgeperioden um den Cashflow-Abschlag γ_2, welcher wie folgt definiert ist:

(41) $0 < \gamma_2 < x^{a+b}$.

---

[560] Das hier verwendete Modell ist in seiner grundlegenden Systematik an das von Rosenberg / Shavell (1985) angelehnt.

[561] Ein durch die Blockadewirkung generierter Rechtsmissbrauch ist nicht beabsichtigte Folgewirkung der durch den Gesetzgeber mit dem Anfechtungsrecht bewirkten Ausdünnung der Property Rights. Zur Wirkung einer Ausdünnung vgl. etwa Göbel (2002), S. 69 - 71, und Schoppe et al (1995), S. 140 - 141.

[562] Die Anfechtungsklage muss innerhalb einer Frist von vier Wochen nach Hauptversammlungsbeschluss anhängig sein. Vgl. § 246 Abs. 1 AktG.

[563] Der Cashflow-Abschlag γ_1 in Periode 1 entspricht demzufolge dem Cashflow-Verlust.

Fall 3: Sollten sich Hauptaktionär und Anfechtungskläger nicht einigen, entscheidet das zuständige Prozessgericht im Rahmen des Freigabeverfahrens[564] in Periode t = 2 über den Vollzug der Maßnahme. Annahmegemäß wird der Freigabebeschluss durch das Prozessgericht in Periode t = 2 mit Sicherheit erlassen, weil die Anfechtungsklagen i.S.d. § 16 Abs. 3 Nr. 1 UmwG offensichtlich unbegründet[565] sind. Da ein Rechtsmissbrauch selten augenfällig ist und derartige Anfechtungsklagen als offensichtlich unbegründet abgewiesen werden, wird auf das Freigabekriterium Unbegründetheit abgestellt.[566] Der Cashflow-Abschlag in Periode 2 ist entsprechend dem Cashflow-Abschlag der ersten Periode definiert. Er reduziert den Fusions-Cashflow in vollständiger Höhe ($x^{a+b} - \gamma_1 = 0$).

Der Fusions-Cashflow der folgenden Perioden verringert sich um den mit der Wachstumsrate g multiplizierten Betrag des Cashflow-Abschlages (γ_2): $(1 + g)\gamma_2$. Der Cashflow-Abschlag ist in folgender Höhe definiert:

$$(42) \quad 0 < \gamma_2 < \frac{x^{a+b}}{(1+g)}.$$

Den zustandsabhängigen chronologischen Ablauf der geschilderten Vorfälle verdeutlicht nachfolgende Grafik:[567]

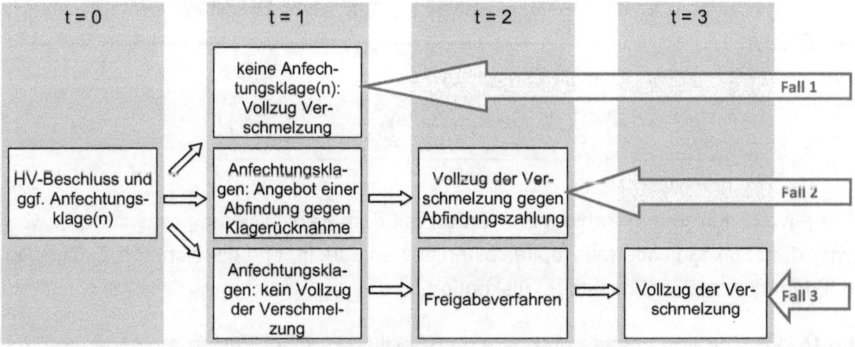

Abbildung 8: Zustandsabhängiger chronologischer Ablauf der Verschmelzung

Die Höhe des Fusions-Cashflows (x^{a+b}) ist davon abhängig, in welcher Periode die Verschmelzung vollzogen wird. Die Wahrscheinlichkeit anhängiger Anfechtungskla-

564 Gemäß § 16 Abs. 3 UmwG.

565 Die Unbegründetheit liegt auch bei rechtsmissbräuchlichen Anfechtungsklagen vor. Vgl. etwa Sauerbruch (2008), S. 53.

566 Vgl. § 16 Abs. 3 Nr. 1 UmwG.

567 Die zugrunde gelegte Systematik der Untersuchung aktienrechtlicher Anfechtungsklagen im Rahmen eines Drei-Perioden-Modells ist an die von Rosenberg / Shavell (1985) angelehnt.

gen beträgt (*1 - p*) und die Wahrscheinlichkeit einer Einigung in Periode 2 ist (*y*). Die Einigungswahrscheinlichkeit wird durch die Höhe der Preisforderung dahingehend beeinflusst, dass diese entweder $y = 1$ (Preisforderung liegt im Einigungsbereich) oder $y = 0$ (Preisforderung liegt außerhalb des Einigungsbereiches) ist. Der nachfolgende Zustandsbaum verdeutlicht die eben beschriebenen Sachverhalte:

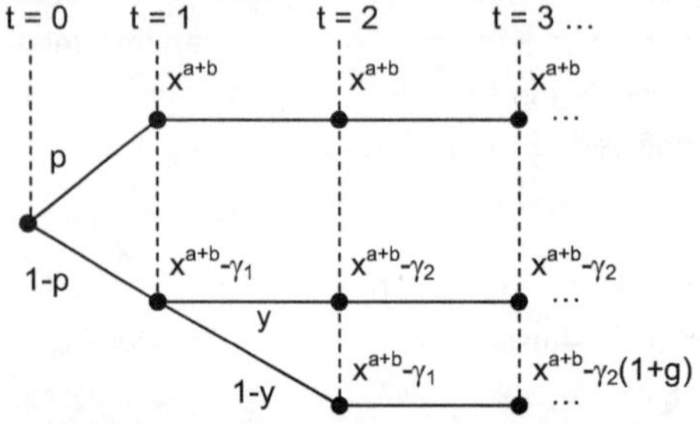

Abbildung 9: Zustandsabhängiger Fusions-Cashflow

In Abhängigkeit von Klage- und Einigungswahrscheinlichkeit berechnet sich der Barwert des erwarteten Fusions-Cashflows wie folgt:

$$(43)\quad V_0^{a+b}(p,y) = \frac{p\left(x^{a+b}+\frac{x^{a+b}}{r_f}\right)+(1-p)\left[\left(x^{a+b}-\gamma_1\right)+\frac{1}{(1+k)}\left(y\left(\left(x^{a+b}-\gamma_2\right)+\frac{x^{a+b}-\gamma_2}{r_f}\right)+(1-y)\left(\left(x^{a+b}-\gamma_1\right)+\frac{x^{a+b}-\gamma_2(1+g)}{r_f}\right)\right)\right]}{(1+k)}$$

$$= \frac{p\left(x^{a+b}+\frac{x^{a+b}}{r_f}\right)+\frac{(1-p)}{(1+k)}\left(y\left(x^{a+b}-\gamma_2+\frac{x^{a+b}-\gamma_2}{r_f}\right)+(1-y)\left(\frac{x^{a+b}-\gamma_2(1+g)}{r_f}\right)\right)}{(1+k)}.$$

Die jeweils unsicheren Zahlungen werden mit dem Kapitalisierungszinssatz (k), welcher dem risikoadjustierten Kapitalkostensatz entspricht, und die sicheren Zahlungen mit dem risikofreien Zinssatz (r_f) diskontiert.[568]

Im Modell wird von erwarteten positiven Rückflüssen einer Fusion ausgegangen, da unterstellt wird, dass bei erwarteten negativen Rückflüssen[569] eine Verschmelzung vom beherrschenden Aktionär nicht angestrebt wird. Die Anfechtungsklage wird nicht als Instrument zur Blockade unvorteilhafter Fusionen aufgefasst.

Es wird weiterhin unterstellt, dass die Information zwischen beherrschendem Aktionär und den übrigen Aktionären, die an den zu verschmelzenden Rechtsträgern be-

[568] Vgl. Kruschwitz (2007), S. 187 - 188.
[569] Zur Relevanz negativer Synergieeffekte vgl. Küting (1981), S. 178 - 180.

teiligt sind, gleichverteilt ist. Alle Aktionäre sind über die Höhe der Verschmelzungskosten (*-A*), über die Höhe des erwarteten Fusions-Cashflows und über die Höhe der erwarteten Cashflow-Abschläge vollständig informiert. Das Management des untergehenden Rechtsträgers wird personell von der beherrschenden Gesellschaft besetzt und agiert entsprechend deren Zielvorgaben. Im weiteren Verlauf wird Informationsasymmetrie in das Modell integriert. Das ist notwendig, um die Wirkung des aktienrechtlichen Anfechtungsrechts unter realitätsnäheren Bedingungen zu analysieren.[570]

Ferner gilt die Annahme der Verschmelzung von Tochter- auf die Muttergesellschaft. Der Hauptaktionär hält (λ_2) Anteile am untergehenden Rechtsträger. Die restlichen Minderheitsaktionäre sind jeweils in gleicher Höhe am Minderheitenanteil ($1 - \lambda_2$) beteiligt. Bei den Minderheiten wird eine unendlich feine und uniforme Beteiligungsstruktur unterstellt. Von der Möglichkeit des Squeeze-out[571] gemäß § 327a AktG oder der Eingliederung nach § 319 AktG oder sonstigen Alternativen zur Verschmelzung wird abstrahiert, da diesen Verfahren die Problematik der Anfechtung gleichfalls immanent ist.[572] Der künftige Fusions-Cashflow ist annahmegemäß unendlich fortwährend und jährlich gleichbleibend.[573] Die weiteren Prämissen zum Fusions-Cashflow sind identisch mit den Ausführungen in Abschnitt 4.2.3.

4.3.1.2. Abschöpfung des prognostizierten Fusions-Cashflows

Abhängig von der Wahrscheinlichkeit einer Klageerhebung berechnen sich nach Gleichungen (44 – 44b) die Kapitalwerte des zukünftigen Fusions-Cashflows zum Zeitpunkt t = 0 wie nachfolgend aufgeführt:

(44) [Fall 1] $-A_0 + V_0^{a+b}(p = 1) = -A_0 + \frac{x^{a+b}}{r_f};$

---

[570] Hier sei nochmals hervorgehoben, dass der Vorteil des Anfechtungsrechts aus ökonomischer Perspektive auch in der Senkung der Kontrollkosten der Minderheitsaktionäre besteht. Ein für die Gesellschaft nachteilig ausgestaltetes Anfechtungsrecht führt indes zu einer ausgedehnten rechtsmissbräuchlichen Anwendung und damit zur Wertschädigung. Die zu untersuchende Fragestellung ist, ob die ökonomischen Wirkungen unter neoklassischen Annahmen mit denen unter Geltung erweiterter Modellannahmen identisch sind.

[571] Zur Problematik des Squeeze-out vgl. auch Rudolph (2006), S. 517 - 518.

[572] Hinsichtlich des Ausschlusses von Minderheiten z.B. darf der Squeeze-out-Beschluss gemäß § 327e Abs. 2 AktG i.V.m. § 319 Abs. 5 AktG nicht in das Handelsregister eingetragen und vollzogen werden, wenn Anfechtungsklagen anhängig sind.

[573] Dies setzt voraus, dass die verschmolzene Gesellschaft ad infinitum besteht.

$$\text{(44a) [Fall 2]}\quad -A_0 + V_0^{a+b}(p \neq 1, y = 1) = -A_0 + \frac{p\left(x^{a+b} + \frac{x^{a+b}}{r_f}\right) + \frac{1-p}{1+r_f}\left(\frac{x^{a+b} - \gamma_2}{r_f}\right)}{(1+k)};$$

$$\text{(44b) [Fall 3]}\quad -A_0 + V_0^{a+b}(p \neq 1, y = 0) = -A_0 + \frac{p\left(x^{a+b} + \frac{x^{a+b}}{r_f}\right) + \frac{1-p}{1+r_f}\left(\frac{x^{a+b} - \gamma_2(1+g)}{r_f}\right)}{(1+k)}.$$

Ist in allen drei Fällen der Kapitalwert des Fusions-Cashflows größer als der Barwert des Konzern-Cashflows, so wird der beherrschende Aktionär die Verschmelzung beschließen. Die übrigen an der untergehenden Gesellschaft beteiligten Aktionäre sollten bereit sein, ihre Anteile gegen Anteile des aufnehmenden Rechtsträgers zu tauschen, wenn sich die inneren Werte der Aktien mindestens entsprechen:[574]

$$\text{(45)}\quad \frac{V_0^b}{N^b} \leq \frac{-A_0 + V_0^{a+b} + \frac{x^{a+b}}{r_f}(p=1)}{N^a + N^b}.$$

Aus der Relation dieser inneren Werte leitet sich der angemessene Umtauschkurs[575] (*UK*) aus Sicht des Anteilsinhabers ab:

$$\text{(46)}\quad UK_0 \geq \frac{\frac{V_0^b}{N^b}}{\frac{-A_0 + V_0^{a+b} + \frac{x^{a+b}}{r_f}(p=1)}{N^a + N^b}}.$$

Ist der Umtauschkurs unangemessen, hat der Aktionär des untergehenden Rechtsträgers nach § 15 Abs. 1 UmwG die Möglichkeit, vom aufnehmenden Rechtsträger einen Ausgleich durch bare Zuzahlung zu verlangen. Eine angemessene Zuzahlung wird auf Antrag durch das Gericht nach den Vorschriften des Spruchverfahrensgesetzes festgelegt.[576] Eine Klage gegen die Wirksamkeit des Verschmelzungsbeschlusses ist indes gemäß § 14 Abs. 2 UmwG ausgeschlossen. Einwände gegen die Kompensation, die lediglich auf einen zurückliegenden Börsenkurs der hingegebe-

[574] Zum verfassungsrechtlich gebotenen Schutz der Minderheitsaktionäre im Rahmen der Berechnung des Umtauschkurses vgl. BVerfG, Beschluss vom 25. 07. 2003, S. 2306. Der innere Wert der Anteile am untergehenden Rechtsträger muss dem inneren Wert der Anteile des übernehmenden Rechtsträgers entsprechen. Vgl. Lutter / Drygala (2004), § 5 UmwG, Anm. 18, und Stratz (2006), § 5 UmwG, Anm. 7.

[575] Das Umtauschverhältnis der Anteile ist die Relation der auf das einzelne Mitgliedschaftsrecht entfallenden anteiligen Unternehmenswerte des untergehenden Rechtsträgers zum aufnehmenden Rechtsträger. Die Anteile des aufnehmenden Rechtsträgers sind die Gegenleistung für das übertragene Vermögen im Wege der Gesamtrechtsnachfolge auf den übernehmenden Rechtsträger (§§ 2, 5 Abs. 1 Nr. 2 UmwG) und werden kraft Gesetzes den Anteilseignern des untergehenden Rechtsträgers gewährt (§ 20 Abs. 1 Nr. 3 UmwG).

[576] Vgl. Bork (2004), § 15 UmwG, Anm. 2 - 6; Gehling (2007), § 15 UmwG, Anm. 6 - 16, und Stratz (2006), § 15 UmwG, Anm. 3 - 6.

nen Anteile abstellen, sind für eine angemessene Ermittlung des Umtauschverhältnisses bedeutungslos, da es hier auf die Verschmelzungswertrelation ankommt, die auf der Grundlage einer zukunftsorientierten Bewertung der Unternehmen[577] zum maßgeblichen Stichtag der zustimmenden Hauptversammlung beruht.[578]

Rechtsmissbräuchlich agierende Aktionäre werden durch erhobene Anfechtungsklagen trotz eines angemessenen Umtauschverhältnisses bestrebt sein, gegen Rücknahme der Klage Teile des prognostizierten Fusions-Cashflows ($\lambda_2 \cdot x^{a+b}/r_f$) als Abfindungszahlung gegen Klagerücknahme abzuschöpfen. Die Barwerte des erwarteten Fusions-Cashflows und die Verzögerungseffekte unter Berücksichtigung verschiedener Zeitpunkte des Vollzuges finden sich in Tabelle 3 zusammengefasst:

	Barwert	Abschlagseffekt (AE)	Verzögerungseffekt (VE)	Blockadeeffekt (BE)
Fall 1	$\frac{x^{a+b}}{r_f}$	-	-	-
Fall 2	$\frac{x^{a+b}}{r_f}$	$\gamma_1 + \frac{\gamma_2}{r_f}$	$\frac{x^{a+b} - \gamma_2}{(1 + r_f)}$	$\gamma_1 + \frac{\gamma_2}{r_f} + \frac{x^{a+b} - \gamma_2}{(1 + r_f)}$
Fall 3	$\frac{x^{a+b}}{r_f}$	$\gamma_1 + \frac{g\gamma_2}{r_f}$	$\frac{x^{a+b} - (1 + g)\gamma_2}{(1 + r_f)}$	$\gamma_1 + \frac{g\gamma_2}{r_f} + \frac{x^{a+b} - (1 + g)\gamma_2}{(1 + r_f)}$

Tabelle 3: Barwerte des Fusions-Cashflows und Verzögerungsverlust

Die Höhe der Cashflow-Abschläge γ_2 aus den Perioden t = 1 und t = 2 unterscheiden sich um die Wachstumsrate *g*. Unter Berücksichtigung von Abschlagseffekt (*AE*) und Verzögerungseffekt (*VE*) entspricht der Preis (P_1^{max}), den der beherrschende Aktionär in Periode 1 maximal für die Rücknahme der Klage zu zahlen bereit ist, dem anteiligen Blockadeeffekt (*BE*) in Periode 2:[579]

$$(47) \quad BE_2 = P_1^{max} \leq \lambda_2 \left(\gamma_1 + \frac{g\gamma_2}{r_f} + \frac{x^{a+b} - (1 + g)\gamma_2}{1 + r_f} \right).$$

[577] Vgl. OLG Düsseldorf, Beschluss vom 20.11.2001, S. 783.

[578] Der Stichtag für die Bewertung der Anteile ist gesetzlich nicht bestimmt. Die h.M. befindet den Tag der Beschlussfassung der Anteilsinhaber der beteiligten Rechtsträger für maßgeblich. Vgl. Lutter / Drygala (2004), § 5 UmwG, Anm. 21.

[579] Die Preisobergrenze ist der dem beherrschenden Aktionär zustehende anteilige Fusions-Cashflow, welcher bei einem Vollzug der Maßnahme in Periode 2 realisiert werden kann, abzüglich des Wertes des ihm in Periode 3 zustehenden realisierbaren Fusions-Cashflows. Wird dieser Preis bezahlt, erhält der klagende Aktionär einen Anteil des Fusions-Cashflows des beherrschenden Aktionärs. Der Mehrheitsaktionär wird einen Preis zu zahlen bereit sein, der marginal unterhalb seines anteiligen Fusions-Cashflows in Periode 3 liegt. Zur Berechnung der Blockadeeffekte in Periode 1 und 2 wird auf die Anlage 3 verwiesen.

Die Preisobergrenze reagiert c.p. auf eine marginale Erhöhung des Cashflow-Abschlages γ_2 und der Wachstumsrate *g* jeweils positiv. Der beherrschende Aktionär wird jeweils zu höheren Abfindungszahlungen bereit sein:[580]

$$(48)\quad \frac{\partial P_1^{max}}{\partial \gamma_2} = \frac{g}{r_f} - \frac{(1+g)}{(1+r_f)} > 0\;;\quad \frac{\partial P_1^{max}}{\partial \gamma_2} = 1\;;\quad \frac{\partial P_1^{max}}{\partial g} = \frac{\gamma_2}{r_f} - \frac{\gamma_2}{1+r_f} > 0\;;\quad \text{für } g > r_f\,.$$

Die Sensitivität der Preisobergrenze ist für die Veränderungen der entsprechenden Parameterwerte in Tabelle 4 dargestellt. Die Erhöhung des Fusions-Cashflows und damit auch des Cashflow-Abschlags γ_1 bewirkt eine Erhöhung der Preisobergrenze (vgl. Tabelle 4, Fall 1). Auch die Steigerung des Cashflow-Abschlags γ_2 führt zur Erhöhung der Preisobergrenze (vgl. Tabelle 4, Fall 2). Voraussetzung für eine Erweiterung der Preisobergrenze infolge der Erhöhung des Cashflow-Abschlages ist, dass die Wachstumsrate *g* größer als der risikofreie Zinssatz ist (vgl. Tabelle 4, Fall 3). Bei einer Wachstumsrate von *g = 0* bewirkt eine Erhöhung von γ_2 eine Senkung der Preisobergrenze (vgl. Tabelle 4, Fall 4). Die Erhöhung der Wachstumsrate hat unter gleichbleibendem Cashflow-Abschlag γ_2 ebenfalls eine Erhöhung der Preisobergrenze zur Folge (vgl. Tabelle 4, Fall 5). Bei einer Erhöhung des Cashflows um 6,48 GE in Periode 2 ist der beherrschende Aktionär nicht bereit, dem Anfechtungskläger eine Abfindung für die Rücknahme der Klage zu zahlen, da der Abschlagseffekt vom Verzögerungseffekt kompensiert wird (vgl. Tabelle 4, Fall 6)[581].

Fall	x^{a+b} in GE	γ_1 in GE	γ_2 in GE	r_f	g	AE in GE	VE in GE	P_1^{max} in GE
1	10,00	10,00	1,00	0,05	0,20	14,00	8,38	**22,38**
	10,10	*10,10*	1,00	0,05	0,20	14,10	8,48	**22,58**
2	10,00	10,00	1,00	0,05	0,20	14,00	8,38	**22,38**
	10,00	10,00	*1,10*	0,05	0,20	14,40	8,27	**22,67**
3	10,00	10,00	1,00	0,05	*0,05*	11,00	8,52	**19,52**
	10,00	10,00	*1,10*	0,05	*0,05*	11,10	8,42	**19,52**
4	10,00	10,00	1,00	0,05	0,00	10,00	8,57	**18,57**
	10,00	10,00	*1,10*	0,05	0,00	10,00	8,47	**18,47**
5	10,00	10,00	1,00	0,05	0,20	14,00	8,38	**22,38**
	10,00	10,00	1,00	0,05	*0,21*	14,20	8,37	**22,57**
6	10,00	10,00	-6,83	0,05	0,20	-17,32	17,32	0,00

Tabelle 4: Sensitivität der Preisobergrenze

Der anteilige Blockadeeffekt ist aufgrund der Splitterbeteiligung des Anfechtungsklägers so geringfügig, dass dieser seiner Klageentscheidung lediglich die Transakti-

[580] Vgl. zur Berechnung Anlage 4.

[581] Zur Berechnung vgl. Anlage 5.

onskosten T_0, die bei Klageeinreichung in Periode t = 0 entstehen, zugrunde legt.[582] Der vom Anfechtungskläger geforderte Mindestpreis P_1^{min} ist so hoch, dass der Kapitalwert der Anfechtung größer null ist:

$$(49) \quad 0 > -T_0 + \frac{P_1^{min}}{(1 + r_f)} \leftrightarrow P_1^{min} > T_0(1 + r_f).$$

Der Anfechtungskläger wird in Periode 0 in jedem Fall unabhängig von der Höhe anfallender Prozesskosten Anfechtungsklage erheben und eine Abfindung fordern. Dies liegt daran, dass der Blockadeeffekt für den beherrschenden Aktionärs größer ist als die vom Anfechtungskläger aufzubringenden Transaktionskosten[583]. Wesentlicher Teil der Transaktionskosten ist die Verfahrensgebühr,[584] die bei Einreichung der Klageschrift in voller Höhe zu leisten ist.[585] Der beherrschende Aktionär wird die Preisforderung begleichen, weil er seiner Entscheidung ausschließlich das Kapitalwertkalkül[586] zugrunde legt und mit Begleichung der Forderung ein weiteres Ansteigen des Blockadeeffektes und hiermit eine weitere Verringerung des Barwerts des Fusions-Cashflows verhindern kann.[587] Im Entscheidungskalkül des beherrschenden Aktionärs werden Drohungen oder langfristige Reputationseffekte wegen einer generellen Nichtzahlungsbereitschaft vernachlässigt.[588] Solange die Preisforderung im Einigungsbereich liegt, wird es daher mit einer Wahrscheinlichkeit von $y = 1$ zu einer Abfindungszahlung kommen.[589] Anders gesprochen: Wenn der Grenzpreis des Anfech-

---

582 Zur Nichtwesentlichkeit des anteiligen Verzögerungsverlustes vgl. etwa Sauerbruch (2008), S. 149, und Schlaus (1988), S. 114.

583 Zu den Transaktionskosten gehören auch die Kosten für die Durchsetzung eines Vertrages bei Streitigkeiten. Vgl. Göbel (2002), S. 129 - 130. Damit sind die bei Klageeinreichung fälligen Verfahrensgebühren Kosten zur Durchsetzung des individuellen Kontrollrechts von Hauptversammlungsbeschlüssen.

584 Gemeint ist die Verfahrensgebühr gemäß §§ 2,13 i.V.m. Nr. 3100 VV RVG.

585 Vgl. OLG Koblenz, Beschluss vom 22. 04. 2005, S. 661 - 662. Die Verfahrensgebühr soll die Anrufung des Gerichts als Pauschalgebühr verteuern und somit überflüssigen Prozessen vorbeugen.

586 Der Barwert, unter Berücksichtigung einer Anfangsauszahlung der Kapitalwert, repräsentiert am besten die finanzielle Wertschätzung, die ein Erwerber mit dem Unternehmen verbindet. Vgl. Kuhner / Maltry (2006), S. 48 - 49. Demzufolge wird der beherrschende Aktionär das Kapitalwertkalkül auch vorrangig bei der Bewertung potenzieller Synergieeffekte zugrunde legen. Zum Kapitalwertkalkül in der Unternehmensbewertung vgl. Gröger (2009), S. 49 - 61, Günther (1998), S. 1835, und Rhiel (2000), S. 551.

587 Vgl. Sauerbruch (2008), S. 149 - 150.

588 Ließe sich der beherrschende Aktionär nicht erpressen und würde zum aktuellen Zeitpunkt Verluste in Kauf nehmen, würden Anfechtungskläger zukünftig keine Klagen erheben. Langfristig könnten Verzögerungsverluste vermieden werden. Bezüglich des Ausschlusses von Drohungen vgl. Rosenberg / Shavell (1985), S. 6.

589 Vgl. Rosenberg / Shavell (1985), S. 7.

tungsklägers[590] kleiner als der Grenzpreis des beherrschenden Aktionärs ist, werden sich beide auf eine Abfindungszahlung einigen.

Die Einigung beider Parteien ist Pareto-optimal.[591] Die durch die rechtliche Ausgestaltung der Anfechtungsklage generierten Strategien und die Grenzpreisfestlegung der Akteure werden im nachfolgenden Abschnitt anhand eines Spiels in extensiver Form ausführlich dargestellt. Hinsichtlich der Vernachlässigung der Prozesskosten sei angemerkt, dass der potenzielle Anfechtungskläger lediglich dann Abfindungszahlung und Prozesskosten mit den entsprechenden Eintrittswahrscheinlichkeiten gewichtet und in seiner Entscheidung berücksichtigt, wenn der beherrschende Aktionär neben der Höhe der Abfindungsforderung auch andere Kalküle in seine Entscheidung mit einbezieht bzw. wenn die Höhe des Blockadeeffektes dem Anfechtungskläger nicht bekannt ist. In diesem Fall wird eine empirische Wahrscheinlichkeit *s* ermittelt, mit der die künftigen Zahlungen gewichtet werden. Auf Grundlage des so berechneten Kapitalwertes trifft der potenzielle Anfechtungskläger dann seine Entscheidung.

4.3.2. Blockadestrategie und Abfindungszahlung als teilspielperfektes Gleichgewicht

4.3.2.1. Blockadestrategie unter Geltung neoklassischer Modellannahmen

In der Preisverhandlung wird angenommen, dass der klagende dem beherrschenden Aktionär eine Preisforderung für die Klagerücknahme unterbreitet.[592] Der beherrschende Aktionär wird das akzeptieren. Eine Nachverhandlung gibt es annahmegemäß nicht. Die Höhe des Einigungspreises wird bei vollständiger Information ausschließlich von der Höhe des Blockadeeffektes determiniert. Wegen der Annahme vollständiger Information und unterstellten rationalen Verhaltens[593] der Akteure ist eine Abfindungszahlung sicher.[594] Der beherrschende Aktionär ist bestrebt, die Verschmelzung ungeachtet des Anfechtungsrisikos durchzuführen, solange der Kapital-

[590] Der Grenzpreis des Anfechtungsklägers ist der Geldbetrag, den er mindestens verlangen muss, um seine wirtschaftliche Situation nicht zu verschlechtern. Zum Grenzpreis des Verkäufers vgl. Gröger (2009), S. 16, und Kuhner / Maltry (2006), S. 56.

[591] Vgl. Rappaport (1999), S. 164 - 165.

[592] Weil der Anfechtungskläger die Höhe des anteiligen Blockadeeffektes kennt, ist dessen Verhandlungsmacht stärker und er kann den Einigungspreis bestimmen.

[593] Eine Zustimmung des beherrschenden Aktionärs ist im neoklassischen Kontext rational, wenn die Preisforderung den Grenzpreis des beherrschenden Aktionärs nicht übersteigt. Die Einigung muss die wirtschaftliche Situation des beherrschenden Aktionärs gegenüber einer weiteren Verzögerung verbessern. Zum neoklassischen Rationalitätsprinzip vgl. Kirchgässner (1991), S. 17.

[594] Der Einigungspreis entspricht der Höhe des Grenzpreises des beherrschenden Aktionärs.

wert der Verschmelzung trotz eines verspäteten Vollzuges der Maßnahme positiv ist.[595] Der rechtsmissbräuchlich agierende Minderheitsaktionär, der annahmegemäß nicht am langfristigen Unternehmenserfolg und nicht an der Realisierung des maximal möglichen Fusions-Cashflows interessiert ist, wird anfechten, um einen überproportional zu seinem Beteiligungsverhältnis stehenden Anteil am Fusions-Cashflow in Form einer Abfindungszahlung abzuschöpfen, solange der Kapitalwert der Anfechtung positiv ist.[596]

Im Folgenden wird anhand eines Spiels in extensiver Form gezeigt, dass die Ausgestaltung der aktienrechtlichen Anfechtungsklage bei rechtsmissbräuchlich agierenden Minderheitsaktionären die Blockadestrategie generiert, da durch Erhebung und anschließender Rücknahme der Anfechtungsklage die Auszahlung an den Anfechtungskläger maximiert werden kann.[597] Der mit der Dauer des Aufschubs zunehmende Blockadeeffekt[598] setzt den beherrschenden Aktionär unter Druck, dem Anfechtungskläger eine Abfindung zu zahlen. Es handelt sich hierbei um ein mehrstufiges Spiel, da die modellierte Situation Entscheidungssequenzen aufweist.[599] Die Betrachtungszeitpunkte der Auszahlungen sind t = 0 und t = 1.

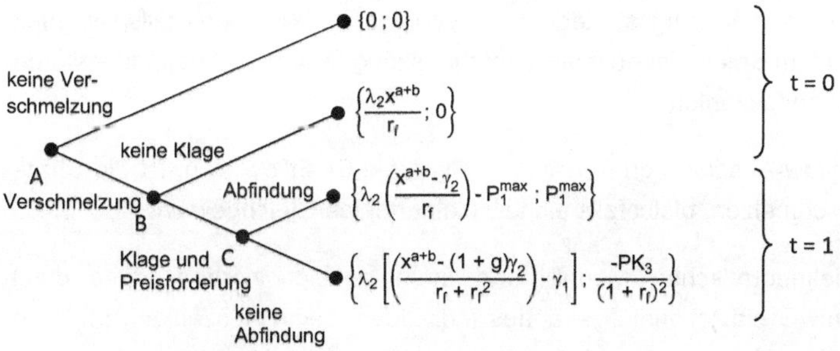

Abbildung 10: Teilspielperfektes Gleichgewicht bei vollständiger Information[600]

Das Gesamtspiel weist zwei nicht triviale Teilspiele (Γ_B) und (Γ_C) auf.[601] Die Strategien des Spielers 1 (beherrschender Aktionär) am Entscheidungspunkt A sind Ver-

[595] Vgl. Gleichungen 43a - 43c.

[596] Zum Klageanreiz vgl. Rosenberg / Shavell (1985), S. 4 - 5.

[597] In Anlehnung an das Modell von Rosenberg / Shavell (1985), S. 4.

[598] Der Blockadeeffekt ist hinsichtlich seines Charakters mit den Verteidigungskosten im Modell *Rosenberg / Shavell* vergleichbar. Vgl. Rosenberg / Shavell (1985), S. 4.

[599] Vgl. Pindyck / Rubinfeld (2005), S. 641 - 644.

[600] Hinsichtlich der Auszahlung an den Anfechtungskläger ist zu beachten, dass sein anteiliger Synergie-Cashflow vernachlässigt wird. Aus diesem Grund beträgt seine Auszahlung bei der Strategiewahl *keine Klage* null.

schmelzung oder keine Verschmelzung. Am Entscheidungspunkt C hat Spieler 1 die Wahl, die Preisforderung zu akzeptieren oder abzulehnen. Nicht zu klagen oder zu klagen und eine Abfindung einzufordern sind die Strategien des Spielers 2 (Minderheitsaktionär) am Entscheidungspunkt B. Die Strategien Verschmelzung und keine Klage sind nicht teilspielperfekt, weil für das Teilspiel, welches im Knoten B beginnt, Klage und Preisforderung die optimale Antwort des missbräuchlich agierenden Aktionärs auf die Entscheidung des beherrschenden Aktionärs[602] und für das Teilspiel, welches im Knoten C beginnt, die Abfindungszahlung die optimale Antwort des beherrschenden Aktionärs auf die Entscheidung des Anfechtungsklägers im Knoten B ist.

Der Anfechtungskläger erhebt Anfechtungsklage, da er im Entscheidungspunkt B bereits antizipiert, dass eine außergerichtliche Einigung für den beherrschenden Aktionär bei anhängiger Anfechtungsklage im Vergleich zum gerichtlichen Freigabeverfahren optimal ist. Die Transaktionskosten, welche in t = 0 anfallen, werden im Weiteren als sunk costs betrachtet, d.h., diese werden bei zukünftigen Zahlungen an den Anfechtungskläger nicht berücksichtigt.[603]Der beherrschende Aktionär weicht von der Strategie Verschmelzung nicht ab, da in jedem Teilspiel (Γ_B) und (Γ_C) eine Abweichung von der Verschmelzungsstrategie nicht optimal ist.[604] Einziges teilspielperfektes Gleichgewicht im Spiel Γ ist deshalb Verschmelzung, Klage und Abfindungsforderung sowie Abfindungszahlung.[605]

Sollte der Cashflow-Abschlag größer als der Synergie-Cashflow sein, ist die Strategie nicht zu verschmelzen, gleichfalls ein teilspielperfektes Gleichgewicht.

Mit dieser spieltheoretischen Modellierung kann gezeigt werden, dass durch § 16 Abs. 2 UmwG ein rational agierendes Individuum seine Auszahlung maximieren wird, indem es in jedem Fall Anfechtungsklage erhebt. Dies ist zunächst von

[601] Der Teil des Spiels, der jeweils in A und in B beginnt, ist ausschließlich über diese Knoten mit dem restlichen Teil des Spiels verknüpft. Alle Informationen des Spiels Γ sind vollständig in den Teilspielen Γ_B und Γ_C enthalten, d.h., beherrschender Aktionär und Minderheitsaktionäre sind über die den Teilspielen vorausgehenden Entscheidungen vollständig informiert. Vgl. Holler / Illing (2006), S. 109.

[602] Hierbei wird unterstellt, dass es nicht zu einer Zunahme des Synergie-Cashflows in Periode t = 3 kommt.

[603] Die Transaktionskosten wurden in der Berechnung der Preisuntergrenze bereits berücksichtigt. Deshalb sind alle Abfindungspreise im Einigungsbereich für den Anfechtungskläger vorteilhaft.

[604] Es wird vorausgesetzt, dass der Kapitalwert der Verschmelzung trotz anhängiger Anfechtungsklage positiv ist.

[605] Vgl. Holler / Illing (2006), S. 110 - 112.

Prozesskosten unabhängig,[606] da der Anfechtungskläger über die Höhe des Verzögerungsverlustes informiert ist und nur dann Anfechtungsklage erhebt, wenn der beherrschende Aktionär durch die Verzögerung einen finanziellen Verlust erleidet, der größer als die geforderte Abfindungszahlung ist.[607] Empirisch wurde belegt, dass bis zu 77,9% der Anfechtungs- und Nichtigkeitsklagen im Zeitraum 11/2005 bis 05/2007 durch Vergleich beendet wurden. Die Rechtstatsächlichkeit bestätigt das teilspielperfekte Gleichgewicht.[608] Inwieweit Informationsasymmetrie und andere Entscheidungskalküle des beherrschenden Aktionärs zu einer Abweichung führen, wird nachfolgend erläutert.

4.3.2.2. Aufhebung der Blockadestrategie unter neoklassischen Modellannahmen

Eine Variante, die Blockadestrategie aufzuheben, ist die sog. Mindestbeteiligung bzw. Bagatellgrenze, die als Reformansatz diskutiert[609] und letztlich auch im Zuge des ARUG umgesetzt wurde.[610] Eine Bagatellgrenze bzw. eine Mindestbeteiligung ist ökonomisch ungeeignet, die Blockadestrategie zu beheben, weil die Höhe der Anfangsauszahlung in Form des Beteiligungskaufes nicht entscheidungsrelevant ist. Die Anfangsauszahlung sind sog. sunk costs[611]. Der potenzielle Anfechtungskläger legt ein Beteiligungsportfolio an und wartet auf die Gelegenheit zu klagen.[612] Er wird klagen, sobald der Kapitalwert der Anfechtungsklage positiv ist.

Wie bereits erwähnt, stellen die Transaktionskosten und nicht die Anschaffungskosten der Beteiligung die Anfangsauszahlung in t = 0 dar. Da der sog. Berufskläger mit seinem Beteiligungsportfolio mehrfach die Möglichkeit hat, im Zeitablauf Anfechtungsklage zu erheben, sind auch Beteiligungen mit höheren Anschaffungskosten

---

606 Die Klagekosten bleiben i.d.R. immer hinter den erzielten Vergleichssummen zurück. Die rechtsmissbräuchlichen Anfechtungskläger klagen deshalb mit Sicherheit. Vgl. Sauerbruch (2008), S. 160.

607 Analog zu Rosenberg / Shavell (1985), S. 6. Zwar wird der Anfechtungskläger in einem Prozess mit Sicherheit unterliegen, aber der beherrschende Aktionär kann seinen Verlust durch eine Einigung verringern. Der Sachverhalt läge anders, wenn der Anfechtungskläger zum Schadensersatz verpflichtet ist. Weil der Rechtsmissbrauch nicht augenfällig ist, ist die Wahrscheinlichkeit dessen Nachweises annahmegemäß null. Die Verschmelzung wird aufgrund der offensichtlichen Unbegründetheit der Klage mit Sicherheit freigegeben und ins Hauptsacheverfahren abgewiesen.

608 Vgl. Theisen / Raßhofer (2007), S. 108 - 109.

609 Vgl. Schlaus (1988), S. 117; Waclawik (2006), S. 2184; Noack (2008), S. 446; Poelzig (2008), S. 1539 - 1541, und Waclawik (2008), S. 1143.

610 Vgl. ARUG, S. 2489, Artikel 4 Nr. 2 Buchstabe c), Nr. 2.

611 Da die Anschaffungskosten der Beteiligung für die Entscheidung des Anfechtungsklägers in t = 0 nicht ausschlaggebend sind, stellen diese entscheidungsirrelevante Kosten, sog. sunk costs, dar.

612 Vgl. Waclawik (2006), S. 2178.

über die Totalperiode durchaus lukrativ. Eine Möglichkeit, das teilspielperfekte Gleichgewicht wirksam aufzuheben, ist die Erhöhung der Transaktionskosten um eine Zusatzgebühr (D_t).[613] Aus ökonomischer Perspektive führt das zu einer Erhöhung der Anfangsauszahlung, welche die Höhe des Kapitalwertes der Anfechtungsklage beeinflusst:

$$(50) \quad KW_0^P = -D_0 - T_0 + \frac{P_1^{max}}{(1 + r_f)} .$$

Die zusätzliche Gebühr muss in der Höhe festgesetzt werden, dass der Kapitalwert der Anfechtung negativ wird, d.h. in Höhe der diskontierten Preisobergrenze abzüglich der Transaktionskosten für die Klageeinreichung. Der potenzielle Anfechtungskläger wird dann nicht in die Klageausübung investieren. Im Rahmen des Reformvorschlages von Baums[614] erscheint eine zusätzliche Gebühr de lege ferenda auch gerechtfertigt, da der Anfechtungskläger die Aussetzung der Eintragung beantragen muss. Dies wäre ein Freigabeverfahren auf Antrag des Anfechtungsklägers.[615] De lege lata ist eine zusätzliche Gebühr zu der bereits zu entrichtenden Verfahrensgebühr[616] schwerlich zu rechtfertigen.

Weiterer Vorteil der Regelung ist, dass sich bei begründeten Sammelklagen die Gebühren auf die Kläger aufteilen.[617] Damit ist die Möglichkeit einer gerichtlichen Überprüfung von Hauptversammlungsbeschlüssen mit vorübergehender Blockade weiterhin gewährleistet.[618] Jedoch würde der Individualrechtsschutz wohl zu einem faktischen Minderheitenschutz verkommen. Hinsichtlich rechtsmissbräuchlich erhobener Anfechtungsklagen ist anzumerken, dass die Gebührenaufteilung einer Zurückdrängung nicht entgegensteht, weil die individuellen Kapitalwerte der Anfechtung null

[613] Auch *Sauerbruch* vertritt die Ansicht, dass es zur Vermeidung rechtsmissbräuchlicher Anfechtungsklagen wesentlich ist, die Asymmetrie der Erwartungswerte zu verringern. Vgl. Sauerbruch (2008), S. 162. Das italienische Recht kann bei Anfechtungsklagen die Hinterlegung einer angemessenen Kaution für eventuell zu leistende Schadensersatzansprüche verlangen. Vgl. Art. 2377 Abs. 3 c.c.

[614] Vgl. Baums (2000), S. F169 - F177.

[615] Vgl. Baums (2000), S. F176.

[616] Vgl. §§ 2,13 i.V.m. Nr. 3100 VV RVG.

[617] Sollte der Hauptversammlungsbeschluss in der Tat nicht rechtmäßig sein, werden entsprechend viele Minderheitsaktionäre Anfechtungsklage erheben.

[618] Nicht rechtsmissbräuchlich agierende Minderheiten haben den Beteiligungsertrag im Auge und erheben lediglich dann Anfechtungsklage, wenn dieser zukünftig als gefährdet erscheint bzw. wenn die Opportunitätskosten eines alternativen oder geänderten Hauptversammlungsbeschlusses zu hoch sind. Sie werden genau dann anfechten, wenn sie trotz der anfallenden Gebühren ihre wirtschaftliche Situation verbessern können und wenn die Erfolgsaussichten der Klage entsprechend hoch sind.

oder kleiner werden.[619] Sollten sich die Berufskläger gegenseitig Klagebeistand in der Form gewähren, dass jeweils nur einer oder wenige die Abfindung einbehalten, ist die Wirksamkeit eines derartigen Vorschlags nicht gewährleistet. Dennoch würde dies einen zusätzlichen Verwaltungsaufwand für die potenziellen Anfechtungskläger bedeuten und deren Transaktionskosten erhöhen.

Die Einführung von Anfechtungsgebühren widerspricht jedoch, wie bereits erwähnt, der Schutzbedürftigkeit des einzelnen Aktionärs, da dieser nur unter einem nicht beteiligungsadäquaten finanziellen Aufwand bzw. unter Hinzuziehung einer entsprechend großen Zahl von Mitklägern die gerichtliche Überprüfung beschlossener Maßnahmen anordnen kann. Alternativ hierzu ist es möglich, die Anfechtungsgebühren bei nachweislich rechtsmissbräuchlich erhobenen Klagen nach Prozessbeendigung als Schadensersatz geltend zu machen.[620] Dies ist aber kein Novum, da bereits das LG Frankfurt einen Anfechtungskläger zu Schadensersatz verurteilte. Der Tatbestand des Missbrauchs wurde so definiert, dass der Anfechtende mit Klageerhebung das Ziel verfolgt, ihm nicht zustehende Sonderleistungen zu erlangen. Dies ist der Fall, wenn er die Klage gegen Zahlung einer Abfindung zurückzieht. Das Gericht leitete die Haftung des Anfechtungsklägers aus § 826 BGB ab.[621] Die Sittenwidrigkeit folgt aus der Relation des verwendeten Mittels zum angestrebten Zweck unter Missbrauch einer ihm vom Gesetz eingeräumten Position.[622] Der Missbrauchstatbestand war wegen des vom Anfechtungskläger schriftlich zugestellten Vergleichsvorschlages an die beklagte Gesellschaft offensichtlich.

Einerseits hat eine grundsätzliche Schadensersatzpflicht abschreckende Wirkung hinsichtlich der Geltendmachung der durch den Hauptversammlungsbeschluss verletzten Mitgliedschaftsrechte. Der Normzweck der Anfechtungsklage, nämlich die Rechtmäßigkeitskontrolle von Hauptversammlungsbeschlüssen, würde zumindest faktisch eingeschränkt. Da die Anfechtungsklage aber nur in Ausnahmefällen als rechtsmissbräuchlich angesehen werden kann, wären andererseits der Nachweis eines offensichtlichen Rechtsmissbrauchs und die Verurteilung zum Schadensersatz nicht mit Sicherheit gewährleistet. Festzuhalten bleibt, dass weder zusätzliche Gebühren noch generelle Schadensersatzansprüche die Problematik rechtsmissbräuchlicher Anfechtungsklagen beheben.

---

[619] Weil die Anfechtungskläger auf die Abfindungszahlung und nicht auf den anteiligen Synergie-Cashflow abzielen, ist eine Klage für sie nicht vorteilhaft: Sowohl die Abfindungszahlung als auch die zusätzlichen Gebühren werden auf die Kläger gleich verteilt.

[620] Vgl. Sauerbruch (2008), S. 197.

[621] § 826 BGB beinhaltet die sittenwidrige vorsätzliche Schädigung. Zum Schadensersatz ist verpflichtet, wer in einer gegen die guten Sitten verstoßenden Weise einem anderen vorsätzlich Schaden zufügt.

[622] Vgl. LG Frankfurt am Main, Urteil vom 02.10.2007, S. 2363.

4.3.2.3. Blockadestrategie unter Geltung erweiterter Modellannahmen

Im Folgenden werden die restriktiven neoklassischen Modellannahmen erweitert, um den Einfluss der Klagemöglichkeit auf die Strategien der Akteure realitätsnäher zu untersuchen. Diese Annahmen sind Informationsasymmetrie und die Berücksichtigung langfristiger Reputationseffekte im Entscheidungskalkül des beherrschenden Aktionärs.[623]

Aufgrund der Informationsasymmetrie hinsichtlich des eintretenden Blockadeeffekts sind die erwarteten Prozesskosten für den potenziellen Anfechtungskläger entscheidungsrelevant. Hinsichtlich der Prozesskosten ist anzumerken, dass der Schutz des Kleinaktionärs eine Begrenzung des Regelstreitwertes[624] erfordert und eine Streitwertspaltung[625] gewährt.[626] Die Ungleichbehandlung der Prozessparteien nach § 247 Abs. 2 AktG wird mit der Zielsetzung gerechtfertigt, der sozial schwächeren Partei die Anfechtung von Hauptversammlungsbeschlüssen zu ermöglichen.[627] Die Geringfügigkeit möglicherweise entstehender Prozesskosten trägt zum rechtmissbräuchlichen Gebrauch der Anfechtungsklage bei, da dies zur Asymmetrie negativer Erwartungswerte führt.[628] Von eventuellen Schadensersatzforderungen[629] infolge unzulässiger und unbegründeter Anfechtungsklagen wird abstrahiert.

Annahmegemäß werden das Hauptsache- und das Freigabeverfahren zusammen in Periode t = 3 verhandelt. Die Prozesskosten der Periode t (PK_t) setzen sich demzufolge aus den Prozesskosten des Freigabe- und des Hauptsacheverfahrens zusammen. Beide muss die unterliegende Partei gemäß § 91 Abs. 1 ZPO tragen. Der Beschluss ergeht durch das Oberlandesgericht.[630] Die relative Häufigkeit von Abfindungszahlungen (s) berechnet sich aus der Anzahl geschlossener Vergleiche zur Gesamtzahl der Anfechtungsklagen. Es wird unterstellt, dass mit der Vergleichszahlung eine Abfindung getarnt wird.

---

623 Zu langfristigen Reputationseffekten hinsichtlich rechtsmissbräuchlich erhobener Klagen vgl. Sauerbruch (2008), S. 229.

624 Vgl. § 247 Abs. 1 AktG.

625 Vgl. § 247 Abs. 2 AktG.

626 Zur Zwecksetzung der Streitwertspaltung und Vereinbarkeit der Ungleichbehandlung der Prozessparteien vgl. Happ / Pfeifer (1991), S. 109.

627 Vgl. Happ / Pfeifer (1991), S. 109, und Saenger (2002), S. 538.

628 Siehe Sauerbruch (2008), S. 148 - 149.

629 Vgl. LG Frankfurt am Main, Urteil vom 02.10.2007, S. 2362 - 2365.

630 Ein fortführender Instanzenzug muss nicht ausgeschlossen werden, da die Umsetzung des ARUG diesen verkürzt. Die Verkürzung des Instanzenzuges und damit die Beschleunigung der Freigabeverfahren sollen durch die Eingangszuständigkeit der OLG für Freigabeanträge erreicht werden. Der Beschluss ist unanfechtbar. Für die Verschmelzung vgl. § 16 Abs. 3 Satz 6 und 7 UmwG.

Der Kapitalwert der Anfechtung berechnet sich in Periode 0 wie folgt:

$$(51)\quad KW_0^P = -T_0 + \frac{s \cdot P_1^{max}}{(1+k)} - \frac{(1-s) \cdot PK_3}{(1+k)^3}.$$

Falls der Kapitalwert positiv ist, wird der rechtsmissbräuchlich agierende Minderheitsaktionär Anfechtungsklage erheben und in t = 1 einen Preis für die Rücknahme der Klage fordern. Die Anhebung sowohl der Prozesskosten als auch des Prozesskostenrisikos führen c.p. zu einer Verringerung des Kapitalwertes:

$$(52)\quad \frac{\partial KW_0^P}{\partial PK_3} = -\frac{(1-s)}{(1+k)^3} < 0 \text{ und } \frac{\partial KW_0^P}{\partial (1-s)} = -\frac{P_1^{max}}{(1+k)} - \frac{PK_3}{(1+k)^3} < 0\,.$$

Hieraus lässt sich schlussfolgern, dass eine Anhebung beider unabhängiger Parameter zu einer Verringerung des Klageanreizes führen wird. Daraus resultiert zwar eine Erhöhung des Grenzpreises des Anfechtungsklägers, inwieweit diese aber außerhalb des Einigungsbereiches liegt, ist ungewiss.

Wird ein positiver Fusions-Cashflow erwartet, kann der Anfechtungskläger zwar davon ausgehen, dass ein Blockadeeffekt in Erscheinung tritt, weil das Ausbleiben des Fusions-Cashflows und ein durch die Barwertverschiebung hervorgerufener Zinsverlust sicher sind. Unsicher ist jedoch, in welcher Höhe diese Effekte auftreten. Dem rechtsmissbräuchlich agierenden Aktionär ist es nicht möglich, die Höhe des Kapitalwertes der Anfechtung zu ermitteln. Die Erhebung der Anfechtungsklage ist daher eine Entscheidung unter Unsicherheit.

Ist die Höhe der Prozesskosten ex ante bekannt, wird der Anfechtungskläger im Fall der Klage mindestens einen Preis fordern, der zu einem positiven Kapitalwert führt;[631] der Anfechtungskläger also keinen finanziellen Verlust erleidet.[632] Der Kapitalwert muss mindestens null betragen, so dass der potenzielle Anfechtungskläger in seiner Entscheidung, Anfechtungsklage zu erheben oder nicht, indifferent ist:

$$(53)\quad 0 \leq -T_0 + \frac{s \cdot P_1}{(1+k)} - \frac{(1-s) \cdot PK_3}{(1+k)^3};$$

[631] Dieser Kalkül ist mit dem Kapitalwert vergleichbar. Sobald dieser null oder größer ist, ist eine Investition vorteilhaft. Die Anschaffungskosten der Beteiligung gewährleisten auch in Zukunft die Klagemöglichkeit, daher bleiben diese zunächst unberücksichtigt. Erst über die Totalperiode betrachtet sollten die Abfindungszahlungen die ursprünglichen Anschaffungskosten übersteigen, damit die Investition in die Gesellschaft für den Anfechtungskläger vorteilhaft ist. Die Dividendenzahlungen erhöhen den Kapitalwert zusätzlich.

[632] Es wird Risikoneutralität unterstellt, da der Anfechtungskläger indifferent zwischen null und dem Erwartungswert der Auszahlung ist. Vgl. etwa Pindyck / Rubinfeld (2005), S. 226.

$$(53a)\quad P_1 \geq \frac{1}{s}\left((1+k)\cdot T_0 + \frac{(1-s)\cdot PK_3}{(1+k)^2}\right).$$

Wesentliches Ergebnis ist, dass der vom Anfechtungskläger geforderte Preis von der Höhe der Prozesskosten und von der empirischen Wahrscheinlichkeit einer Prozessniederlage beeinflusst wird.[633] Die streitenden Parteien werden sich mit hoher Wahrscheinlichkeit einigen, wenn der anteilige Blockadeeffekt des beherrschenden Aktionärs gleich oder größer P_1 ist.[634] Dennoch ist nicht mit Sicherheit gewährleistet, dass der beherrschende Aktionär die Preisforderung erfüllt, weil dieser seiner Entscheidung eben nicht ausschließlich das Kapitalwertkalkül zugrunde legt.

Ein weiteres seine Entscheidung beeinflussendes Kalkül könnte die Signalisierungswirkung einer nicht zu erzwingenden Einigung sein. Damit würde dem Kapitalmarkt nämlich Nichterpressbarkeit vermittelt. Zudem wäre es dem beherrschenden Aktionär möglich, infolge der Inkaufnahme eines weiteren Verlustes Informationsasymmetrien abzubauen und gegenwärtigen sowie potenziellen Aktionären zu vermitteln, dass der Cashflow-Abschlag (γ_2) die erwarteten Cashflow-Prognosen nicht signifikant beeinträchtigt.[635] Die Wettbewerbsnachteile infolge der Verzögerung sind demzufolge so gering, dass das Management eine weitere Verzögerung in Kauf nimmt, um die Abfindungszahlung und die damit verbundene negative Außenwirkung zu vermeiden. Auf Grundlage der Reputation der Unbezwingbarkeit erwarten die Aktionäre zukünftig höhere Erträge, da Anfechtungskläger mit aktienrechtlichen Anfechtungsklagen erfolglos bleiben.[636]

Das teilspielperfekte Gleichgewicht Verschmelzung, Klage und Abfindungszahlung bleibt unter Geltung erweiterter Modellannahmen nicht bestehen. Weiteres wesentliches Ergebnis ist, dass der vom Anfechtungskläger geforderte Preis eine Preisuntergrenze darstellt. Der Anfechtungskläger wird nicht den maximal von der beklagten Gesellschaft akzeptierten Preis einfordern, da er diesen nicht kennt.[637] Die Informationsasymmetrie und das nicht kalkulierbare Verhalten des beherrschenden Aktionärs tragen dazu bei, die Durchsetzungsmacht klagender Minderheitsaktionäre in der Preisverhandlung zu schwächen. Dies ist im Interesse der beklagten Gesellschaft.

---

[633] Nochmals sei angemerkt, dass die Wahrscheinlichkeit (*s*) empirisch ermittelt wird. Die aktuelle Preisforderung bedingt eine 0,1-Entscheidung: *1*, wenn $P_1 \in [P_1^{min}; P_1^{max}]$, und *0*, wenn $P_1 \notin [P_1^{min}; P_1^{max}]$.

[634] Bei Informationsasymmetrie steigt die Wahrscheinlichkeit einer Einigung, wenn Kläger und Beklagter gleiche Erwartungen haben. Vgl. Shavell (2004), S. 405.

[635] Zur Grundidee des Signalling vgl. Wagenhofer / Ewert (2007), S. 288 - 289.

[636] Zum Signalling-Effekt vgl. etwa Coenenberg et al. (2009), S. 1282 - 1283. Der Signalling-Effekt würde in diesem Fall jedoch durch die nicht stattfindende Einigung erzielt.

[637] Vgl. insbesondere Shavell (2004), S. 408.

Die Schlussfolgerungen hinsichtlich der durch die gesetzlichen Regelungen generierten Blockadestrategie bleiben auch bei komplexeren Modellen erhalten. Werden eine Reihenfolge von Forderungen und Geboten sowie die Kenntnis privater Informationen, wie z.B. Risikobereitschaft und finanzielle Interessen, berücksichtigt, führt dies nicht zu grundsätzlich anderen Ergebnissen hinsichtlich der Wahrscheinlichkeit einer Abfindungszahlung. Die streitenden Parteien werden versuchen, ihre aus den Verhandlungen resultierenden Auszahlungen zu maximieren.[638] Inwieweit eine Einigung und damit ein Vollzug der angefochtenen Maßnahme möglich sind, wird durch die Höhe der Grenzpreise bestimmt. Wenn der beherrschende Aktionär seiner Entscheidung das Kapitalwertkalkül zugrunde legt und der vom Anfechtungskläger mindestens geforderte Preis unterhalb der vom Management festgelegten Preisobergrenze liegt, dann werden sich die streitenden Parteien einigen.

4.3.2.4. Aufhebung der Blockadestrategie unter Geltung erweiterter Modellannahmen

Ist der Anfechtungskläger nicht vollständig informiert und trägt das Risiko der Prozesskostenübernahme, wird dieser bei unterstellter Risikoneutralität[639] einen Abfindungspreis in der Höhe akzeptieren, so dass der Kapitalwert der Anfechtungsklage nicht negativ ist. Eine weitere Erhöhung des Abfindungspreises birgt das Risiko, dass der Preis außerhalb des Einigungsbereiches liegt. Deshalb wird eine Abfindungszahlung dann vermieden, wenn Zusatzgebühren[640] in der Höhe erhoben werden, so dass der vom Anfechtungskläger geforderte Preis oberhalb des Maximalwertes und mithin außerhalb des Einigungsbereiches liegt. Dies kann erreicht werden, indem zusätzliche Gebühren die Anfangsauszahlung in $t = 0$ erhöhen und P_1 mit dem Grenzpreis des beherrschenden Aktionärs substituiert wird:[641]

$$(54) \quad 0 \leq -T_0 - D_0 + \frac{s \cdot P_1}{(1+k)} - \frac{(1-s) \cdot PK_3}{(1+k)^3};$$

$$(54a) \quad D_0 \leq -T_0 + \frac{s \cdot P_1}{(1+k)} - \frac{(1-s) \cdot PK_3}{(1+k)^3}.$$

638 Vgl. Shavell (2004), S. 409.

639 Der Anfechtungskläger ist dahingehend risikoneutral, weil er indifferent ist zwischen einem Einkommen von null ohne Anfechtung und einem Erwartungswert der Auszahlung mit Anfechtung, der mindestens seine Anfangsinvestition kompensiert. Dies gilt genau dann, wenn der Kapitalwert der Anfechtung null ist. Zum Begriff der Risikoneutralität vgl. Pindyck / Rubinfeld (2005), S. 226.

640 Dies sind neben der Verfahrensgebühr zusätzlich erhobene Gebühren. Vgl. Unterabschnitt 4.3.2.2.

641 Die erhobenen Gebühren würden sich folglich am Blockadeeffekt ausrichten. Dieser ist von Fall zu Fall verschieden.

Anfechtungskläger und Hauptaktionär werden sich nicht einigen, da mit Sicherheit die Preisforderung außerhalb des Einigungsbereiches liegen wird.[642] Sollten mehrere rechtsmissbräuchliche Anfechtungsklagen erhoben werden, so wird die Summe der Preisforderungen die Preisobergrenze übersteigen. Ein übermäßig hoher Prozesskostenaufwand widerspricht aber wiederum der Schutzbedürftigkeit des Kleinaktionärs, da einzelne begründete Anfechtungsklagen unterbleiben könnten, so dass die erwünschte Rechtmäßigkeitskontrolle beschlossener Maßnahmen nicht mehr gewährleistet ist. Ebenso, wie bereits erläutert, ist ein Rechtsmissbrauch und damit eine Schadensersatzforderung schwer nachweisbar, sollten statt Gebühren Schadensersatzforderungen erhoben werden. In Unterkapitel 4.4 wird ein Reformansatz zum Anfechtungsrecht unter Aufrechterhaltung des Individualrechtsschutzes entwickelt.

4.3.2.5. Beispiel zur Aufhebung der Blockadestrategie

Die zuvor genannten Sachverhalte sollen nachfolgend exemplifiziert werden. Es wird von einem Fusions-Cashflow i.H.v. $x^{a+b} = 10\ GE$, von einem risikolosen Zinssatz i.H.v. $r_f = 5\%$, von einem risikoadjustierten Kapitalisierungszinssatz i.H.v. $k = 10\%$, von einer Wachstumsrate des Abschlagseffektes i.H.v. $g = 0{,}2$, von Kosten der Klageeinreichung i.H.v. $T_0 = 1\ GE$ und schließlich von einem Abschlagseffekt i.H.v. $\gamma_2 = 1\ GE$ ausgegangen. Der beherrschende Aktionär ist i.H.v. $\lambda_2 = 90\%$ und der Anfechtungskläger i.H.v. $\lambda_1 = 1\%$ beteiligt. Die relative Häufigkeit von Vergleichen mit Abfindungszahlung beträgt $s = 0{,}5$, und Prozesskosten fallen i.H.v. $PK_3 = 5\ GE$ in Periode t = 3 an.

Aus dem Verzögerungsverlust von Periode 2 zu Periode 3 ermittelt der Anfechtungskläger den zur Berechnung des Barwertes in Periode 1 erforderlichen Abfindungspreis, den dieser auch in Periode 1 einfordert:

$$\text{(55)}\quad P_1^{max} < \lambda_2\left(\gamma_1 + \frac{g\gamma_2}{r_f} + \frac{x-(1+g)\gamma_2}{1+r_f}\right) = 0{,}9\left(10 + \frac{0{,}2}{0{,}05} + \frac{8{,}8}{1{,}05}\right) = 20{,}14\ GE.$$

Der Anfechtungskläger wird in t = 0 Klage erheben, wenn der Kapitalwert der Anfechtung positiv ist:

$$\text{(56)}\quad KW_0^P = -T_0 + \frac{P_1^{max}}{(1+r_f)} = -1GE + \frac{20{,}14\ GE}{1{,}05} = 18{,}18\ GE.$$

---

[642] Vgl. Rosenberg / Shavell (1985), S. 7.

Ist der Anfechtungskläger über die Höhe des Blockadeeffektes vollständig informiert, wird er den maximal möglichen Abfindungspreis einfordern.

Kennt der potenzielle Kläger die Höhe des Blockadeeffektes nicht, wird er im Falle der Klage mindestens einen Preis in folgender Höhe verlangen:

$$(57)\quad 0 \leq -T_0 + \frac{s \cdot P_1}{1+k} - \frac{(1-s) \cdot PK_3}{(1+k)^3};$$

$$(57a)\quad P_1 \geq \frac{1}{s}\left((1+k) \cdot T_0 + \frac{(1-s) \cdot PK_3}{(1+k)^2}\right) = \frac{1}{0{,}5}\left(1{,}1 + \frac{0{,}5 \cdot 5\ GE}{1{,}21}\right) = 6{,}33\ GE.$$

Der klagende Aktionär fordert mindestens einen Preis, der den Kapitalwert der Anfechtung positiv werden lässt. Je niedriger die relative Häufigkeit der Prozessvergleiche ist, umso höher wird der Mindestpreis sein, um das Prozesskostenrisiko zu kompensieren. Mit einer Verkleinerung des Einigungsbereiches sinkt aber auch die Wahrscheinlichkeit der Abfindungszahlung, weil der Blockadeeffekt niedriger als der Mindestpreis sein kann. In Anbetracht der maximalen Preisobergrenze i.H.v. 20,14 GE wird der beherrschende Aktionär den Mindestpreis akzeptieren.

Im Fall der vollständigen Information entfällt der Klageanreiz, wenn Anfechtungsgebühren i.H.v. $D_0 > 18{,}18\ GE$[643] erhoben werden. Dies hat zur Folge, dass der Kapitalwert der Anfechtung negativ wird und bei unterstellter Risikoneutralität keine Anfechtungsklage beim zuständigen Prozessgericht eingereicht wird:

$$(58)\quad KW_0^P = -T_0 - D_0 + \frac{P_1^{max}}{(1+r_f)} = -1 - 19{,}18 + 19{,}18 = -1.$$

Wird eine rechtsmissbräuchliche Sammelklage von *n = 10* Minderheitsaktionen eingereicht, dann sind auch die individuellen Kapitalwerte infolge der anteiligen Gebühr negativ:

$$(59)\quad \frac{KW_0^P}{n} = -1 - \frac{D_0}{n} + \frac{P_1^{max}}{n\,(1+r_f)} = -1 - 1{,}92 + 1{,}92 = -1.$$

Liegt Informationsasymmetrie vor, sollten die Transaktionskosten um Gebühren ergänzt und die Preisforderung mit der Preisobergrenze substituiert werden. Dadurch wird mit Sicherheit gewährleistet, dass die Preisforderung des Anfechtungsklägers außerhalb des Einigungsbereiches liegt:

643 Die Mindestgebühr muss in der Höhe erhoben werden, dass die Summe aus Transaktionskosten zum Aktienerwerb und der Gebühr größer als die Preisobergrenze sind. Damit wird der Kapitalwert der Anfechtung negativ.

$$(60)\quad 0 \le -T_0 - D_0 + \frac{s \cdot P_1}{1+k} - \frac{(1-s) \cdot PK_3}{(1+k)^3};$$

$$(60a)\quad D_0 \le -T_0 + \frac{s \cdot P_1}{1+k} - \frac{(1-s) \cdot PK_3}{(1+k)^3} \le -1\text{ GE} + 9{,}15\text{ GE} - 1{,}88\text{ GE} \le 6{,}27\text{ GE};$$

$$(60b)\quad P_1 \ge \frac{(1+k)}{s}\left(\frac{(1-s) \cdot PK_3}{(1+k)^3} + T_0 + D_0\right) \ge 2{,}2(1{,}88\text{ GE} + 1\text{ GE} + 6{,}27\text{ GE}) = 20{,}13\text{ GE}.$$

Mithin ist die Wahrscheinlichkeit einer Einigung null. Sollten zehn Kläger rechtsmissbräuchlich Anfechtungsklage erheben, so gilt auch in diesem Fall, dass die Summe der Preisforderungen in t = 1 außerhalb des Einigungsbereiches liegt:

$$(61)\quad \sum_{n=1}^{10} 2{,}013\text{ GE} = 20{,}13\text{ GE} > P_1^{max}.$$

Die hier dargestellten Möglichkeiten führen zu einer Aufhebung der Blockadestrategie rechtsmissbräuchlich agierender Aktionäre. Jedoch widersprechen diese Lösungsansätze dem Postulat des Individualrechtsschutzes, da der Klageanreiz auch in begründeten Fällen zurückgedrängt wird. Infolgedessen erhöht sich die Wahrscheinlichkeit zukünftiger Transaktionskosten durch nicht rechtmäßig ergangene und vollzogene Hauptversammlungsbeschlüsse. Das ist weder i.S.d. Aktionäre noch der Öffentlichkeit.

Im nachfolgenden Unterkapitel wird ein Lösungsansatz vorgestellt, der den Individualrechtsschutz aufrechterhält und dennoch einen vorzeitigen Vollzug der Maßnahme unter bestimmten Voraussetzungen gewährleistet.

4.4. Analyse kooperativer Handlungsstrategien der Aktionäre

4.4.1. Rechtlicher Anteilsbesitz versus faktische Abstimmungsmacht

Ein Problem der Ausgestaltung der aktienrechtlichen Anfechtungsklage ist das Auseinanderfallen von rechtlichem Anteilsbesitz und faktischer Abstimmungsmacht in der Hauptversammlung. Entscheidungssituationen in Hauptversammlungen können anhand gewichteter Abstimmungsspiele dargestellt werden. Als Maß für die faktische Abstimmungsmacht bietet sich der Shapley-Wert[644] an, da dieser in gewichteten Ab-

[644] Benannt nach *Lloyd S. Shapley*. Zum Shapley-Wert vgl. Shapley / Shubik (1954).

stimmungsspielen als Machtindex[645] aufgefasst werden kann. Der Shapley-Wert drückt den Wertbeitrag eines Spielers in einer spezifischen Entscheidungssituation aus. Beim Hinzutreten zu einer Koalition kann ein Spieler pivotal oder nicht pivotal sein. Er ist pivotal, d.h. in der Abstimmung für eine Koalition entscheidend, wenn durch sein Hinzutreten eine Verlustkoalition zur Gewinnkoalition wird.[646]

Ein gewichtetes Abstimmungsspiel $[q;\ w_1,\ \ldots\ ,w_n]$ besteht aus einer Menge $N = \{1, \ldots, n\}$ von Spielern i, aus den Stimmgewichten w_i der Spieler i und aus der Abstimmungsquote q. Eine Gruppe von Spielern kann die Abstimmung für sich entscheiden, wenn deren Gewichtssumme größer oder gleich der Quote ist. In der konkreten Anwendung entsprechen die Spieler den stimmberechtigten Aktionären und deren Gewichte ihrem Stimmrechtsanteil; die (faktische) Quote ergibt sich aus dem Aktienrecht oder wird im Weiteren aus der Stimmrechtsverteilung bestimmt.

Die Abstimmungsmacht eines Spielers i in einem solchen gewichteten Abstimmungsspiel gemäß dem Shapley-Wert wird ermittelt, indem alle Abstimmungsreihenfolgen der Spieler betrachtet werden. Wesentlich hierbei ist, ob ein Spieler für das Erreichen der Quote ausschlaggebend ist, was in der Spieltheorie als pivotal bezeichnet wird. In einer gegebenen Reihenfolge ist der Spieler i dann pivotal, wenn die Spieler, die vor i in der Reihenfolge auftreten, die Quote noch nicht erreichen, dies zusammen mit i aber tun. Der Machtindex eines Spielers ist schließlich das Verhältnis der Anzahl der Reihenfolgen, für die dieser pivotal ist, zur Gesamtanzahl aller möglichen Reihenfolgen.

Sollen Hauptversammlungsbeschlüsse ohne zeitlichen Verzug umgesetzt werden, ist es erforderlich, dass kein Aktionär gegen den bereits beschlossenen Hauptversammlungsbeschluss Anfechtungsklage erhebt.[647] Aus diesem Grund müssen faktisch alle Anteilseigner und nicht lediglich drei Viertel der Aktionäre in der Hauptversammlung zustimmen.[648] Die faktische Zustimmung bezieht sich hier auf die Nicht-Erhebung einer Anfechtungsklage, welche von den tatsächlichen Mehrheitsverhältnissen der eigentlichen Abstimmung unabhängig ist. Ein Aktionär mit nur einer Aktie hat durch die Klagemöglichkeit die gleiche faktische Abstimmungsmacht wie der Mehrheitsaktionär mit einem Anteilsbesitz von mehr als 75%. Der Mehrheitsaktionär kann zwar

---

[645] Der Shapley-Wert ist nur einer von zahlreichen Macht-Indizes. Zur einführenden Darstellung des Shapley-Werts vgl. Holler / Illing (2006), S. 304 - 316, und Wiese (2005), S. 62 - 63. Zu einer ausführlichen Darstellung vgl. Shapley / Shubik (1954), S. 787 - 792.

[646] Vgl. Holler / Illing (2006), S. 304 - 305.

[647] Vgl. auch Sauerbruch (2008), S. 173.

[648] Für Verschmelzungsbeschlüsse wird gemäß § 65 Abs. 1 UmwG die qualifizierte Mehrheit gefordert.

die Verschmelzung beschließen, diese bei anhängigen Anfechtungsklagen aber nicht vollziehen.

Nachfolgende Beispiele sollen das Dilemma der Wahl eines geeigneten Individualrechtsschutzes verdeutlichen. Hierzu wird in Beispiel 1 ein Rechtssystem A mit gefordertem qualifiziertem Mehrheitsbeschluss für Verschmelzungen ohne Anfechtungsbefugnis einzelner Aktionäre zugrunde gelegt. In Beispiel 2 wird gleichfalls für Verschmelzungsbeschlüsse die qualifizierte Mehrheitsregel gefordert, jedoch ist jeder einzelne Aktionär anfechtungsbefugt. Hierbei handelt es sich um das Rechtssystem B.

Beispiel 1: Rechtssystem A ohne Individualrechtsschutz in Form der aktienrechtlichen Anfechtungsklage

Der Mehrheitsaktionär hält einen Stimmrechtsanteil i.H.v. $w_1 = 0{,}9$. Der Rest befindet sich im Streubesitz mit jeweils gleich hohen Stimmrechtsanteilen. Jeder Minderheitsaktionär hält annahmegemäß nur eine Aktie. Das für eine erfolgreiche Abstimmung erforderliche Quorum beträgt $q = 0{,}75$. Zum Mehrheitsbeschluss einer geplanten Verschmelzung benötigt der Mehrheitsaktionär keine Zustimmung der Minderheiten, da $w_1 > q$. Infolgedessen sind Sperrminoritäten nicht möglich und der Shapley-Wert des Mehrheitsaktionärs ist $Sh_1 [q; w_1, \dots ,w_n] = 1$, weil der Mehrheitsaktionär in allen Reihenfolgen für das Erreichen der Quote pivotal ist. Mithin ist die faktische Abstimmungsmacht des Mehrheitsaktionärs zu groß.

Beispiel 2: Rechtssystem B mit Individualrechtsschutz in Form der aktienrechtlichen Anfechtungsklage

Es gelten die gleichen Annahmen hinsichtlich der Stimmrechtsanteile und der bei der Abstimmung geforderten Quote wie in Beispiel 1. Um einen Missbrauch der Abstimmungsmacht zu verhindern, soll die aktienrechtliche Anfechtungsklage in begründeten Fällen eine Rechtsmäßigkeitskontrolle von Hauptversammlungsbeschlüssen bewirken. Zu diesem Zweck wird der Vollzug der Maßnahme bis zu einem wirksam ergangenen Freigabebeschluss ausgesetzt. Dies führt dazu, dass bei einem sofortigen Vollzug der Maßnahme keine Anfechtungsklage erhoben werden darf. Die faktische Abstimmungsquote ist demnach nicht $q = 0{,}75$, sondern $q_{fakt} = 1$. Folglich ist jeder Aktionär nur für die Reihenfolgen pivotal, in denen er als Letzter auftritt. Der Shapley-Wert jedes Anteilseigners i beträgt somit $Sh_i [q; w_1, \dots ,w_n] = 1 / n$.[649] In diesem Fall ist die faktische Abstimmungsmacht des Mehrheitsaktionärs zu klein.

[649] Vgl. Casajus / Labrenz / Hiller (2009), S. 9 und S. 14.

Die beiden Beispiele verdeutlichen, dass sowohl ein nicht vorhandener Individualrechtsschutz als auch ein zu weit gehender Individualrechtsschutz zu rechtlich unerwünschten Ergebnissen führen. Sind mit dem Aufschub des Vollzuges der beschlossenen Maßnahme in Beispiel 2 noch erhebliche Verzögerungsverluste verbunden, dann führt eine derartige Ausgestaltung des Individualrechtsschutzes zu ökonomisch ineffizienten Ergebnissen.

Eine Vollzugssperre angefochtener Beschlüsse sollte nicht generalisiert, sondern in Abhängigkeit von den Abstimmungsverhältnissen gezielt verwendet werden. Findet eine vom Management angestrebte Maßnahme in der Hauptversammlung eine sehr breite Zustimmung, ist die Wahrscheinlichkeit einer Rechtsverletzung als gering einzuschätzen. Daher könnte ein vorzeitiger Vollzug trotz Anfechtung gerechtfertigt sein. Die Anfechtungsklage würde dann in Abhängigkeit der Abstimmungsverhältnisse unterschiedliche Wirkung erzielen. Die variable Mehrheitsregel, welche bei der Ausgestaltung der aktienrechtlichen Anfechtungsklage auf das Abstimmungsergebnis abstellt, wird nachfolgend erläutert.

4.4.2. Implikationen aus dem spieltheoretischen Ansatz: Die variable Mehrheitsregel

4.4.2.1. Ermittlung der variablen Mehrheitsregel

Im Rahmen der folgenden spieltheoretischen Modellierung wird angenommen, dass die Spieler vollständig informiert sind. Es bestehen hinsichtlich eintretender Verzögerungsverluste keine Informationsasymmetrien zwischen Mehr- und Minderheitsaktionären, so dass bei nicht eintretenden Verzögerungsverlusten rechtsmissbräuchliche Anfechtungsklagen nicht erhoben werden. Bezüglich der Anteile der Minderheitsaktionäre wird vereinfachend ein unendlich feiner und uniformer Streubesitz unterstellt, d.h., es gibt sehr viele Minderheitsaktionäre mit identischem Anteilsbesitz.

Die variable Mehrheitsregel basiert auf der Idee, die faktische Abstimmungsmacht des Mehrheitsaktionärs in dem oben beschriebenen Modellrahmen mit seinem rechtlichen Anteilsbesitz in Übereinstimmung zu bringen. Die Beispiele 1 und 2 verdeutlichen, dass dies mit einer fixen, d.h. von den Anteilsverhältnissen unabhängigen Quote nicht gelingen kann. Der Mehrheitsaktionär sollte die Abstimmung nur dann i.S. seiner Interessen entscheiden können, wenn ein gewisser Anteil der Minderheitsaktionäre dem Beschluss zustimmt. Jedoch sollte dieser Anteil mit zunehmendem Stimmgewicht des Mehrheitsaktions sinken. Diese Intuition wird auch durch das oben beschriebene Modell gestützt. Basierend auf den getroffenen Annahmen ergibt sich die vom Stimmrechtsanteil des Hauptaktionärs abhängige Mehrheitsregel:[650]

(62) $q^*(w_1) = 1 - w_1 (1 - w_1)$.

Im nächsten Unterabschnitt soll die variable Mehrheitsregel anhand der Verschmelzung der Deutschen Telekom AG mit der T-Online International AG verdeutlicht werden.

4.4.2.2. Praktische Anwendung der variablen Mehrheitsregel

Die eben dargestellte Mehrheitsregel beschreibt einen quadratischen Zusammenhang zwischen dem Anteil des Mehrheitsaktionärs und der Abstimmungsquote. Aus Gründen der Praktikabilität könnte auch ein linearer Zusammenhang in Erwägung gezogen werden. Der Mehrheitsaktionär benötigt dann mindestens die Hälfte der Stimmrechte der Minderheitsaktionäre, um die geforderte Quote zu erreichen:

(62a) $q(w_1) = w_1 + 0,5 (1 - w_1) = 0,5 w_1 + 0,5$.

Für einen Mehrheitsaktionär $w_1 > 0,5$ stellt auch diese Variante die von § 65 Abs. 1 UmwG für Verschmelzungen geforderte qualifizierte Mehrheitsregel von 75% sicher. Die folgende Abbildung zeigt die für die Beschlussfassung erforderliche Quote in Abhängigkeit vom Stimmrechtsanteil des Hauptaktionärs zum einen bei quadratischem (—) und zum anderen bei linearem (- - -) Zusammenhang.

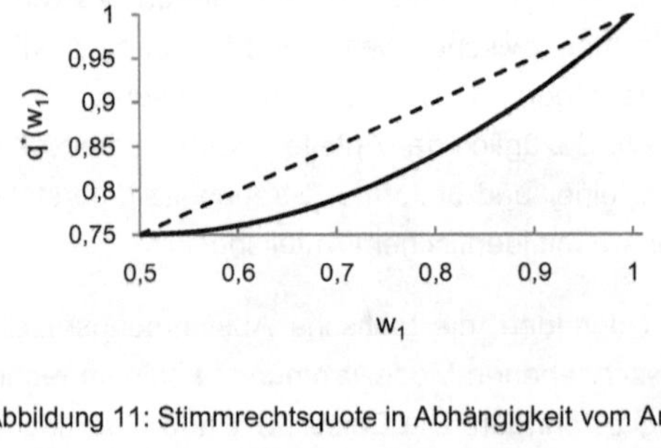

Abbildung 11: Stimmrechtsquote in Abhängigkeit vom Anteilsbesitz

Im Fall der Verschmelzung zwischen der Deutschen Telekom AG und der T-Online International AG hielt die Deutsche Telekom AG zum Zeitpunkt des Hauptversammlungsbeschlusses ca. 90,14% der Anteile an der T-Online International AG.

[650] Zur Ermittlung der variablen Mehrheitsregel vgl. Casajus / Labrenz / Hiller (2009), S. 9 und S. 14 -15.

In der Hauptversammlung wurde der Verschmelzung am 28./29.04.2005 mit einer Mehrheit von 99,46% zugestimmt. Wegen anhängiger Anfechtungsklagen wurde die Verschmelzung der T-Online International AG auf die Deutsche Telekom AG erst am 29.05.2006 durch einen BGH-Beschluss freigegeben und vollzogen.[651] Unter der Annahme, dass sich 9,86% der Anteile im Streubesitz befinden und jeder Minderheitsaktionär in gleicher Höhe beteiligt ist, errechnet sich in Abhängigkeit vom Anteilsbesitz der Deutschen Telekom AG eine für die erfolgreiche Abstimmung erforderliche variable Quote i.H.v. $q^*(0{,}9014) = 91{,}11\%$. Wird ein linearer Zusammenhang zugrunde gelegt, beträgt die Quote $q^*(0{,}9014) = 95{,}07\%$.

4.4.2.3. Interpretation und Wertbeitrag der variablen Mehrheitsregel

Zur Eindämmung rechtsmissbräuchlicher Klagen wurde im Rahmen des ARUG als wesentliche Maßnahme das Bagatellquorum eingeführt. Die Einführung dieses Bagatellquorums erscheint in zweierlei Hinsicht unzweckmäßig:

Zum einen ist es für Berufskläger trotz Erhöhung des Bagatellquorums auf 1000 € möglich,[652] das erforderliche Quorum zu erreichen, indem Aktien im Wege der Wertpapierleihe verschafft werden;[653] zum anderen sollte ein vorzeitiger Vollzug der Maßnahme nicht vom Anteilbesitz der Kläger, sondern eher von den Abstimmungsverhältnissen der Minderheiten abhängig sein. Damit wäre gewährleistet, dass Minderheitsaktionäre nicht nach ihrem Anteilsbesitz diskriminiert würden. Eine willkürlich festgelegte Mindestbeteiligung,[654] die bei Unterschreitung zur sofortigen Freigabe der Maßnahme führt, widerspricht deshalb dem Sinn und Zweck des Individualrechtsschutzes, weil von Aktionären erhobene Anfechtungsklagen in Abhängigkeit von der Beteiligungshöhe eine ungleiche Wirkung erzielen.

Der Normzweck der Anfechtungsklage ist die Rechtmäßigkeitskontrolle des Hauptversammlungsbeschlusses mit aufschiebender Wirkung;[655] deshalb ist eine differenzierte Behandlung hinsichtlich des Zeitpunktes der Freigabe nicht sachgerecht. Anstelle einer ungleichen Behandlung in Abhängigkeit von der Beteiligungshöhe wäre eine generelle Aufhebung der Registersperre unter Beibehaltung eines garantierten Bestandsschutzes zweckmäßiger. Dazu hat sich der Gesetzgeber aber nicht durch-

[651] Vgl. BGH, Beschluss vom 29.05.2006, S. 1584 - 1587.

[652] Sowohl der RefE als auch der RegE des ARUG sahen ein Bagatellquorum i.H.v. 100 € vor. Für eine Erhöhung des Bagatellquorums plädierte u.a. Waclawik (2008), S. 1143.

[653] Vgl. Drinhausen / Keinath (2008), S. 2082.

[654] Zur Festlegung der Grenze zwischen Splitterbeteiligung und sinnvoller Kapitalanlage eher kritisch: Waclawik (2008), S. 1143.

[655] Vgl. Göz (2008), § 243 AktG, Anm. 1, und Würthwein (2007), § 243 AktG, Anm. 3.

gerungen. Eine ungleiche Wirkung anhängiger Anfechtungsklagen ist nur dann gerechtfertigt, wenn diese Differenzierung von den Abstimmungsverhältnissen der Minderheitsaktionäre abhängig ist.

Die generelle Notwendigkeit einer Reform der aktienrechtlichen Anfechtungsklage ergibt sich auch, weil die Maßnahmen zu Verfahrensbeschleunigung de lege lata in Gestalt des Freigabeverfahrens nicht ausreichen, um den Rechtsmissbrauch wirksam einzudämmen. Hinsichtlich einer kritischen Würdigung des Freigabeverfahrens gemäß § 246a AktG mit rechtsökonomischen Analysemethoden ist auf die Arbeit von *Sauerbruch* zu verweisen.[656]

Eine wesentliche Kritik am Freigabeverfahren ist, dass infolge eines vorzeitigen Vollzuges mit Bestandsschutz zwar die Hebelwirkung verringert, aber eben nicht gänzlich beseitigt wird.[657] Dies liegt vor allem an dem trotz des Freigabeverfahrens dennoch zu lang andauernden Prozedere bis zum finalen Vollzug der Maßnahme.[658] Infolge hoher Verzögerungskosten im Zeitraum zwischen Hauptversammlungs- und Freigabebeschluss sind rechtsmissbräuchliche Anfechtungsklagen auch dann lohnend, wenn diese aller Voraussicht nach nicht erfolgreich sein werden. Zur Vermeidung von Verzögerungskosten werden die Klagen daher regelmäßig abgekauft.[659] Hinsichtlich des Freigabeverfahrens bei Eingliederung oder Squeeze-out ist anzumerken, dass die Hebelwirkung mangels eines Bestandsschutzes noch größer ist als beim umwandlungsrechtlichen Freigabeverfahren.[660] Es bleibt festzuhalten, dass das Freigabeverfahren nicht dazu beiträgt, rechtsmissbräuchliche Anfechtungsklagen wirksam einzudämmen.

Wie bereits erwähnt, ist es nicht sachgerecht, eine vom Anteilsbesitz abhängige Wirkung anhängiger Anfechtungsklagen auf den Vollzugszeitpunkt der Maßnahme zu generieren. Dies geschieht durch Einführung des Bagatellquorums. Es ist aber im Sinne des Gesetzgebers, rechtsmissbräuchliche Anfechtungsklagen zu identifizieren und diesbezüglich eingeleitete Freigabeverfahren vorzeitig zu beenden. Der Gesetzgeber ist der Auffassung, dass Anfechtungsklagen von Aktionären mit geringem An-

[656] Zur Funktion des Freigabeverfahrens aus ökonomischer Sicht vgl. Sauerbruch (2008), S. 162.
[657] Vgl. Sauerbruch (2008), S. 162 - 163.
[658] Anzumerken ist jedoch, dass infolge der Eingangszuständigkeit der OLG und der fehlenden Möglichkeit zur Beschwerde sich die Dauer der Blockade deutlich reduzieren soll. Dies wurde im Zuge des ARUG beschlossen und konnte deshalb in der rechtsökonomischen Analyse des Freigabeverfahrens noch nicht berücksichtigt werden. Zu eben diesen Regelungen vgl. für Verschmelzungen § 16 Abs. 3 Satz 7 und 9 UmwG.
[659] Vgl. Sauerbruch (2008), S. 149 - 150.
[660] Vgl. Sauerbruch (2008), S. 164.

teilsbesitz im Verdacht stehen, rechtsmissbräuchlich zu sein.[661] Dieser Tatbestand diskriminiert jedoch Aktionäre mit geringem Anteilsbesitz, weil diese unter Generalverdacht gestellt werden. Angemessener erscheint es, Freigabeverfahren vorzeitig zu beenden, wenn ein bestimmter Anteil der Minderheitsaktionäre dem Beschluss in der Hauptversammlung zugestimmt hat. Es könnte in dem Zusammenhang noch einen Schritt weitergegangen werden:

Wenn die variable Mehrheitsregel in der Hauptversammlung erreicht wird, dann kann der Beschluss eingetragen und vollzogen werden und zwar unabhängig davon, ob einige Minderheitsaktionäre klagen. Der Vollzug wird nur dann ausgesetzt, wenn Anfechtungsklagen erhoben werden und wenn die variable Mehrheitsregel in der Hauptversammlung nicht erreicht wird.

Im Fall der Verschmelzung der Deutschen Telekom AG und der T-Online International AG wird deutlich, dass nur ein verschwindend geringer Teil der Aktionäre gegen die Verschmelzung Klage erhoben hat. Die variable Mehrheitsregel i.H.v. $q^*(0{,}9014) = 91{,}11\%$ wurde durch die Zustimmung i.H.v. 99,46% signifikant überschritten. Der nicht zustimmende Minderheitsaktionär könnte gegen den Beschluss klagen; es würde jedoch die Blockadewirkung entfallen.[662] Die Nachteile der klagenden Aktionäre im Falle unrechtmäßiger, aber vollzogener Hauptversammlungsbeschlüsse könnten dann durch einen adäquaten Schadensersatz kompensiert werden.[663]

Die variable Mehrheitsregel gewährleistet die Aufrechterhaltung des Individualrechtsschutzes, differenziert aber hinsichtlich der Wirkung. Lediglich Anfechtungsklagen, die auf nicht ausreichende Zustimmung in der Hauptversammlung stoßen, entfalten eine Blockade. Entscheidender Vorteil ist, dass ein vorzeitiger Vollzug der Maßnahme trotz Anfechtungsklage, der bei einer hinreichenden Zustimmung in der Hauptversammlung möglich ist, negative externe Effekte vermeidet, ohne das individuelle Klagerecht abzuschaffen bzw. ohne Klageanreize zu reduzieren.

4.5. Fazit der Modellanalyse

Der Normzweck der aktienrechtlichen Anfechtungsklage wurde mittels Transaktionskostenansatz verdeutlicht. Die erheblichen ökonomischen Folgewirkungen der Aus-

---

[661] Vgl. RegE ARUG vom 5.11.2008, S. 65 - 66.

[662] Hinsichtlich einer unterschiedlichen Wirkung der Anfechtungsklage in Abhängigkeit von einem Quorum vgl. auch Sauerbruch (2008), S. 219 - 221.

[663] Vgl. § 16 Abs. 3 Satz 8 UmwG. Siehe Casajus / Labrenz / Hiller (2009), S. 9 und S. 16 - 17.

gestaltung des Anfechtungsrechts konnten mit der Property-Rights-Theorie präzisiert werden:

a) Der beherrschende Aktionär misst der Tochtergesellschaft wegen eingeschränkter Handlungsflexibilität bezüglich des optimalen Ausübungszeitpunktes der Verschmelzung einen geringeren Wert bei. Der Wertverlust wurde mittels Realoptionsmodell quantifiziert. Er ist auf die Vernichtung der zeitlichen Flexibilität und den Cashflow-Abschlag zurückzuführen.[664]
b) Die Erhöhung der faktischen Abstimmungsmacht des Kleinaktionärs führt zu wertschädigenden Verhaltensweisen, die im Rechtsmissbrauch der Anfechtungsklage ihren Ausdruck finden. Die Tendenz zu wertschädigendem Verhalten resultiert aus der Ausdünnung der Property Rights in Publikumsgesellschaften.[665]

Die ökonomischen Folgewirkungen sind Ergebnis der Beschränkung der Property Rights des beherrschenden Aktionärs zugunsten des Individualrechtsschutzes. Wesentliches Resultat der Modellanalyse ist die erhebliche ökonomische ineffiziente Ausgestaltung des Anfechtungsrechts, weil latent wertschädigendes Verhalten mit einer zu hohen faktischen Abstimmungsmacht realisiert werden kann. Konsequenz ist der exzessive Rechtsmissbrauch und die damit einhergehenden negativen Werteffekte, welche die ökonomische Vorteilhaftigkeit des Anfechtungsrechts vernichten. Die negativen Werteffekte wurden modelltheoretisch analysiert und normativ bewertet. Zwar ist die Ausrichtung am neoklassischen Effizienz-Kriterium werturteilsbehaftet, aber zur Abwägung einer Ziel-Mittel-Relation ist ein normativer Referenzmaßstab zur Bewertung ökonomischer Handlungsfolgen unerlässlich.[666]

Für die anwendungsorientierte Forschung ist entscheidend, welcher Zweck der zu analysierenden Rechtsnorm zugrunde liegt und welche Rangordnung dieser Zweck im Fall von Konflikten besitzt.[667] In diesem Fall wurde die Gewährleistung des Individualrechtsschutzes über die ökonomische Effizienz gestellt. Das heißt aber nicht, dass innerhalb dieser Restriktion das Anfechtungsrecht nicht optimiert werden sollte, um die gesamtgesellschaftliche Wohlfahrt zu steigern.

---

664 Zum Zusammenhang von Preis eines Gutes und der Exklusivität der Property Rights vgl. etwa Voigt (2002), S. 54 - 55.

665 Vgl. etwa Göbel (2002), S. 70.

666 Hierzu Mattessich (1995), S. 192 - 193.

667 Siehe Fülbier / Weller (2009), S. 365.

Auch in der Literatur[668] und in der Rechtsprechung[669] herrscht Einigkeit darüber, dass die ausgedehnte rechtsmissbräuchliche Anwendung dazu führt, den Zweck der Rechtsnorm zu konterkarieren, und enorme betriebs- und volkswirtschaftliche Schäden verursacht. Da der Rechtsmissbrauch allerdings nicht evident[670] ist und rechtsmissbräuchliche Klagen nicht ohne aufwendige gerichtliche Prüfung abgewiesen werden können, sollte eine Reform an der Modifikation der Wirkung von Aktionärsklagen anknüpfen. Dies wurde mit der variablen Mehrheitsregel versucht.

Die variable Mehrheitsregel zielt darauf ab, Verzögerungen aufgrund erhobener Anfechtungsklagen einzuschränken, ohne den Individualrechtsschutz aufgeben zu müssen. Der Vollzug der Maßnahme ist von den Mehrheitsverhältnissen bei Beschlussfassung abhängig. Hierdurch wird gewährleistet, dass Verzögerung und Freigabeverfahren nur dann notwendig sind, wenn ein hinreichend großer Teil der Minderheitsaktionäre dem Hauptversammlungsbeschluss nicht zugestimmt hat. Die variable Mehrheitsregel ist ein ökonomisches Lösungskonzept, welches den Versuch darstellt, einen Wertbeitrag zur Lösung einer dauerhaften und allseits präsenten rechtswissenschaftlichen Problematik zu erbringen.

Im folgenden Teil werden die modelltheoretisch ermittelten negativen Werteffekte von Aktionärsklagen empirisch evaluiert. Zentrale Fragestellung ist, inwieweit aktienrechtliche Anfechtungsklagen zu signifikanten Kursreaktionen führen. Das soll mit einer Ereignisstudie getestet werden.

[668] Zum zeitlichen und wirtschaftlichen Druck auf die Gesellschaften infolge anhängiger Anfechtungsklagen vgl. Kiethe (2004), S. 490. Zur Auswirkung auf Kapitalmarkttransaktionen vgl. Hirschberger / Weiler (2004), S. 1138.

[669] Vgl. BGH, Urteil vom 22.05.1989, S. 310 - 311; OLG Stuttgart, Urteil vom 10.01.2001, S. 317, und OLG Stuttgart, Beschluss vom 13.03.2002, S. 457.

[670] Vgl. BGH, Urteil vom 22.05.1989, S. 308 - 312.

5. Ereignisstudie zu Verschmelzungsbeschlüssen

5.1. Vorbemerkungen zum Gang der Untersuchung

5.1.1. Formulierung der Hypothesen

Die Zielsetzung der Ereignisstudie ist die Evaluation der in den vorhergehenden Kapiteln durchgeführten Rechtsfolgenanalyse;[671] d.h., die empirische Überprüfung der Frage, inwieweit negative Werteffekte anhängiger Anfechtungsklagen nachweisbar sind und entsprechende Kursreaktionen hervorrufen. Dabei werden die Kursreaktion sowohl der aufnehmenden als auch der untergehenden Rechtsträger untersucht.

In einem ersten Schritt wird die Kapitalmarktreaktion auf die Bekanntgabe der Verschmelzungsabsicht getestet. Die Veröffentlichung der Information erfolgt regelmäßig mittels einer Ad-hoc-Nachricht gemäß § 15 WpHG. Hierbei ist wesentlich, inwieweit der Kapitalmarkt auf diese Information reagiert. Weiterhin ist interessant, ob die immer positiv prognostizierten Synergie- und Einsparpotenziale gleichfalls vom Kapitalmarkt erwartet werden. Folgende Hypothese wird überprüft:

H_I: Die Bekanntgabe der Verschmelzungsabsicht führt zu signifikanten Kursreaktionen.

Die Kapitalmarktreaktion auf die Ankündigung der Verschmelzung sollte im Fall hoher erwarteter Synergie-Cashflows positiv, im Fall erwarteter negativer Synergie-Cashflows entsprechend negativ ausfallen.

In Anbetracht dessen, dass sich der genaue Zeitpunkt der Einreichung anhängiger Anfechtungsklagen schwierig ermitteln lässt, soll im Folgenden die Reaktion des Kapitalmarktes auf die Bekanntgabe anhängiger Anfechtungsklagen im elektronischen Bundesanzeiger untersucht werden. Die Unternehmen sind verpflichtet, die Erhebung der Klagen und den Termin für die mündliche Verhandlung in den Geschäftsblättern unverzüglich bekanntzugeben.[672] Sollten Unternehmen hinsichtlich der Bekanntgabe Ad-hoc-Mitteilungen gebrauchen, wozu sie de lege lata nicht verpflichtet sind, wird der Zeitpunkt der Mitteilung als Ereigniszeitpunkt gewählt. Folgende Hypothese wird überprüft:

---

[671] Zu den Zielsetzungen von Ereignisstudien vgl. Hauser (2003), S. 131 - 133.

[672] Vgl. § 246 Abs. 4 AktG.

H_{II}: Die Veröffentlichung anhängiger Anfechtungsklagen im Bundesanzeiger (bzw. mittels einer Ad-hoc-Nachricht) hat signifikante Kursreaktionen zur Folge.

Entsprechend der Information *Freigabe* durch das zuständige Prozessgericht in der jeweiligen Instanz sollten die Kursreaktionen positiv ausfallen. Ebenso sollten die Kursreaktionen bei einer Beendigung des Anfechtungsprozesses durch einen Vergleich ausfallen. Beide Mitteilungen wurden von den betroffenen Unternehmen fast ausschließlich mittels Ad-hoc-Nachricht gemeldet. Wurde keine Ad-hoc-Meldung gefunden, gilt das Datum des Freigabebeschlusses als Ereigniszeitpunkt. Vergleiche wurden von den Unternehmen stets als Ad-hoc-Nachricht gemeldet. Hieraus ergibt sich folgende zu untersuchende Hypothese:

H_{III}: Die Beendigung des Anfechtungsprozesses durch Vergleich oder Freigabe der Verschmelzung führt zu signifikanten Kapitalmarktreaktionen.

5.1.2. In die Untersuchung einbezogene Unternehmen

In die empirische Untersuchung wurden börsennotierte Unternehmen einbezogen, gegen deren Verschmelzungsbeschlüsse im Zeitraum vom 01.01.2003 bis zum 31.12.2009 Anfechtungsklagen anhängig waren. Recherchiert wurden zunächst sämtliche anhängigen Anfechtungsklagen zu Verschmelzungsbeschlüssen im elektronischen Bundesanzeiger. Folgende Tabelle zeigt die in diesem Zeitraum gefundenen angefochtenen Verschmelzungsbeschlüsse:

lfd. Nr.	aufnehmender Rechtsträger	untergehender Rechtsträger	Beschluss	Vollzug	Blockade (Monate)
1	E.ON Thüringer Beteiligungsverwaltungs AG	Thüringer Energie Beteiligungsgesellschaft mbH	17.12.07	01.12.08	11,54
2	QSC AG	Broadnet AG	23.05.07	31.10.07	5,33
3	BOV AG	Adesso AG	25.07.06	13.08.07	12,66
4	Pixelpark AG	Elephant Seven AG	25.06.07	26.10.07	4,08
5	BGI Eco Tech AG	Easy Nature GmbH	09.05.07	05.07.07	1,91
6	Infor Global Solutions Deutschland AG	Infor Business Solutions AG	25.01.07	15.04.08	14,70
7	Telunico AG	Freenet.de AG	25.08.05	02.03.07	18,25
8	Telunico AG	Mobilcom AG	25.08.05	02.03.07	18,25
9	Allianz AG	Ras Holding S.p.A., Mailand, Italien	08.02.06	13.10.06	8,15
10	GFKL Financial Services AG	ABIT AG	21.06.05	16.08.06	13,87
11	Deutsche Telekom AG	T-Online International AG	29.04.05	06.06.06	13,28
12	Vectron Systems AG	Hansa Chemie AG	18.08.04	06.07.05	10,62
13	b.i.s. AG	vwd GmbH	9./10.08.06	23.07.07	11,47
14	IS Innovative Software AG	OnVista Technologies GmbH	12./19.08.03	27.11.03	3,55
15	ContiTech AG	Phoenix AG	28.12.04	16.01.07	24,66
16	Vattenfall Europe AG	Bewag AG	6./31.01.03	27.08.03	7,69
					∅ 11,25

Tabelle 5: Angefochtene Verschmelzungsbeschlüsse

Die in Tabelle 5 nicht durchgestrichenen Unternehmen wurden letztlich in die empirische Untersuchung einbezogen.

Ad 1) Die Verschmelzung der Thüringer Energie Beteiligungsgesellschaft mbH auf die E.ON Thüringer Beteiligungsverwaltungs AG, welche seit dem 01.12.2008 unter E.ON Thüringer AG firmiert, wurde durch das Thüringer OLG am 05.11.2008 freigegeben.[673] Entgegen der Entscheidung des LG Erfurt[674] wurde festgestellt, dass die erhobene Klage gegen den Hauptversammlungsbeschluss vom 17.12.2007[675] offensichtlich unbegründet ist und der Eintragung der Verschmelzung in das Handelsregister nicht entgegensteht. Die E.ON Thüringer Beteiligungsverwaltungs AG war nicht börsennotiert. Aufgrund dessen ist eine Untersuchung der Kapitalmarktreaktion auf den Vollzug der Verschmelzung nicht möglich. Deshalb wird diese Verschmelzung in die Ereignisstudie nicht einbezogen.

673 Vgl. OLG Jena, Beschluss vom 05.11.2008, S. 182 - 184.

674 Vgl. LG Erfurt, Urteil vom 27.05.2008.

675 Vgl. Gesellschaftsbekanntmachung der E.ON Thüringer Beteiligungsverwaltungs AG vom 11.02.2008.

Ad 2) Gegen den am 23.05.2007 gefassten Verschmelzungsbeschluss[676] in der Hauptversammlung der Broadnet AG haben mehrere Aktionäre Anfechtungs- und Nichtigkeitsklagen erhoben, die vor dem LG Hamburg unter dem Aktenzeichen 403 O 69/07 anhängig waren.[677] Am 31.10.2007 hatte die börsennotierte Broadnet AG im Bundesanzeiger bekanntgegeben, dass diese am 16.10.2007 mit den Anfechtungsklägern einen gerichtlich protokollierten Vergleich zur Erledigung des Rechtsstreites abgeschlossen hat.[678] Daraufhin wurden alle erhobenen Anfechtungs- und Nichtigkeitsklagen und der Freigabeantrag der Broadnet AG[679] zurückgenommen.[680]

Die QSC AG als übernehmender Rechtsträger ist an der Börse notiert und hatte gegen Ende 2006 133,9 Mio. Aktien emittiert, wovon sich 54,30% im Streubesitz befanden.[681] Dieser Streubesitz ist hinreichend groß, um die Kapitalmarktreaktion auf den Vollzug der Freigabe zu testen. Am 31.12.2006 hielt die QSC AG 92,50% der Anteile der Broadnet AG.[682] Die Verschmelzung wurde am 31.10.2007 in das Handelsregister eingetragen und vollzogen.[683] Beide Unternehmen werden in die Ereignisstudie einbezogen.

Ad 3) Sowohl gegen den Beschluss der Verschmelzung der Adesso AG auf die BOV AG als auch gegen den Kapitalerhöhungsbeschluss in der Hauptversammlung der BOV AG vom 25.07.2006 wurden Anfechtungsklagen vor dem LG Essen eingereicht.[684] Die Verschmelzung beider Unternehmen ist ein sog. Reverse IPO, das auf einen Reverse Merger basiert.[685] Die nicht börsennotierte Adesso AG wird auf die börsennotierte kleinere BVO AG verschmolzen, wobei die Börsennotierung der BVO beibehalten werden kann. Die börsennotierte BOV AG wird nach der Verschmelzung unter Adesso AG[686] firmieren.[687]

---

676 Der Verschmelzungsvertrag kann im Bundesanzeiger im Bereich *Gesellschaftsbekanntmachungen* unter der Information *Hauptversammlung,* Veröffentlichungsdatum 10.04.2007, eingesehen werden.

677 Vgl. Gesellschaftsbekanntmachung der Broadnet AG vom 23.07.2007.

678 Vgl. Gesellschaftsbekanntmachung der Broadnet AG vom 31.10.2007.

679 Der Freigabeantrag der Broadnet AG war unter dem Aktenzeichen 403 O 100/07 beim LG Hamburg anhängig.

680 Nähere Informationen zum gerichtlich protokollierten Vergleich können im Bereich *Gesellschaftsbekanntmachungen* unter der Information *Bekanntmachung der Verfahrensbeendigung gemäß §§ 248a, 149 Abs. 2 AktG,* Veröffentlichungsdatum 31.10.2007, im elektronischen Bundesanzeiger eingesehen werden.

681 Vgl. Geschäftsbericht der QSC AG 2006, S. 18 - 19.

682 Vgl. Geschäftsbericht der QSC AG 2006, S. 105.

683 Vgl. Gesellschaftsbekanntmachung der QSC AG vom 31.10.2007.

684 Vgl. Gesellschaftsbekanntmachung der BOV AG vom 12.09.2006.

685 Siehe Vater (2002), S. 2445.

686 Die Adesso AG war nicht börsennotiert.

Das LG Essen erließ auf Antrag der BOV AG am 04.12.2006 einen Freigabebeschluss, gegen den die Anfechtungskläger Beschwerde einlegten.[688] Zur Beilegung der Rechtstreitigkeiten wurde am 13.06.2007 ein gerichtlicher Vergleich geschlossen.[689] Die Verschmelzung wurde am 13.08.2007 ins Handelsregister eingetragen und vollzogen.[690] Zum Jahresende 2005 befanden sich 46,30% der Anteile der BOV AG im Streubesitz. Das entspricht einer Anzahl von ca. 4,99 Mio. Aktien.[691]

Die Verschmelzung ist keine zwischen verbundenen Unternehmen.[692] Ein negativer Werteffekt auf die Realoption Verschmelzung kann nicht untersucht werden, da keine Optionsprämie für den Erwerb einer Mehrheitsbeteiligung gezahlt wurde. Aus diesem Grund wird diese Verschmelzung nicht in die Ereignisstudie einbezogen.

Ad 4) Gegen den Beschluss der Verschmelzung auf die Pixelpark AG in der Hauptversammlung der Elephant Seven AG vom 25.06.2007 wurden Anfechtungsklagen eingereicht, die beim LG München unter dem Aktenzeichen 5 HK O 13577/07 anhängig waren.[693] Der Anfechtungsprozess wurde durch einen mit den Klägern am 04.10.2007 geschlossenen Vergleich beendet.[694] Die Verschmelzung wurde am 26.10.2007 in das Handelsregister eingetragen und vollzogen.[695]

Pixelpark unterbreitete den Aktionären der Elephant Seven AG am 18. Oktober 2006 ein freiwilliges Übernahmeangebot. Die Aktionäre der Elephant Seven AG waren aufgefordert, ihre Aktien in Aktien der Pixelpark AG zu tauschen. Die Umtauschfrist begann am 2. Dezember 2006 und endete am 6. Februar 2007 mit der Übernahme von 7,66 Mio. Stück Aktien der Elephant Seven AG durch Umtausch. Das entspricht einem Anteil von rund 89,40% des Grundkapitals der Elephant Seven AG.[696] Um die Aktien der Elephant Seven AG zu erwerben, führte die Pixelpark AG eine Kapitalerhöhung durch, in der 7.281.367 Aktien der Pixelpark AG zum Nominalbetrag von 1,00 € ausgegeben wurden. Der Wert der hingegeben Aktien zum Umtauschstichtag betrug 1,33 €, so dass der Gesamtwert der Aktien 1,33 €·7.281.367 = 9.684.118,11 €

[687] Vgl. I. Struktur und Ausrichtung des neuen Unternehmens, § 1 Nr. 2 Business Combination Agreement zwischen der Adesso AG und der BOV AG. Einsehbar in der Gesellschaftsbekanntmachung der BOV AG vom 16.06.2006.

[688] Vgl. Ad-hoc-Mitteilung der BOV AG vom 04.12.2006.

[689] Vgl. Gesellschaftsbekanntmachung der BOV AG vom 28.06.2007.

[690] Vgl. Gesellschaftsbekanntmachungen der Adesso AG vom 27.09.2007.

[691] Vgl. Geschäftsbericht der BOV AG 2005, S. 25.

[692] Im Jahr 2006 befanden sich 51,1% der Anteile im Streubesitz. Die Adesso AG war nicht am Unternehmen beteiligt. Vgl. Geschäftsbericht der BOV AG 2006, S. 23.

[693] Vgl. Gesellschaftsbekanntmachung der Elephant Seven AG vom 03.09.2007.

[694] Vgl. Gesellschaftsbekanntmachung der Elephant Seven AG vom 09.10.2007.

[695] Siehe Geschäftsbericht der Pixelpark AG 2007, S. 130.

[696] Vgl. Geschäftsbericht der Pixelpark AG 2006, S. 17.

beträgt. Es wurden weitere 215.000 Aktien zum Preis von 320.000 € erworben. Damit hielt die Pixelpark AG am 19.04.2007 91,91% der Anteile an der Elephant Seven AG. Die Anschaffungskosten der Beteiligung beliefen sich bis zur Verschmelzung zuzüglich Nebenkosten i.H.v. 577.000[697] auf 10.581.000 Mio. €. Der Buchwert des Eigenkapitals der Elephant Seven AG betrug am 31.03.2006 4.074.000 €.[698]

Aufgrund der nur kurzfristig innerhalb des Geschäftsjahres 2007 gehaltenen Mehrheitsbeteiligung der Elephant Seven AG wurde diese nicht konsolidiert. Dennoch treffen die Auswahlkriterien einer Verschmelzung der Tochter- auf die Muttergesellschaft zu, weil die Elephant Seven AG nach den Tatbestandsmerkmalen des § 290 Abs. 2 Nr. 1 HGB Tochtergesellschaft der Pixelpark AG gewesen ist. Auch die Differenz der Anschaffungskosten der Mehrheitsbeteiligung zum Buchwert des Eigenkapitals lässt den Erwerb einer Verschmelzungsoption vermuten.[699] Es wird außerdem im Geschäftsbericht der Pixelpark AG explizit erwähnt, dass die Mehrheitsbeteiligung mit der Absicht der Verschmelzung erworben wurde.[700] Zum 31.12.2007 befanden sich 81,93% der Pixelpark-Aktien im Streubesitz. Damit war der Minderheitenanteil hinreichend groß, um eine Kapitalmarktreaktion hinsichtlich aktienrechtlicher Anfechtungsklagen zu testen.

Ad 5) Gegen den Verschmelzungsbeschluss auf der Hauptversammlung der vormaligen BGI EcoTech AG[701] am 09.05.2007 wurden Anfechtungs- und Nichtigkeitsklagen erhoben.[702] Die Verschmelzung wurde jedoch am 05.07.2007 in das Handelsregister eingetragen und vollzogen. Die BGI EcoTech AG hat zur Heilung der vom LG Frankfurt am Main[703] als unwirksam erklärten Beschlüsse zu einer außerordentlichen Hauptversammlung eingeladen, die am 14.01.2008 stattfand. Die bereits vollzogene Verschmelzung war davon nicht betroffen. Aufgrund einer nicht vorliegenden Verzögerung wird diese Verschmelzung nicht in die Ereignisstudie einbezogen.

---

[697] Die im Geschäftsbericht der Pixelpark AG angegebenen Nebenkosten enthalten auch Kosten der Verschmelzung. Dennoch wurden hier die Nebenkosten der Übernahme von 91,91% zugeordnet. Die Kapitalerhöhung im Zuge der Verschmelzung wird den Verschmelzungskosten zugewiesen. Zu den Anschaffungskosten der Elephant Seven AG vgl. Geschäftsbericht der Pixelpark AG 2007, S. 129.

[698] Vgl. Geschäftsbericht der Elephant Seven AG 2005/2006, S. 39.

[699] Zur Erläuterung des Firmenwertes aus der Akquisition vgl. Geschäftsbericht Pixelpark AG 2007, S. 130.

[700] Vgl. Geschäftsbericht der Pixelpark AG 2006, S. 85.

[701] Die BGI EcoTech AG firmierte vor der Verschmelzung als BGI zu Höne, Klußmann, Altpeter Aktiengesellschaft.

[702] Vgl. Gesellschaftsbekanntmachung der BGI EcoTech AG vom 26.07.2007.

[703] Vgl. LG Frankfurt am Main, Urteil vom 02.10.2007, S. 2362 - 2365.

Ad 6) Gegen den Hauptversammlungsbeschluss der Verschmelzung der Infor Business Solutions AG auf die Infor Global Solutions Deutschland AG[704] vom 25.01.2007 wurden Anfechtungsklagen erhoben. Die Anfechtungsklagen waren vor dem LG Saarbrücken anhängig.[705] Das zuständige LG Saarbrücken hat in seinem Urteil vom 14.11.2007 alle Anfechtungsklagen abgewiesen und mit Beschluss vom selben Tage dem Antrag der Gesellschaft gemäß § 16 Abs. 3 UmwG auf Feststellung, dass die Anfechtungsklagen der Eintragung der Verschmelzung nicht entgegenstehen, stattgegeben.[706] Dagegen wurde von den Anfechtungsklägern sofortige Beschwerde eingelegt. Mit Beschluss des OLG Saarbrücken vom 23.03.2008 wurde die Verschmelzung freigegeben[707] und am 15.04.2008 in das Handelsregister eingetragen und vollzogen.[708]

Die Infor Global Solutions Stuttgart GmbH war ein 100%iges Tochterunternehmen der Infor Business Solutions AG[709] und wurde vor dem Verschmelzungsbeschluss in die Infor Global Solutions Deutschland AG umgewandelt. Die untergehende börsennotierte Infor Business Solutions AG wird in die Ereignisstudie einbezogen.

Ad 7, 8) Die Mobilcom AG war Ende des Geschäftsjahres 2005 über ihre 100%ige Tochter, die Mobilcom Holding GmbH, zu 50,40% an der Freenet.de AG und zu 100% an der Telunico AG beteiligt. Gegen die Verschmelzungsbeschlüsse der Freenet.de AG[710] vom 25.08.2005 und der Mobilcom AG[711] vom 23./24.08.2005 auf die Telunico AG wurden Anfechtungs- und Nichtigkeitsklagen erhoben. Zuvor sollte die Mobilcom Holding GmbH auf die Mobilcom AG verschmolzen werden. Die Klagen waren vor dem LG Hamburg und vor dem LG Kiel anhängig. Sowohl die Verschmelzung der Mobilcom AG auf die Telunico AG als auch die Verschmelzung der Freenet.de AG auf die Telonico AG wurden in erster Instanz freigegeben.[712] Jedoch wurde von den Anfechtungsklägern Beschwerde eingelegt.[713]

[704] Vor der Verschmelzung firmierte die Infor Global Solutions Deutschland AG als Infor Global Solutions Stuttgart GmbH.
[705] Vgl. Gesellschaftsbekanntmachung der Infor Business Solutions AG vom 21.03.2007.
[706] Vgl. Ad-hoc-Mitteilung der Infor Business Solutions AG vom 22.11.2007.
[707] Siehe Ad-hoc-Mitteilung der Infor Business Solutions AG vom 02.04.2008.
[708] Vgl. Gesellschaftsbekanntmachung der Infor Global Solutions Deutschland AG vom 23.04.2008.
[709] Vgl. Jahresabschluss der Infor Business Solutions AG 2006, S. 6.
[710] Vgl. Gesellschafsbekanntmachung der Freenet.de AG vom 26.10.2005.
[711] Vgl. Gesellschaftsbekanntmachung der Mobilcom AG vom 26.10.2005.
[712] Siehe Ad-hoc-Mitteilung der Freenet.de AG vom 13.09.2006.
[713] Vgl. Gesellschaftsbekanntmachung der Mobilcom AG vom 23.01.2007.

Die Anfechtungs- und Nichtigkeitsklagen gegen den Beschluss der Freenet.de AG wurden im August 2006 in einem Vergleich bis auf einen Kläger beigelegt.[714] Im Dezember 2006 wurde mit dem letzten verbleibenden Kläger ein Prozessvergleich geschlossen.[715] Die Verschmelzungen auf die Telunico AG, welche später in Freenet AG umfirmiert wurde, wurden am 02.03.2007 vollzogen. Im Konzernlagebericht des Jahres 2005 der Mobilcom AG werden wesentliche Nachteile der Verzögerung der Verschmelzung benannt.[716] Die genaue Höhe des Streubesitzes der Mobilcom AG im Jahr 2006 lässt sich nicht ermitteln.

Im vorliegenden Fall handelt es sich um einen sog. Downstream-Merger bzw. um einen Sidestream-Merger. Die Mobilcom AG hielt zum Zeitpunkt der Beschlussfassung lediglich 50,40% Anteile an der Freenet.de AG. Demzufolge wurde von der Mobilcom AG keine Verschmelzungsoption erworben. Dennoch handelt es sich hierbei um eine Verschmelzung im Konzern und damit um einen Cashflow-Tausch der rechtlich selbständigen Unternehmen gegen den Cashflow des verschmolzenen Unternehmens. Beide angefochtenen Hauptversammlungsbeschlüsse werden in die Ereignisstudie einbezogen.

Ad 9) Gegen den Hauptversammlungsbeschluss der Allianz AG vom 08.02.2006, die Riunione Adriatica di Sicurtá Societá per Azioni, Mailand, Italien auf die Allianz AG zu verschmelzen, wurden Anfechtungs- und Nichtigkeitsklagen erhoben. Diese waren vor dem LG München unter dem Aktenzeichen 5 HK O 4283/06 anhängig.[717] Am 19.07.2006 hat die Allianz AG einen gerichtlichen Vergleich mit den Anfechtungsklägern geschlossen. Die Anfechtungsklagen und der Freigabeantrag wurden zurückgezogen.[718] Die Verschmelzung wurde am 13.10.2006 gleichzeitig mit der Umwandlung der Allianz AG in eine Europäische Aktiengesellschaft (SE) mit Eintragung des neuen Unternehmensnamens Allianz SE in das Handelsregister München rechtskräftig.[719] Ende des Geschäftsjahres 2005 hatte die Allianz AG 76,3% der Anteile an der Riunione Adriatica di Sicurtá Societá per Azioni.[720] 100% der Anteile der Allianz AG befanden sich im Geschäftsjahr 2005 im Streubesitz.[721]

Ad 10) Gegen den Beschluss der ABIT AG, auf die GFKL Financial Services AG zu verschmelzen, wurden Anfechtungs- und Nichtigkeitsklagen erhoben, welche vor

[714] Vgl. Gesellschaftsbekanntmachung der Freenet.de AG vom 29.12.2006.
[715] Vgl. Ad-hoc-Mitteilung der Freenet.de AG vom 13.12.2006.
[716] Siehe Konzernlagebericht Mobilcom AG 2005, S. 13 - 14.
[717] Vgl. Gesellschaftsbekanntmachung der Allianz AG vom 05.04.2006.
[718] Vgl. Gesellschaftsbekanntmachung der Allianz AG vom 24.07.2006.
[719] Vgl. Geschäftsbericht der Allianz SE 2006, S. 3.
[720] Vgl. Anteilsbesitzliste der Allianz AG für das Geschäftsjahr 2005.
[721] Vgl. Geschäftsbericht der Allianz AG 2005, S. 27.

dem LG Düsseldorf anhängig waren.[722] Das OLG Düsseldorf hat dem von der ABIT AG gestellten Freigabeantrag am 11.08.2006 stattgegeben.[723] Die Verschmelzung wurde am 16.08.2006 in das Handelsregister eingetragen und vollzogen.[724]

Zum 31.12.2005 befanden sich 28,30% der Anteile der GFKL Financial Services AG im Streubesitz.[725] Seit dem 11.06.2004 hält die GFKL Financial Services AG die Mehrheit der Anteile an der ABIT AG i.H.v. 62,80%.[726] Die GFKL Financial Services AG war zum Zeitpunkt der Beschlussfassung und zum Zeitpunkt der Verschmelzung nicht börsennotiert. Eine Börsenzulassung im Rahmen der Verschmelzung war nicht geplant.[727] Aus diesem Grund kann nur die Kursreaktion der ABIT AG gemessen werden. Seit dem 29. April 2008 sind die GFKL-Aktien mit der Wertpapierkennnummer im Freiverkehr der Börse Frankfurt notiert. Es handelt sich dabei um die Aktien aus neu geschaffenem Kapital, die im Zuge der Verschmelzung der ABIT AG auf die GFKL Financial Services AG im Tausch an die ehemaligen Aktionäre der ABIT AG ausgegeben wurden.

Ad 11) Gegen den Verschmelzungsbeschluss der T-Online International AG auf die Deutsche Telekom AG vom 28./29.4.2005 haben Aktionäre Anfechtungs- und Nichtigkeitsklagen erhoben, die vor dem LG Darmstadt anhängig waren.[728] Das LG Darmstadt erteilte den Freigabebeschluss zunächst nicht.[729] Die Verschmelzung der T-Online International AG auf die Deutsche Telekom AG wurde am 29.05.2006 durch einen BGH-Beschluss freigegeben.[730] Die Verschmelzung wurde am 06.06.2006 in das Handelsregister eingetragen und vollzogen.[731]

Die Deutsche Telekom AG hielt zum Ende des Geschäftsjahres 2004 73,93% Anteile an der T-Online International AG.[732] Der Streubesitz der Deutschen Telekom AG betrug zum 31.12.2004 61,97%.[733] Die Deutsche Telekom AG hat im Rahmen des öffentlichen Kaufangebots an die freien Aktionäre der T-Online International AG im Zuge der geplanten Verschmelzung der beiden Unternehmen sowie über die Börse ins-

[722] Vgl. Gesellschaftsbekanntmachung der ABIT AG vom 04.08.2005.
[723] Vgl. OLG Düsseldorf, Beschluss vom 11.08.2006, S. 363 - 370.
[724] Siehe Gesellschaftsbekanntmachung der GFKL Financial Services AG vom 18.08.2006.
[725] Vgl. Finanzbericht der GFKL Financial Services AG 2005, S. 12.
[726] Vgl. Finanzbericht der GFKL Financial Services AG 2005, S. 38.
[727] Siehe Finanzbericht der GFKL Financial Services AG 2005, S. 40.
[728] Vgl. Gesellschaftsbekanntmachung der T-Online International AG vom 30.06.2005.
[729] Vgl. LG Darmstadt, Beschluss vom 29.11.2005, S. 127 - 132.
[730] Vgl. BGH Beschluss vom 29.05.2006, S. 1584 - 1586.
[731] Siehe Gesellschaftsbekanntmachung der Deutschen Telekom AG vom 09.06.2006.
[732] Vgl. Geschäftsbericht der Deutschen Telekom AG 2004, S. 147.
[733] Vgl. Jahresabschluss der Deutschen Telekom AG 2004.

gesamt ca. 16,00% der Anteile an T-Online International AG zu einem Gesamtpreis von 1,8 Mrd. € hinzuerworben. Der Anteil der Deutschen Telekom AG an der T-Online International AG betrug zum Ende des Geschäftsjahres 2005 90,14%.[734] Diese Transaktionen im Februar und März 2005 führten zu einer Erhöhung des Goodwills um 0,8 Mrd. €.[735] Die Verschmelzung wird in die Ereignisstudie einbezogen.

Ad 12) Im April 2004 hat die Hansa Chemie International AG (Zürich) einen rund 45%igen Anteil an der Vectron Systems AG erworben. Gleichzeitig wurde die Verschmelzungsabsicht zwischen der Vectron Systems AG und der Hansa Chemie AG (Berlin) bekanntgegeben.[736] Die Hansa Chemie International AG (Zürich) hält Ende des Geschäftsjahres 94,40% der Anteile der Hansa Chemie AG (Berlin).[737] Gegen den Beschluss der Verschmelzung der Hansa Chemie AG auf die Vectron Systems AG vom 18.04.2004[738] wurde Anfechtungsklage erhoben. Die Anfechtungsklage war unter dem Aktenzeichen 23 O 164/04 beim LG Münster anhängig.[739] Dieses gab die Verschmelzung am 13.01.2005 der Gesellschaften frei, wogegen der Anfechtungskläger sofortige Beschwerde einlegte.[740] Das OLG Hamm[741] hat dem Freigabeantrag am 28.02.2005 stattgegeben.[742] Die Verschmelzung wurde am 06.07.2005 in das Handelsregister eingetragen.

Weil die Vectron Systems AG kein Tochterunternehmen der Hansa Chemie International AG und die Konzernmutter zudem in der Schweiz ansässig ist, wird die Verschmelzung nicht in die Ereignisstudie einbezogen. Die Vectron Systems AG ist nach dem Rückkauf des Geschäftsbereiches von der Hansa Group AG durch die Unternehmensgründer Jens Reckendorf und Thomas Stümmler sowie den Hamburger Investor Relations Manager Jochen Fischer wieder selbstständig.

Ad 13) Die vwd GmbH übernahm am 7. Oktober 2005 1.825.802 Aktien der b.i.s. AG von dem französischen Finanzdienstleister Fininfo S.A. Das entspricht 73,08% des Grundkapitals. Gemäß den gesetzlichen Anforderungen des Wertpapiererwerbs- und Übernahmegesetzes unterbreitete die vwd GmbH den übrigen Aktionären ein Pflichtangebot zum Erwerb ihrer Aktien. Zum Stichtag 31. Dezember 2005 hielt die vwd

[734] Vgl. Geschäftsbericht der Deutschen Telekom AG 2005, S. 115.
[735] Vgl. Geschäftsbericht der Deutschen Telekom AG 2005, S. 114.
[736] Vgl. Jahresabschluss der Vectron Systems AG 2004, S. 7.
[737] Vgl. Geschäftsbericht der Hansa Chemie AG 2004, S. 35.
[738] Siehe Gesellschaftsbekanntmachung der Vectron Systems AG vom 09.07.2004.
[739] Vgl. Gesellschaftsbekanntmachung der Vectron Systems AG vom 24.09.2004.
[740] Vgl. Geschäftsbericht der Hansa Chemie AG 2004, S. 45.
[741] Vgl. OLG Hamm, Beschluss vom 28.02.2005, S. 361 - 364.
[742] Vgl. Jahresabschluss der Vectron Systems AG 2004, S. 4 und S. 16.

Vereinigte Wirtschaftsdienste GmbH 75,00% des Grundkapitals der b.i.s. AG.[743] Die Hauptversammlung der b.i.s. AG hat am 09./10.08.2006 der Verschmelzung der vwd GmbH auf die b.i.s. AG und eine mit der Verschmelzung zusammenhängende Kapitalerhöhung beschlossen.[744]

Gegen die Beschlüsse der Hauptversammlung wurden Anfechtungs- und Nichtigkeitsklagen erhoben, die bei dem LG Nürnberg-Fürth unter dem Aktenzeichen 1 HK O 7393/06 verbunden wurden.[745] Die b.i.s. AG beantragte die Freigabe der Verschmelzung.[746] Am 14.05.2007 schloss die b.i.s. AG einen Vergleich mit den Anfechtungsklägern.[747] Die Verschmelzung wurde am 23.07.2007 in das Handelsregister eingetragen und rückwirkend vollzogen.[748] Die b.i.s. AG wurde in vwd AG umfirmiert. Es handelt sich hierbei um eine Konzernverschmelzung und deshalb wird diese in die Ereignisstudie einbezogen.

Ad 14) Gegen den Beschluss der Verschmelzung der OnVista Technologies GmbH, eine zum damaligen Zeitpunkt 100% Tochtergesellschaft der Onvista AG,[749] auf die Innovative Software AG vom 19.08.2003 wurde Anfechtungs- und hilfsweise Nichtigkeitsklage erhoben. Die Klage war vor dem LG Köln unter dem Aktenzeichen 82 O 172/03 anhängig.[750] Die Verschmelzung wurde am 27.11.2003 in das Handelsregister eingetragen.

Im Rahmen der Verschmelzung gingen auch die Auslandstöchter der OnVista Technologies GmbH auf die Innovative Software AG über. Die OnVista AG erhielt 31,50% der Kapitalanteile und 41,45% der Stimmrechte am fusionierten und in IS Teledata AG umfirmierten Unternehmen.[751] Die Beendigung des Anfechtungsprozesses wurde durch das Unternehmen nicht bekanntgegeben. Die Verpflichtung der Publikation eines mit dem Anfechtungskläger geschlossenen Vergleiches gemäß § 248a Abs.1 AktG i.V.m. § 149 Abs. 2 AktG wurde erst infolge des UMAG im AktG kodifiziert. Auch in diesem Fall liegt keine Konzernverschmelzung vor, weil die Inno-

---

[743] Vgl. Finanzbericht der b.i.s. AG 2005, S. 16 und S. 35.
[744] Vgl. Gesellschaftsbekanntmachung der b.i.s. AG vom 29.06.2006.
[745] Siehe Ad-hoc-Mitteilung der b.i.s. AG vom 04.09.2006.
[746] Vgl. Gesellschaftsbekanntmachung der b.i.s. AG vom 22.05.2007.
[747] Vgl. Ad-hoc-Mitteilung der b.i.s. AG vom 18.05.2007.
[748] Vgl. 6-Monatsbericht der vwd group 2007, S. 2.
[749] Vgl. Geschäftsbericht der Onvista AG 2002, S. 19.
[750] Siehe Gesellschaftsbekanntmachung der OnVista AG vom 28.10.2003.
[751] Vgl. Geschäftsbericht der OnVista AG 2003, S. 11 - 12.

vative Software AG kein Tochterunternehmen der Onvista AG gewesen ist.[752] Die Verschmelzung wird nicht in die Ereignisstudie einbezogen.

Ad 15) Die Continental AG hat am 02.11.2004 75,60% der Anteile an der Phoenix AG erworben und in die ContiTech AG eingebracht. Am 16.11.2004 schlossen die Phoenix AG und die Contitech AG einen Beherrschungs- und Gewinnabführungsvertrag und einen Verschmelzungsvertrag. Die Hauptversammlung der Phoenix AG und der ContiTech AG haben den Verträgen und der Verschmelzung zugestimmt. Gegen die Beschlüsse der Phoenix AG wurden Anfechtungsklagen erhoben. Daraufhin wurde eine außerordentliche Hauptversammlung am 19.05.2005 einberufen, um die in der Hauptversammlung vom 28.12.2004 gefassten Beschlüsse zu bestätigen.[753] Auch die Bestätigungsbeschlüsse wurden angefochten.[754] Der Beherrschungs- und der Gewinnabführungsvertrag wurden am 09.03.2005 in das Handelsregister eingetragen. Am 07.12.2005 gab das LG Hamburg die Verschmelzung frei,[755] worauf die Anfechtungskläger sofortige Beschwerde einlegten. Das Hanseatische Oberlandesgericht hat die Freigabe des LG Hamburg am 14.12.2006 bestätigt.[756] Die Verschmelzung ist am 16.01.2007 in das Handelsregister eingetragen und wirksam geworden.[757]

Die ContiTech AG war als 100%ige Tochter der Continental AG nicht börsennotiert. Dennoch wird die Verschmelzung in die Ereignisstudie einbezogen und die Kapitalmarktreaktion der Continental AG berechnet.

Ad 16) Im Februar 2002 erwarb die Vattenfall Europe AG durch den Erwerb der HEW Holdings Germany AG die Mehrheit der Anteile (89,52%) an der Bewag AG, die zuvor at equity bilanziert wurde. Die HEW Holdings Germany AG wurde zum 01.07.2002 auf die Vattenfall Europe AG verschmolzen.[758] Aus dem Erwerb der Anteile an der Bewag AG resultierte ein Geschäfts- oder Firmenwert i.H.v. 347,2 Mio. €.[759] Die Hauptversammlung der Bewag AG vom 31.01.2003 und die Hauptversammlung der Vattenfall Europe AG vom 06.02.2003 haben der Verschmelzung der Bewag AG auf die Vattenfall Europe AG zugestimmt.[760]

[752] Vgl. Geschäftsbericht der Onvista AG 2003, S. 8.
[753] Siehe Gesellschaftsbekanntmachung der Phoenix AG vom 08.04.2005.
[754] Vgl. Gesellschaftsbekanntmachung der Phoenix AG vom 25.02.2005.
[755] Vgl. Gesellschafterbekanntmachung der Phoenix AG vom 14.12.2005.
[756] Vgl. Geschäftsbericht der Continental AG 2006, S. 112.
[757] Vgl. Geschäftsbericht der Continental AG 2004, S. 139.
[758] Siehe Geschäftsbericht der Vattenfall Europe AG 2002, S. 10 und S. 26 - 27.
[759] Vgl. Geschäftsbericht der Vattenfall Europe AG 2002, S. 28.
[760] Vgl. Gesellschaftsbekanntmachung der Vattenfall Europe AG vom 14.11.2003.

Der operative Geschäftsbereich der Bewag AG wurde zunächst auf die Bewag Op. AG & Co. KG, die dann in Bewag Aktiengesellschaft & Co.KG umfirmiert wurde, ausgegliedert.[761] Gegen die Beschlüsse der Hauptversammlung der Vattenfall Europe AG und der Bewag AG wurden Anfechtungsklagen erhoben, die beim LG Berlin anhängig waren.[762] Beide Gesellschaften beantragten die Freigabe der Verschmelzung nach § 16 Abs. 3 UmwG. Die zuständigen Kammern beim LG Berlin haben diesem Antrag in erster Instanz mit Freigabebeschlüssen vom 12. Juni und 19. Juni 2003 stattgegeben. Diese Beschlüsse sind von den zuständigen Senaten des Kammergerichts Berlin bestätigt worden. In beiden Verfahren sind die Kammern der Auffassung von Bewag bzw. Vattenfall Europe gefolgt und haben festgestellt, dass die Klagen unzulässig oder offensichtlich unbegründet sind oder dass das Vollzugsinteresse der Gesellschaften das Interesse der Kläger an der Verhinderung der Eintragung deutlich überwiegt. Die Ausgliederung wurde am 08.08.2003 und die Verschmelzung am 27.08.2003 durch die Eintragung in das Handelsregister wirksam.[763] Die blockierte Verschmelzung wurde in die Ereignisstudie einbezogen.

5.1.3. Beurteilung des Strichprobenumfangs

Wegen der geringen Stichprobengröße sind die Ergebnisse für die Grundgesamtheit nur eingeschränkt repräsentativ. Die Grundgesamtheit umfasst alle angefochtenen Hauptversammlungsbeschlüsse, d.h. sämtliche Umstrukturierungen und des Weiteren auch Kapitalmaßnahmen und Squeeze-out-Beschlüsse. Der Zweck der hier durchzuführenden Ereignisstudie ist jedoch nicht, die Kapitalmarktreaktion aller angefochtenen Hauptversammlungsbeschlüsse zu testen, sondern das in den vorherigen Kapiteln aufgestellte Modell der Verschmelzungsoption und deren Wertverlust infolge anhängiger Anfechtungsklagen zu evaluieren. In diesem Sinne handelt es sich hierbei um eine Stichprobenbetrachtung. Es ist anzumerken, dass ein Mindestumfang zu untersuchender Ereignisse für Ereignisstudien nicht vorgegeben wird und hohe abnormale Renditen vor dem Hintergrund einer geringen Stichprobe nicht als zweifelhaft angesehen werden.[764] In der Literatur wurden einige Ereignisstudien durchgeführt, deren Stichproben gleichfalls einen geringen Umfang haben.[765] Hin-

---

761 Siehe Geschäftsbericht der Vattenfall Europe AG 2003, S. 18 und S. 39.

762 Vgl. Gesellschaftsbekanntmachung der Bewag AG vom 20.3.2003 und der Vattenfall Europe AG vom 08.04.2003.

763 Vgl. Pressemitteilung der Vattenfall Europe AG vom 27.08.2003.

764 Vgl. Jakopin (2006), S. 212.

765 Vgl. Diepold et al. (2008), S. 51 - 54 und S. 57; Doukas / Travlos (1988), S. 1168; Hanvanich / Cavusgil (2001), S. 148; Pettway / Sicherman / Spiess (1993), S. 85 – 86; Ruback (1983), S. 328; Seth / Song / Pettit (2002), S. 934; Theerathorn / Wright / Pray (1991), S. 117; Tse / Soufani (2001), S. 374, und Wilcox / Chang / Grover (2001), S. 466.

sichtlich der durchzuführenden Tests auf Signifikanz der abnormalen Renditen wurde selbst bei einem Stichprobenumfang von *N = 5* bis *N = 20* Wertpapieren keine verzerrenden Ergebnisse festgestellt.[766]

Problematisch ist aber, dass bei kleiner Stichprobengröße das Risiko des β-Fehlers (Fehler II. Art) unter Umständen ansteigen kann. Der β-Fehler gibt die Wahrscheinlichkeit an, die Null-Hypothese irrtümlich beizubehalten, obwohl diese für die Grundgesamtheit falsch ist.[767] Die Differenz $1-\beta$ wird als Teststärke bezeichnet und drückt aus, dass statistische Signifikanz nachgewiesen wird, wenn diese auch für die Grundgesamtheit gilt.[768] Deswegen ist die Teststärke bei kleinen Stichproben gering, weil das Risiko des β-Fehlers hoch ist. Ist ein Ergebnis für die H_1-Hypothese (H_0-Hypothese beibehalten) nicht signifikant, verringert sich das Risiko des Fehlers II. Art, je größer der Stichprobenumfang ist. Bei kleinen Stichproben bleibt das Risiko des β-Fehlers hingegen groß. Bei Vorliegen von signifikanten Ergebnissen ist dies aber unproblematisch. Lediglich die Teststärke ist gering, d.h., es ist fraglich, inwieweit der gefundene Einfluss auch für die Grundgesamtheit Gültigkeit besitzt.[769]

5.1.4. Festlegung der Ereigniszeitpunkte

In einem weiteren Schritt werden nun die Ereigniszeitpunkte festgelegt. Diesbezüglich sind mehrere Varianten denkbar. Hinsichtlich erhobener Anfechtungsklagen wird als Ereignisstichtag die Bekanntgabe nach § 246 Abs. 4 AktG in den Gesellschaftsblättern gewählt. Der elektronische Bundesanzeiger wird i.d.S. als Gesellschaftsblatt verstanden.[770] Deshalb wurde das Datum der Bekanntmachung über anhängige Anfechtungsklagen im elektronischen Bundesanzeiger als Ereigniszeitpunkt ausgewählt. Zu prüfen ist allerdings, inwieweit das Veröffentlichungsdatum im elektronischen Bundesanzeiger von möglichen Ad-hoc-Mitteilungen des betroffenen Unternehmens abweicht. Sollte dies der Fall sein, wird das Datum der Ad-hoc-Mitteilung als Ereigniszeitpunkt gewählt.

Ähnliches gilt für die Bekanntgabe des Freigabebeschlusses bzw. eines mit den Klägern geschlossenen Vergleiches. Gemäß § 248a Abs. 1 i.V.m. § 149 Abs. 2 AktG ist seit Einführung des UMAG die Bekanntgabe der Verfahrensbeendigung durch einen Vergleich verpflichtend. Als mögliche Ereigniszeitpunkte kommen das Datum des

[766] Siehe Brown / Warner (1985), S. 14 - 15.
[767] Vgl. Diekmann (2006), S. 593.
[768] Vgl. Hair et al. (2008), S. 9.
[769] Hierzu MacKinlay (1997), S. 28 - 31.
[770] Vgl. § 25 AktG.

geschlossenen Vergleiches, die Bekanntgabe des Vergleiches im elektronischen Bundesanzeiger oder aber auch eine Ad-hoc-Mitteilung des Unternehmens in Betracht. Bei einer gerichtlichen Freigabe sind als Ereigniszeitpunkt das Beschlussdatum, die Veröffentlichung im elektronischen Bundesanzeiger oder das Datum der Ad-hoc-Mitteilungen möglich. Für die in die Ereignisstudie einbezogenen Unternehmen sind die unterschiedlichen Ereigniszeitpunkte in der nachfolgenden Tabelle aufgeführt:

	Verschmelzungsabsicht	Anfechtungsklagen		Freigabe/Vergleich		
Verschmelzung	Ad-hoc-Mitteilung	elektr. Bundesanzeiger	Ad-hoc-Mitteilung	elektr. Bundesanzeiger	Ad-hoc-Mitteilung	Datum Beschluss
Broadnet AG/QSC AG	30.01.07[771]	23.07.07	-	31.10.07	31.10.07[772]	-
Elephant Seven AG/Pixelpark AG	20.07.06[773]	03.09.07	23.08.07	09.10.07	04.10.07[774]	-
Infor Business Solutions AG/Infor Global Solutions Deutschland AG	07.12.06[775]	21.03.07			02.04.08[776]	
Mobilcom AG und Freenet.de AG/Telunico AG	04.03.05[777]	-	-	29.12.06	13.12.06[778]	
ABIT AG/GFKL Financial Services AG	17.11.04[779]	04.08.05				11.08.06[780]
Ras Holding S.p.A./Allianz AG	11.09.05[781]	05.04.06	-	24.07.06	19.07.06[782]	-
T-Online International AG/Deutsche Telekom AG	09.10.04[783]	30.06.05	-	-	01.06.06[784]	29.05.06
vwd GmbH/b.i.s. AG	22.03.06[785]		04.09.06[786]		18.05.07[787]	

771 Vgl. Ad-hoc-Mitteilung QSC-AG vom 30.01.2007.
772 Vgl. Ad-hoc-Mitteilung QSC AG vom 31.10.2007.
773 Vgl. Ad-hoc-Mitteilung Pixelpark AG vom 20.07.2006.
774 Siehe Ad-hoc-Mitteilung Elephant Seven AG vom 04.10.2007.
775 Vgl. Ad-hoc-Mitteilung Infor Business Solutions AG vom 07.12.2006.
776 Vgl. Ad-hoc-Mitteilung der Infor Business Solutions AG vom 02.04.2008.
777 Vgl. Ad-hoc-Mitteilung der Freenet.de AG vom 04.03.2005.
778 Vgl. Ad-hoc-Mitteilung Freenet.de AG vom 13.12.2006.
779 Vgl. Ad-hoc-Mitteilung der ABIT AG vom 17.11.2004.
780 Vgl. OLG Düsseldorf, Beschluss vom 11.08.2006, S. 363 - 370.
781 Vgl. Ad-hoc-Mitteilung der Allianz AG vom 11.09.2005.
782 Vgl. Ad-hoc-Mitteilung Allianz AG vom 19.07.2006.
783 Siehe Ad-hoc-Mitteilung Deutsche Telekom AG vom 09.10.2004.
784 Vgl. Ad-hoc-Mitteilung Deutsche Telekom AG vom 01.06.2006.
785 Vgl. Ad-hoc-Mitteilung b.i.s. AG vom 22.03.2006.
786 Vgl. Ad-hoc-Mitteilung b.i.s. AG vom 04.09.2006.
787 Vgl. Ad-hoc-Mitteilung b.i.s. AG vom 18.05.2007.

	Verschmelzungsabsicht	Anfechtungsklagen		Freigabe/Vergleich		
Verschmelzung	Ad-hoc-Mitteilung	elektr. Bundesanzeiger	Ad-hoc-Mitteilung	elektr. Bundesanzeiger	Ad-hoc-Mitteilung	Datum Beschluss
Phoenix AG/Continental AG	28.10.04[788]	25.02.05	-	-	-	14.12.06
Bewag AG/Vattenfall Europe AG	03.12.02[789]	08.04.03	-	-	27.08.03[790]	26./27.08.03

Tabelle 6: Ereigniszeitpunkte Bekanntgabe Verschmelzung, Klageerhebung und Freigabe/Vergleich

5.1.5. Festlegung der Ereigniszeitfenster

Als Ereigniszeitfenster wird das in Börsenhandelstagen festgesetzte Intervall um den Ereignistag bezeichnet. In diesem Betrachtungszeitraum werden signifikante Aktienkursveränderungen als Kapitalmarktreaktion auf das unternehmensspezifische Ereignis interpretiert. Das Ereigniszeitfenster sollte symmetrisch um den Ereignistag liegen und mehrere Börsenhandelstage umfassen, um sowohl frühzeitige als auch zeitlich verzögerte Kapitalmarktreaktionen zu erfassen.[791] Das Ereigniszeitfenster sollte nicht zu groß gewählt werden, um Störereignisse um den Ereignistag auszuschließen. Allerdings ist zu bedenken, dass bei einem hinreichend großen Ereigniszeitfenster der Gesamteffekt des Ereignisses erfasst wird, da auch frühzeitige und verzögerte Kapitalmarktreaktionen mit eingeschlossen sind.[792]

Bei den hier zu betrachtenden Ereignissen – Bekanntgabe Anfechtungsklage sowie Bekanntgabe Vergleich/Freigabe – wurde ein Intervall von fünf Börsenhandelstagen symmetrisch um die Ereignistage gelegt. Die Bekanntgabe der Anfechtungsklage erfolgte jeweils im elektronischen Bundesanzeiger. Lediglich in einem Fall erfolgte diesbezüglich eine Ad-hoc-Mitteilung acht Börsenhandelstage vor der Bekanntgabe im Bundesanzeiger. Da die Bekanntgabe im elektronischen Bundesanzeiger nicht die gleiche Informationswirkung wie eine Ad-hoc-Mitteilung erzielt, ist ein Intervall von fünf Tagen erforderlich. Dabei wird zum einen davon ausgegangen, dass die Information über anhängige Anfechtungsklagen bereits vor der Bekanntgabe im elektronischen Bundesanzeiger auf dem Kapitalmarkt verfügbar war, und zum anderen, dass sich die Information über den Bundesanzeiger nicht so schnell am Kapitalmarkt verbreitet wie eine Ad-hoc-Mitteilung. Das Ereigniszeitfenster wurde aber bewusst nicht größer als τ = -5 bis τ = +5 gewählt, um die Aussagefähigkeit der Signifikanztests

[788] Vgl. Ad-hoc-Mitteilung der Continental AG vom 28.10.2004.
[789] Vgl. Ad-hoc-Mitteilung der Vattenfall Europe AG vom 03.12.2002.
[790] Vgl. Ad-hoc-Mitteilung Vattenfall Europe AG vom 27.08.2003.
[791] Siehe Jakopin (2006), S. 201, und Eisele / Walter (2006), S. 349.
[792] Vgl. McWilliams / Siegel (1997), S. 636 - 637.

nicht zu gefährden.[793] Durch die Festlegung des Ereigniszeitfensters auf nur elf Börsenhandelstage wird die Gefahr von Störereignissen im Betrachtungszeitraum verringert.[794] Die Schätzperiode der Regressionsfunktionen beträgt jeweils 190 Börsenhandelstage. Eine Länge der Schätzperiode von mindestens 30 Börsenhandelstagen gewährleistet,[795] dass die Schätzung der Parameter des Regressionsmodells nicht durch autokorrelierte Störgrößen verzerrt wird.[796] Nachfolgend werden das Ereigniszeitfenster und die Schätzperiode grafisch dargestellt:

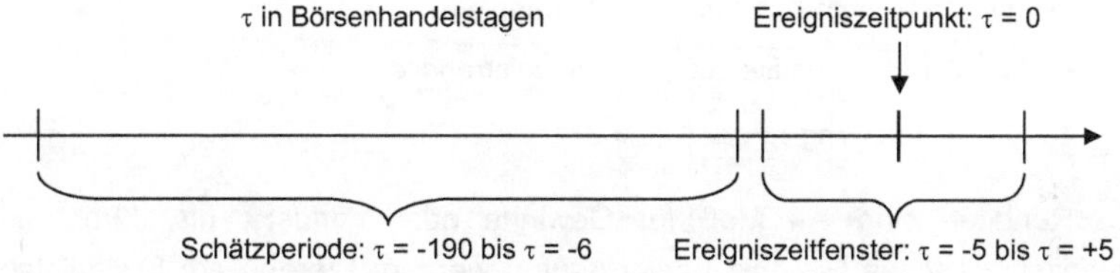

Abbildung 12: Ereigniszeitfenster und Schätzperiode

5.1.6. Regressionsmodell zur Schätzung der erwarteten Renditen

Die Schätzung der Wertpapierrenditen kann mittels alternativer Modelle wie dem Marktmodell, dem Capital Asset Pricing Modell, dem Modell der mittelwertbereinigten Renditen oder dem Modell der marktbereinigten Renditen erfolgen.[797] Da das Marktmodell zum einen für die Schätzung der Renditen besser geeignet ist als andere Modelle[798] und zum anderen in der Literatur sehr häufig benutzt wird,[799] soll dieses auch hier Verwendung finden.[800] Das Marktmodell legt die Annahme zugrunde, dass zwischen der Rendite eines Wertpapiers und der Rendite des Marktportfolios ein linearer Zusammenhang besteht.[801] Weitere erklärende Variablen werden nicht in das Modell einbezogen.[802] Aus dem beobachteten Zusammenhang

[793] Zur Problematik der Teststatistik bei langen Ereigniszeitfenstern vgl. Brown / Warner (1980), S. 225 - 226, und Brown / Warner (1985), S. 14 - 15.
[794] Siehe auch Gerpott / Jakopin (2006), S. 68.
[795] Vgl. Brown / Warner (1985), S. 6.
[796] Vgl. MacKinlay (1997), S. 21.
[797] Vgl. Jakopin (2006), S. 204. Zur einführenden Darstellung der Modelle zur Renditebereinigung siehe Hauser (2003), S. 137 - 143. Ausführlich wird das Capital-Asset-Pricing-Modell und das Marktmodell in Perridon / Steiner / Rathgeber (2009), S. 258 - 260, beschrieben.
[798] Vgl. Gerpott / Jakopin (2006), S. 69.
[799] Vgl. etwa Armitage (1995), S. 46; Jakopin (2006); MacKinlay (1997), S. 17 - 19; May (1991), S. 322, und McWilliams / Siegel (1997), S. 628.
[800] Vgl. Binder (1998), S. 121 - 122.
[801] Kritisch zur Prognosetauglichkeit des Marktmodells: Vgl. Steiner / Bruns (2002), S. 40 - 41.
[802] Vgl. Perridon / Steiner / Rathgeber (2009), S. 260.

der Rendite eines Wertpapiers mit der Rendite des Marktportfolios wird mittels linearer Einfachregression eine Schätzfunktion berechnet. Formal stellt sich der Zusammenhang der Rendite eines Wertpapieres *j* und der Marktrendite zum Zeitpunkt τ wie folgt dar:

(63) $R_{j,\tau} = \alpha_j + \beta_j R_{m,\tau} + \varepsilon_{j,\tau}$;

mit: $R_{j,\tau}$: Rendite des Wertpapiers j am Tag τ

$R_{m,\tau}$: Rendite des Marktportfolios am Tag τ

α_j: von der Marktrendite unabhängige Wertpapierrendite

β_j: Einfluss der Marktrendite auf die Wertpapierrendite j

$\varepsilon_{j,\tau}$: Zufallsfehler am Tag τ.

Abnormale Renditen sind ein Maß für Gewinne oder Verluste, die durch ein unternehmensspezifisches Ereignis hervorgerufen werden. Werden am Ereignistag oder in der Ereignisperiode abnormale Renditen beobachtet, gibt dies Aufschluss über die Kapitalmarktreaktion hinsichtlich des zu untersuchenden Ereignisses.[803] Die abnormale Rendite ist die Differenz der empirischen Rendite und der durch das Regressionsmodell geschätzen Rendite des Wertpapiers *j* am Tag τ:

(64) $AR_{j,\tau} = \varepsilon_{j,\tau} = R_{j,\tau} - \hat{R}_{j,\tau}$;

mit: $\hat{R}_{j,\tau}$: gleich der geschätzten Rendite des Wertpapiers j am Tag τ.[804]

Die abnormale Rendite entspricht mithin der nicht erklärten Streuung der Gesamtabweichung der empirischen Rendite vom Mittelwert aller Beobachtungswerte der Schätzperiode. Bei einem hohen Bestimmtheitsmaß der Regressionsfunktion ist die erklärte Streuung der Gesamtabweichung in der Schätzperiode entsprechend groß.[805] Führen unternehmensspezifische Ereignisse in der Ereignisperiode zu einem hohen Anteil der nicht erklärten Streuung, dann hat das Ereignis Einfluss auf den Unternehmenswert.[806] Diese in der Regressionsgleichung nicht erfassten Einflussgrößen (Störgrößen) zeigen sich in einer Abweichung von der Regressionsgeraden. Die Störgrößen sind annahmegemäß normalverteilt und haben einen Erwartungswert von null.[807] Dies ist

---

[803] Vgl. Hauser (2003), S. 135.

[804] Vgl. statt vieler Brown / Warner (1980), S. 205; McWilliams / Siegel (1997), S. 628 - 629, und Peterson (1989), S. 42.

[805] Zur Zerlegung der Gesamtabweichung vgl. etwa Backhaus et al. (2008), S. 68 - 69.

[806] Vgl. auch McWilliams / Siegel (1997), S. 628.

[807] Siehe Fahrmeir et al. (2004), S. 479.

für die Duchführung der Signifikanztests der gemessenen abnormalen Renditen von Bedeutung.[808]

Die Berechnung der Regressionsgleichung erfolgt mittels der Kleinst-Quadrate-Methode.[809] Zur Eignung des Regressionsmodells hinsichtlich der Schätzung von Wertpapierrenditen müssen die Güte des Modells und die Einhaltung bestimmter statistischer Annahmen überprüft werden. Hierzu werden das Bestimmtheitsmaß und die Regressionskoeffizienten getestet sowie die Residuen auf Autokorrelation und Heteroskedastizität hin überprüft.[810] Die Signifikanztests der abnormalen Renditen werden noch ausführlich erläutert.

5.1.7. Marktindex und Berechnung der Kursrenditen

Zur Schätzung der Wertpapierrenditen muss ein geeigneter Marktindex als Regressor ausgewählt werden. Der CDAX umfasst alle Werte des Prime Standard und des General Standard, die an der Frankfurter Wertpapierbörse gehandelt werden. Das Gewicht einer Aktie bemisst sich nach dem Anteil der gesamten Marktkapitalisierung der im Index enthaltenen Werte.[811] Der CDAX misst die Entwicklung des gesamten deutschen Aktienmarktes und ist deshalb besonders als Regressor geeignet.[812] Obwohl in der empirischen Forschung auch gleichgewichtete Indizes verwendet werden,[813] wird hier dennoch der CDAX zugrunde gelegt.[814] Zwar sind infolge des sog. Small-Firm-Effekt[815] für kleinere Unternehmen tendenziell höhere Renditen beobachtbar, jedoch bildet ein wertgewichteter Index die Marktentwicklung genauer ab.[816]

Der CDAX-Performance-Index wird um Kapitalveränderungen, Bezugsrechte und Dividenden bereinigt. Da bei Ereignisstudien im allgemeinen Performance-Indizes

808 Vgl. auch Backhaus et al. (2008), S. 90 - 91.

809 Zur Berechnung der Regressionsgeraden mittels der Kleinst-Quadrate-Methode vgl. etwa Fahrmeir et al. (2004), S. 153 - 155.

810 Vgl. auch Hauser (2003), S. 138. Zur Erläuterung der Begriffe Heteroskedastizität und Autokorrelation vgl. Backhaus et al. (2008), S. 85 - 87.

811 Vgl. Perridon / Steiner / Rathgeber (2009), S. 164.

812 Die Wertgewichtung des CDAX erscheint nicht problematisch, da auch beim Asset Pricing wertgewichtete Marktindizes verwendet werden. Vgl. Brown / Warner (1980), S. 213. Siehe auch Steiner / Bruns (2002), S. 38.

813 So auch Netter / Mitchell (1989), S. 89; Schremper (2003), S. 585 - 586, und Stephens / Weisbach (1998), S. 326. Vgl. weiterhin auch Dimson / Marsh (1986), S. 130.

814 Zur Gewichtung der Unternehmen bei der Indexermittlung vgl. Perridon / Steiner / Rathgeber (2009), S. 236 - 237.

815 Zum Phänomen des sog. Small-Firm-Effektes vgl. Banz (1981), S. 12 - 13; Reinganum (1981), S. 44, und Zarowin (1989), S. 27.

816 Siehe Hauser (2003), S. 144.

verwendet werden,[817] wurde der CDAX-Performance-Index und nicht der CDAX-Kurs-Index zugrunde gelegt. Die Wertpapierrenditen und die Marktrendite können diskret oder logarithmisch berechnet werden. Die logarithmierte Berechnung der Renditen ist vorteilhaft, da diese eher normalverteilt sind. Jedoch führen logarithmierte Renditen systematisch zu niedrigen Schätzungen und damit zur Unterschätzung der empirischen durchschnittlichen abnomalen Renditen.[818] Die Berechnung diskreter Renditen ist den logarithmischen Renditen in Ereignisstudien daher vorzuziehen.[819]

5.1.8. Analyse der abnormalen Renditen und statistische Testverfahren

Die abnormalen Renditen werden zur weiteren Analyse verdichtet, um die Unternehmenswertentwicklung infolge der Ereignisse Ankündigung der Verschmelzung, Bekanntgabe der Anfechtungsklage sowie Mitteilung einer/eines Freigabe/Vergleichs zu beurteilen.[820] In einem ersten Schritt wird die durchschnittliche abnormale Rendite für das Ereigniszeitfenster berechnet:[821]

$$(65)\quad \overline{AR_\tau} = \frac{1}{N}\sum_{j=1}^{N} AR_{j,\tau};$$

mit: N = Anzahl der Ereignisse.[822]

In einem weiteren Schritt wird die durchschnittliche abnormale Rendite über den Ereigniszeitraum kumuliert:[823]

$$(66)\quad \overline{KAR} = \frac{1}{N}\sum_{j=1}^{N}\sum_{\tau=1}^{T} AR_{j,\tau};$$

mit: T = letzter Tag des Ereigniszeitfensters.

Bevor die abnormalen Renditen im Ereigniszeitfenster auf statistische Signifikanz getestet werden, werden die durchschnittlichen abnormalen Renditen in der Ereignisperiode mithilfe des Kolmogorov-Smirnov-Anpassungstests auf Normalverteilung untersucht. Wenn die abnormalen Renditen der Schätzperiode normalverteilt sind, können diese mittels t-Test auf Signifikanz hin geprüft werden.

[817] Vgl. Hauser (2003), S. 144.
[818] Zu einem Bespiel dieses Effektes vgl. Barber / Lyon (1997), S. 349 - 350.
[819] Vgl. Hauser (2003), S. 146.
[820] Siehe auch Gerpott / Jakopin (2006), S. 70.
[821] Vgl. auch Schremper (2003), S. 586, und Eisele / Walter (2006), S. 350.
[822] Bei fünf Unternehmen, deren Hauptversammlungsbeschlüsse angefochten wurden, wäre N = 5.
[823] So auch Schremper (2003), S. 586, und Eisele / Walter (2006), S. 350.

Das ist insbesondere deswegen notwendig, weil wegen der diskreten Berechnung der Renditen und wegen des kleinen Stichprobenumfangs i.H.v. $N = 10$ nicht von einer Normalverteilung der abnormalen Renditen ausgegangen werden kann. Folgende Hypothesen werden getestet:

H_0: $F(\overline{AR_\tau}) = F_0(\overline{AR_\tau})$ für alle $\overline{AR_\tau}$

H_1: $F(\overline{AR_\tau}) \neq F_0(\overline{AR_\tau})$ für wenigstens einen Wert von $\overline{AR_\tau}$.

Nach Ermittlung der durchschnittlichen abnormalen Rendite ist zu überprüfen, inwieweit diese im Ereigniszeitfenster signifikant von null abweicht. Hierzu wird der t-Test herangezogen, der unterstellt, dass die abnormalen Renditen der Grundgesamtheit normalverteilt sind und dass deren Erwartungswert null beträgt. Die zu testende Null-Hypothese ist mithin:

H_0: $EW(\overline{AR_\tau}) = \mu_0$ H_1: $EW(\overline{AR_\tau}) \neq \mu_0$

mit: μ_0 = arithmetisches Mittel der Grundgesamtheit; $\mu_0 = 0$.

Zur Berechnung der Teststatistik wird die Streuung der Grundgesamtheit benötigt. Da diese nicht bekannt ist, wird hierzu die geschätzte Standardabweichung der abnormalen Renditen verwendet:

$$(67) \quad t_{emp} = \frac{\overline{AR_\tau}}{s_\tau};$$

mit: s_τ = Stichproben-Standardabweichung der durchschnittlichen abnormalen Rendite.

Hinsichtlich der Berechnung der geschätzten Standardabweichung werden die abnormalen Renditen aus der Schätzperiode verwendet. Dazu ist es erforderlich, zunächst die Standardabweichungen der Wertpapiere *j* zu berechnen. Anschließend wird die durchschnittliche Standardabweichung der Wertpapiere aus der Schätzperiode ermittelt:[824]

$$(68) \quad t_{emp} = \frac{\frac{1}{N}\sum_{j=1}^{N} AR_{j,\tau}}{\frac{1}{N}\sqrt{\sum_{j=1}^{N}\left(\frac{\sum_{\tau=1}^{T}\left(AR_{j,\tau}-\sum_{\tau=1}^{T}\frac{AR_{j,\tau}}{T}\right)^2}{T-1}\right)}}$$

mit: T = Anzahl der Tage des Schätzfensters.

[824] Vgl. Brown / Warner (1980), S. 253.

Vorausgesetzt wird, dass die Residuen im Zeitablauf (sog. Autokorrelation) und über die Wertpapiere nicht korreliert sind (sog. Querschnittskorrelation).[825] Des Weiteren wird angenommen, dass die Varianz der Renditen im Ereignisfenster nicht ansteigt.[826] Wenn der Betrag[827] des empirischen t-Wertes bei gegebenen Signifikanzniveau größer als der entsprechende kritische Wert der t-Verteilung (t_{tab}) bzw. wenn der p-Wert kleiner oder gleich dem α-Signifikanzniveau ist, dann muss die Null-Hypothese verworfen werden.[828] Es ist zu folgern, dass die durchschnittliche abnormale Rendite signifikant von null abweicht, d.h., das zu untersuchende Ereignis führt zu signifikanten Kursreaktionen. Die zu testenden Signifikanzniveaus betragen $\alpha = 0{,}1$, $\alpha = 0{,}05$ und $\alpha = 0{,}01$. Der p-Wert gibt an, zu welchem Niveau der Test die Null-Hypothese gerade noch verworfen hätte. Ist der p-Wert kleiner oder gleich dem α-Signifikanzniveau, kann die Null-Hypothese verworfen werden. Sollte der p-Wert größer sein, wird die Null-Hypothese beibehalten.[829]

Die Teststatistik der kumulierten abnormalen Renditen über die Zeiträume vor oder nach dem Ereignis wird wie nachfolgend aufgeführt berechnet, wobei die Standardabweichung mit Hilfe der Wurzel-T-Regel[830] bestimmt wird:[831]

(69) $$t_{emp} = \frac{\overline{KAR}_{[\tau_n, \tau_{n+m}]}}{\sqrt{T} \cdot s_\tau\left(\overline{AR}_\tau\right)};$$

mit: $\sqrt{T} = \sqrt{\tau_{n+m} - \tau_n + 1}$. [832]

Hierzu ist jedoch anzumerken, dass die Schätzung der Standardabweichung normalverteilte Renditen voraussetzt.[833] Da die zugrunde gelegten Renditen diskret berechnet wurden, kann nicht von normalverteilten Überrenditen ausgegangen werden. Die Teststatistik ist daher lediglich approximativ.

Aufgrund der Verteilungsannahme des t-Tests und aufgrund des geforderten hohen Stichprobenumfangs wird zur Absicherung festgestellter signifikanter abnormaler

[825] Vgl. Serra (2002), S. 4.
[826] Vgl. Boehmer / Musumeci / Poulsen (1991), S. 257 - 258.
[827] Da der t-Wert auch negativ werden kann, ist dessen Betrag mit dem kritischen Wert zu vergleichen.
[828] Zur Interpretation des t-Tests vgl. Backhaus et al. (2008), S. 76 - 77.
[829] Vgl. Fahrmeir et al. (2004), S. 420.
[830] Siehe etwa Hull (2006), S. 351.
[831] Vgl. Heiden (2002), S. 172.
[832] Das Symbol *T* bezeichnet die Börsenhandelstage. Wird eine kumulierte abnormale Rendite vom Ereignistag τ_0 bis zum Tag τ_5 aufsummiert, umfasst dieser Zeitraum *5 - 0 +1 = 6* Börsenhandelstage. Deshalb ist $T = \tau_5 - \tau_0 + 1 = 6$.
[833] Vgl. etwa Perridon / Steiner / Rathgeber (2009), S. 337.

Renditen ein weiterer nicht-parametrischer Test herangezogen. Im Gegensatz zu parametrischen Testverfahren treffen die nicht-parametrischen keine Verteilungsannahmen. Nicht-parametrische Testverfahren sind der Vorzeichentest, der Wilcoxon-Rangtest und der Rangtest nach Corrado. Hier soll der Rangtest nach Corrado hinzugezogen werden.[834] Zunächst werden bei dem Rangtest nach Corrado sämtlichen abnormalen Renditen der Schätz- und der Ereignisperiode Rangplätze zugeordnet:[835]

(70) $K_{j,\tau} = \text{rank}\left(AR_{j,\tau}\right).$

Hierbei gilt: Wenn $AR_{j,\tau+1} > AR_{j,\tau}$, dann folgt $K_{j,\tau+1} > K_{j,\tau}$ und vice versa; wobei $K_{j,\tau} \in \{1, 2, 3,\ldots, T+n\}$, mit $T+n$ gleich der Anzahl der Renditen der Schätz- und der Ereignisperiode. Sollten mehrere identische abnormale Renditen vorkommen, die den gleichen Rang einnehmen, werden Durchschnittsränge gebildet. Dieses sog. Mittelrangverfahren bedeutet, dass der Durchschnitt über die Ränge gebildet wird, die den gleichen abnormalen Renditen zukommen würden, wenn man die identischen Werte (sog. Bindungen) ignorieren und fortlaufend Ränge vergeben würde.[836] Vom tatsächlichen Rang ($K_{j,\tau}$) wird der durchschnittliche Rang $0,5\ (T+n)$ abgezogen und durch die Standardabweichung geteilt. $T+n$ ist die Gesamtzahl der in die Untersuchung eingehenden Renditen, welche sich aus der Summe der Renditen der Schätzperiode (T) und der Renditen der Ereignisperiode (n) zusammensetzt. Die Teststatistik berechnet sich dann wie folgt:

(71) $$t_{\text{Corrado}} = \frac{\frac{1}{N}\sum_{j=1}^{N}\left(K_{j,\tau} - 0{,}5(T+n)\right)}{s(K)};$$

$$\text{mit: } s(K) = \sqrt{\frac{1}{T+n}\sum_{\tau=1}^{T+n}\left(\frac{\sum_{j=1}^{N}\left(K_{j,\tau} - 0{,}5(T+n)\right)}{N}\right)^2}.$$

Für Stichprobengrößen von weniger als zehn Wertpapieren, die auf unternehmensspezifische Ereignisse hin untersucht werden, werden die Ränge standardisiert:[837]

(72) $$U_{j,\tau} = \frac{K_{j,\tau}}{((T+n)+1)};$$

mit: $U_{j,\tau}$ gleich standardisierter Rang des Wertpapiers j am Tag τ.

---

834 Vgl. Hauser (2003), S. 151.

835 Vgl. Corrado (1989), S. 388.

836 Vgl. auch Fahrmeir et al. (2004), S. 443 - 444.

837 Siehe Corrado (1989), S. 392.

Wegen der Standardisierung errechnet sich stets ein mittlerer Rang von 0,5. Die sich hieraus ergebende Teststatistik ist die Folgende:[838]

$$(73)\quad t_{Corrado}=\frac{1}{\sqrt{N}}\sum_{j=1}^{N}\frac{U_{j,\tau}-0{,}5}{s_{\tau}(U)};$$

mit: $s_{\tau}(U)=\sqrt{\frac{1}{T+n}\sum_{\tau=1}^{T+n}\left(\frac{1}{\sqrt{N}}\sum_{j=1}^{N}(U_{j,\tau}-0{,}5)\right)^2};$

und: s_{τ} gleich Standardabweichung des durchschnittlichen standardisierten Rangs.

Zu testen ist die Null-Hypothese, dass sich die durchschnittlichen Ränge der abnormalen Renditen nicht signifikant vom durschnittlichen Rang zum Zeitpunkt τ unterscheiden:

H_0: $\overline{U_{\tau}} = 0{,}5$

H_1: $\overline{U_{\tau}} \neq 0{,}5$.

Die Teststatistik wird wiederum mit dem tabellierten t-Wert auf den Signifikanzniveaus $\alpha = 0{,}1$; $\alpha = 0{,}05$ und $\alpha = 0{,}01$ verglichen. Ist die Teststatistik größer als der tabellierte t-Wert, wird die Null-Hypothese verworfen. Der nicht-parametrische Signifikanztest ist auch auf kummulierte abnormale Renditen anwendbar. Für den Zeitraum τ_0 bis τ_5 ergibt sich die Testatatistik wie folgt:[839]

$$(74)\quad t_{Corrado}=\frac{\sum_{\tau=n}^{\tau=n+m}\left(\frac{1}{\sqrt{n}}\bar{U}_{\tau}-0{,}5\right)}{\sqrt{\tau_{n+m}-\tau_n+1}\cdot s_{\tau}(\bar{U}_{\tau})}.$$

5.2. Durchführung und Auswertung der Ereignisstudie

5.2.1. Kapitalmarktreaktion auf die Bekanntgabe der Verschmelzungsabsicht

5.2.1.1. Prognostizierte Synergiepotenziale

Im Zusammenhang mit der eigentlichen Untersuchung zur Entscheidungsrelevanz aktienrechtlicher Anfechtungsklagen wird zunächst überprüft, inwieweit die Ankündigung der Verschmelzung zu einer Kapitalmarktreaktion führt und inwieweit die Richtung der Reaktion mit den in den Geschäftsberichten prognostizierten Synergiepotenzialen übereinstimmt. Dazu werden jeweils zum Zeitpunkt der Ankün-

[838] Vgl. auch Kemper (2007), S. 318 - 319.
[839] Vgl. hierzu auch Kemper (2007), S. 319.

digung der Verschmelzung die abnormalen Renditen der betroffenen Unternehmen begutachtet.

Sollte die Information über die geplante Verschmelzung im Zusammenhang mit den in den Geschäftsberichten dargestellten Werteffekten der Fusion zu signifikanten positiven abnormalen Renditen führen, ist auch eine Verzögerung der Verschmelzung aus Anlegersicht wertrelevant, insofern ein Verzögerungsverlust entsteht. Möglich ist aber auch, dass die publizierte Verschmelzungsabsicht zu negativen Kursreaktionen führt. In diesem Fall würden die Erwartungen des Kapitalmarktes von denen des Managements divergieren und eine Blockade der Verschmelzung würde aus Kapitalanlegersicht nicht negativ beurteilt werden. In der nachfolgenden Tabelle werden zunächst die prognostizierten Synergiepotenziale sowie der Zeitpunkt der Ad-hoc-Mitteilungen und der Streubesitz im Geschäftsjahr der Mitteilung dargestellt:

Unternehmen	wesentliche Verschmelzungsmotive	Ad-hoc-Mitteilung	Streubesitz
Infor Business Solutions AG	-	07.12.06	48,50%
QSC AG	Zugriff auf Broadnet-Kernkompetenzen im Geschäft mit Unternehmenskunden; zusätzliche Wachstumspotenziale[840]	30.01.07	54,30%
Broadnet AG	operative Chancen; Stärkung der Marktposition[841]	30.01.07	7,51%
Pixelpark AG	Ausbau der Marktposition; Kostenoptimierungspotenziale auf Administrationsebene; Komplementäre operative Ausrichtung wesentlicher Faktoren; Zugewinnung von Marktanteilen[842]	20.07.06	58,54%
Elephant Seven AG	-	20.07.06	40,30%
b.i.s. AG	bedeutende Synergieeffekte im Bereich Dateneinkauf, Softwareentwicklung; Bündelung der Service- und Vertriebsaktivitäten[843]	22.03.06	25,00%
Freenet.de AG	Cross-Selling-Potenzial; Synergiepotenzial (Neuentwicklung von Produkten, IT-System, Einkauf, Verwaltung), Kostenvorteile, effiziente Kapital- und Finanzierungsstruktur[844]	04.03.05	49,57%
Mobilcom AG	wie bei der Freenet.de AG[845]	04.03.05	65,00%
ABIT AG	Synergiepotenziale heben, Cross-Selling-Effekte[846]	25.04.05	28,30%
Allianz AG	verbesserte Stellung im italienischen Markt; Profitabilität steigern & Kundenservice verbessern; Stärkere Integration; Überwindung "hemmender Komplexität"[847]	11.09.05	100%
Deutsche Telekom AG	Erhöhung des Umsatz pro Kunden; Entgegenwirken der Kundenabwanderung im traditionellen Markt für Sprachtelefonie; Einführung einer integrierten Breitbandstrategie mit kombinierten Angeboten für Netzzugang; Wachstumssynergien: Net Present Value in der Größenordnung von mindestens rund 1 Mrd. €[848]	09.10.04	61,97%

[840] Vgl. Geschäftsbericht der QSC AG 2006, S. 7 und 54.
[841] Vgl. Geschäftsbericht der Broadnet AG 2006, S. 3.
[842] Siehe Geschäftsbericht der Pixelpark AG 2006, S. 6.
[843] Vgl. Finanzbericht der b.i.s. AG 2006, S. 14.
[844] Vgl. Geschäftsbericht der Freenet.de AG 2005, S. 8.
[845] Vgl. Geschäftsbericht der Mobilcom AG 2005, S. 9.
[846] Vgl. Finanzbericht der GFKL Financial Services AG 2004, S. 2.
[847] Vgl. Geschäftsbericht der Allianz AG 2005, S. 76 - 77.
[848] Vgl. Geschäftsbericht der Deutschen Telekom AG 2004, S. 118.

Unternehmen	wesentliche Verschmelzungsmotive	Ad-hoc-Mitteilung	Streubesitz
T-Online International AG	-	10.10.04	73,93%
Continental AG	Realisierung von Synergien[849]	28.10.04	77,70%
Phoenix AG	Ausbau der gemeinsamen Position im internationalen Wettbewerb; weltweite Spitzenposition im Kerngeschäftsfeld[850]	28.10.04	62,90%

Tabelle 7: Verschmelzungsmotive und Streubesitzanteile

Die Infor Business Solutions AG, die Elephant Seven AG und die T-Online International AG haben nicht über Synergiepotenziale berichtet. Dies ist erstaunlich, da eine positive Darstellung der Fusion die Wahrscheinlichkeit der Anfechtung reduzieren sollte. Mögliche Interpretation wäre aber auch, dass eben gerade, um Anfechtungsklagen zu vermeiden, eine ausführliche Darstellung der Vorteilhaftigkeit der Verschmelzung unterbleibt. Je geringer das zukünftige Synergiepotenzial ist, desto geringer dürften auch die von professionellen Anfechtungsklägern erwarteten Abfindungszahlungen ausfallen.

5.2.1.2. Güte der Regressionsmodelle und Verteilungseigenschaften der abnormalen Renditen

Es wurden 16 Einzelregressionen berechnet, um die Kapitalmarktreaktion zum Ereigniszeitpunkt Bekanntgabe der Verschmelzungsabsicht zu testen. Die Regressionsmodelle werden in Tabelle 8 dargestellt:

Regressionsmodell	Regressionskoeffizienten	
	α_i	β_i
QSC AG	0,021	1,147
Broadnet AG	0,277	0,477
Pixelpark AG	0,054	0,966
Elephant Seven AG	0,134	0,556
Infor Business Solutions AG	0,007	0,005
Freenet.de AG	-0,201	1,758
Mobilcom AG	-0,066	1,831
ABIT AG	-0,044	0,275
Allianz AG	-0,061	1,194
Deutsche Telekom AG	0,005	0,984
T-Online International AG	-0,091	1,078
b.i.s. AG	-0,099	-0,038
Continental AG	0,180	1,009
Phoenix AG	0,414	0,555

[849] Vgl. Geschäftsbericht der Continental AG 2004, S. 49.

[850] Siehe Geschäftsbericht der Phoenix AG 2004, S. 3.

Regressionsmodell	Regressionskoeffizienten	
	α_i	β_i
Vattenfall Europe AG	0,043	0,010
Bewag AG	0,009	0,040

Tabelle 8: Einzelregressionen Bekanntgabe der Verschmelzungsabsicht

Die Einzelregressionen werden nachfolgend auf statistische Sicherheit hin untersucht. Die Residuen werden auf Autokorrelation und auf Heteroskedastizität geprüft. Da das Marktmodell nur eine unabhängige Variable besitzt, ist es nicht erforderlich, sowohl den F-Test für das gesamte Modell als auch den t-Test für den Regressionskoeffizienten durchzuführen.[851] Die Prüfung auf Heteroskedastizität erfolgt visuell anhand eines Streudiagramms der Residuen. Tabelle 9 enthält die wesentlichen Ausgabedaten der SPSS-Statistik:

Regressionsmodell	R^2	F-Wert	p-Wert	d-Wert (D-W-Test)	Hetero-skedastizität
QSC-AG	0,182	41,736	0,000	2,259$^{(-)}$	(-)
Broadnet AG	0,025	4,723	0,031	2,208	(-)
Pixelpark AG	0,078	15,873	0,000	2,362$^{(-)}$	(-)
Elephant Seven AG	0,018	3,527	0,062	2,284$^{(-)}$	(-)
~~Infor Business Solutions AG~~	0,000	0,007	0,932	2,076	(-)
Freenet.de AG	0,151	33,469	0,000	1,827	(-)
Mobilcom AG	0,245	60,968	0,000	2,305$^{(-)}$	(-)
~~ABIT AG~~	0,007	1,332	0,250	2,541$^{(-)}$	(-)
Allianz AG	0,506	192,873	0,000	2,275$^{(-)}$	(-)
Deutsche Telekom AG	0,573	251,790	0,000	1,916	(-)
T-Online AG	0,266	68,233	0,000	2,076	(-)
~~b.i.s. AG~~	0,000	0,019	0,890	2,149	(-)
Continental AG)	0,369	110,159	0,000	2,056	(-)
Phoenix AG	0,065	13,094	0,000	1,912	(+)
~~Vattenfall Europe AG~~	0,000	0,044	0,834	1,914	(+)
~~Bewag AG~~	0,010	1,813	0,180	2,664$^{(-)}$	(-)

Tabelle 9: Gütemaße der Einzelregressionen zur Bekanntgabe der Verschmelzungsabsicht

Aus Tabelle 9 ist ersichtlich, dass die Regressionsmodelle der Infor Business Solutions AG, der ABIT AG, der b.i.s. AG, der Vattenfall Europe AG und der Bewag AG statistisch nicht gesichert sind. In den Regressionsfunktionen ist der p-Wert größer als das Signifikanzniveau α = 0,1. Die Null-Hypothese $R^2 = \beta = 0$ kann nur mit einer statistischen Sicherheit von unter 10% verworfen werden. Aus diesem Grund werden diese Regressionsmodelle nicht in die Ereignisstudie einbezogen.

[851] Vgl. Backhaus et al. (2008), S. 78, und Janssen / Laatz (2005), S. 427 - 428.

Der empirische Wert des Durbin-Watson-Tests (*d*) wird mit den Grenzwerten verglichen, die sich aus der Durbin-Watson-Statistik für einen Regressor und 200 Beobachtungswerten für ein Signifikanzniveau von α = *0,05* ergeben.[852] Damit liegt im Bereich *1,778* (d_o^+) und *2,222* $(4 - d_o^+)$ keine Autokorrelation der Residuen vor. Der Unschärfebereich für positive Autokorrelation erstreckt sich vom Wert *1,758* (d_u^+) *bis* *1,778* (d_o^+) und der Unschärfebereich für negative Autokorrelation vom Bereich *2,222* $(4-d_o^+)$ *bis 2,242* $(4-d_u^+)$. Die zu testenden Hypothesen lauten wie folgt:

H_0: keine Autokorrelation (d_0^+ ; $\alpha/2 \leq d \leq 4 - d_0^+$; $\alpha/2$);

H_1: Autokorrelation ($d \leq d_u^+$; $\alpha/2$ oder $d \geq 4 - d_0^+$; $\alpha/2$).

Wenn das empirische *d* < *1,758* ist, liegt positive, und wenn *d* > *2,242* ist, liegt negative Autokorrelation vor. Die Werte sind in Tabelle 9 entsprechend mit einem Minus oder Plus gekennzeichnet. Bei der QSC AG, der Pixelpark AG, der Elephant Seven AG und der Mobilcom AG liegt negative Autokorrelation der Residuen vor. Die ($\varepsilon_{j,\tau}$; $\varepsilon_{j,\tau-1}$)-Streudiagramme[853], in denen die Residuen in Abhängigkeit von den zeitlich vorangehenden Residuen dargestellt werden, zeigen jedoch, dass bei den Unternehmen keine starke Autokorrelation der Residuen vorliegt.[854] Aus diesem Grund werden diese Unternehmen nicht aus der nachfolgend durchzuführenden Ereignisstudie ausgenommen.

Die anderen Regressionsmodelle sind wegen eines auf dem 10%-Niveau statistisch gesicherten Bestimmtheitsmaßes und wegen nicht signifikant vorhandener Autokorrelation sowie nicht vorhandener Heteroskedastizität für einen Einbezug in die Ereignisstudie geeignet. Hinsichtlich einer möglichen Verletzung der Normalverteilungsannahme der abnormalen Renditen wird für jede der letztlich elf verbleibenden Regressionsfunktionen der Kolmogorov-Smirnov-Test hinzugezogen.[855] Sollten die Abweichungen vom Erwartungswert nicht normalverteilt sein, ist der t-Test zur Überprüfung der Signifikanz nicht anwendbar.[856] Zwar treffen die im Anhang dargestellten Streudiagramme der standardisierten Residuen bereits Tendenzaussagen, jedoch ist dies kein gesicherter Hinweis.[857] Die zu testenden Hypothesen sind:

---

[852] Für die Durbin-Watson-Statistik für 200 Beobachtungswerte vgl. Savin / White (1977), S. 1994.

[853] Zur Interpretation sog. ($\varepsilon_{j,\tau}$; $\varepsilon_{j,\tau-1}$)-Streudiagramme vgl. Bleymüller / Gehlert / Gülicher (1998), S. 159.

[854] Vgl. Anlage 6.

[855] Analog zu Hauser (2003), S. 174 - 175.

[856] Vgl. Fahrmeier et al. (2004), S. 435 - 436. Vgl. weiterhin auch McWilliams / Siegel (1997), S. 634, und Grünert (2007), S. 114.

[857] Vgl. Janssen / Laatz (2005), S. 428 - 429.

H_0: Die abnormalen Renditen sind normalverteilt;

H_1: Die abnormalen Renditen sind nicht normalverteilt,

mit Prüfgröße: $D_n = \max_{\tau = 1,\ldots,T+n}(D_n^+ ; D_n^-)$.

Folgende Tabelle gibt einen Überblick über die Ergebnisse des Kolmogorov-Smirnov-Tests der standardisierten Residuen (0,00 ; 0,997) in der Schätzperiode:

Regressionsmodell	extremste Differenz (D_n)			Kolmogorov-Smiernov-Z	p-Wert
	negativ	positiv	absolut		
QSC-AG	-0,047	0,078	0,078	1,077	0,196
Broadnet AG	-0,060	0,081	0,081	1,113	0,168
Pixelpark AG	-0,035	0,073	0,073	1,010	0,259
Elephant Seven AG	-0,042	0,080	0,080	1,102	0,177
Freenet.de AG	-0.100	0,107	0,107	1,469	**0,027**
Mobilcom AG	-0,100	0,090	0,100	1,380	**0,044**
Allianz AG	-0,043	0,043	0,043	0,593	0,873
Deutsche Telekom AG	-0,055	0,042	0,055	0,757	0,616
T-Online International AG	-0,109	0,101	0,109	1,502	**0,022**
Continental AG	-0,030	0,028	0,030	0,413	0,996
Phoenix AG	-0,157	0,192	0,192	2,652	**0,000**

Tabelle 10: Normalverteilungstest zum Zeitpunkt der Ankündigung der Verschmelzungsabsicht

Die in Tabelle 10 fettgedruckten p-Werte verdeutlichen, dass die abnormalen Renditen der Freenet.de AG, der Mobilcom AG sowie der T-Online International AG und der Phoenix AG nicht normalverteilt sind. Aus diesem Grund werden sowohl parametrische als auch nicht parametrische Tests auf Signifikanz der durchschnittlichen abnormalen und auch der durchschnittlichen kumulierten abnormalen Renditen durchgeführt.

5.2.1.3. Ergebnis der Ereignisstudie zur Mitteilung der Verschmelzungsabsicht

Tabelle 11 zeigt die durchschnittliche abnormale Rendite, die durchschnittliche kumulierte abnormale Rendite und die Anzahl der negativen sowie der positiven abnormalen Renditen im Ereigniszeitraum:

Ereignistag	AR in %	t-Wert	$t_{Corrado}$	KAR in %	t-Wert	$t_{Corrado}$	# < 0	# > 0
5	-0,12	-0,153	-0,839	0,67	0,266	-0,230	6	5
4	-0,35	-0,460	-0,381	0,79	0,328	-0,208	6	5
3	-0,28	-0,369	-0,855	1,13	0,499	-0,203	6	5
2	-0,27	-0,354	-0,134	1,41	0,659	-0,178	5	6
1	-0,50	-0,654	0,148	1,68	0,839	-0,184	5	6
0	**3,17**	**4,178*****	**2,514****	**2,18**	**1,173**	**-0,206**	**3**	**8**
-1	-0,26	-0,344	-1,721	-0,99	-0,584	-0,366	9	2
-2	0,60	0,785	-1,305	-0,73	-0,480	-0,302	4	7
-3	-0,38	-0,506	-1,795	-1,32	-1,008	-0,254	5	6
-4	-1,14	-1,500	-0,076	-0,94	-0,877	-0,153	10	1
-5	0,20	0,260	-1,652	0,20	0,260	-0,206	3	8

*** signifikant auf dem 1%-Niveau; ** signifikant auf dem 5%-Niveau;
* signifikant auf dem 10%-Niveau

Tabelle 11: Abnormale und kumulierte abnormale Renditen für das Ereigniszeitfenster (N = 11)

Es wird deutlich, dass acht von insgesamt elf der untersuchten Unternehmen zum Zeitpunkt der Ankündigung der Verschmelzungsabsicht positive abnormale Renditen aufwiesen. Die durchschnittliche abnormale Rendite ist auf dem 1%-Niveau signifikant. Die Abbildung 13 zeigt die durchschnittliche abnormale Rendite der Regressionsmodelle um den Zeitpunkt der Ankündigung der Verschmelzung:

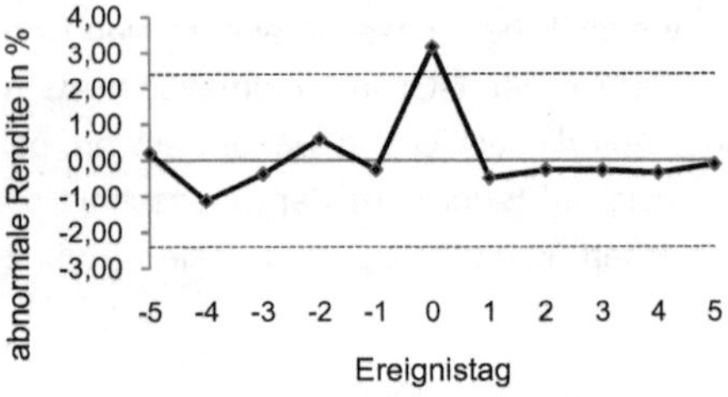

Abbildung 13: Durchschnittliche abnormale Rendite im Ereigniszeitfenster

Die in Abbildung 13 nicht durchgezogene Linie stellt die abnormale Rendite auf dem 1%-Niveau dar. Diese berechnet sich wie folgt:

$$(75) \quad t_{0,01,11} = \frac{\overline{AR}_\tau}{s(\overline{AR}_\tau)} \text{ und } t_{0,1,11} = \frac{\overline{AR}_\tau}{s(\overline{AR}_\tau)};$$

$$\text{so dass } \overline{AR}_{\tau,0,01} = t_{0,01,11} \cdot s(\overline{AR}_\tau) \text{ bzw. } \overline{AR}_{\tau,0,01} = t_{0,01,11} \cdot s(\overline{AR}_\tau).$$

Die durchschnittliche kumulierte abnormale Rendite ist statistisch nicht signifikant, was Abbildung 14 verdeutlicht:

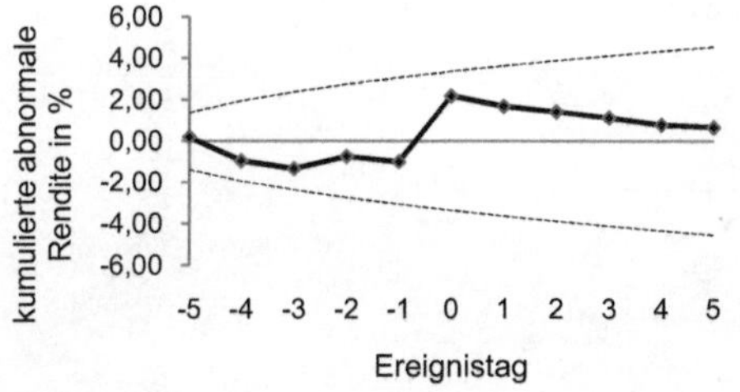

Abbildung 14: Kumulierte durchschnittliche abnormale Rendite im Ereigniszeitfenster

Die nicht durchgezogene Linie ist die kumulierte durchschnittliche abnormale Rendite auf dem 10%-Niveau. Für die Berechnung gilt analog zur Gleichung (75):

(76) $$t_{0,1,3} = \frac{\overline{KAR}_{[\tau_n,\tau_{n+m}]}}{\sqrt{T}\cdot s_\tau(\overline{AR}_\tau)} \text{ und } t_{0,1,10} = \frac{\overline{KAR}_{[\tau_n,\tau_{n+m}]}}{\sqrt{T}\cdot s_\tau(\overline{AR}_\tau)};$$

$$\text{so dass } \overline{KAR}_{[\tau_n,\tau_{n+m}],0,1} = t_{0,1,10}\cdot s(\overline{AR}_\tau) \text{ bzw. } \overline{KAR}_{[\tau_n,\tau_{n+m}],0,1} = t_{0,1,10}\cdot s(\overline{AR}_\tau).$$

Die Nicht-Signifikanz der kumulierten durchschnittlichen abnormalen Rendite kann auf die kleine Anzahl der Fälle blockierter Verschmelzungen im Untersuchungszeitraum zurückgeführt werden; des Weiteren ist dies aber auch dadurch zu begründen, dass infolge der statistisch nicht gesicherten Regressionen die b.i.s. AG mit einer Rendite i.H.v. 21,53% und die ABIT AG mit einer abnormalen Rendite i.H.v. 4,44% jeweils am Ereignistag nicht mit einbezogen wurden. Finden beide Unternehmen Berücksichtigung, ist die kumulierte durchschnittliche abnormale Rendite auf dem 1%-Niveau signifikant. Ähnliche Ergebnisse weisen auch die nicht-parametrischen Tests auf. Werden beide Unternehmen einbezogen, ergeben sich Signifikanzen auf dem 1%-Niveau. Ohne die beiden Unternehmen ist die durchschnittliche abnormale Rendite nach dem Corrado-Testverfahren lediglich auf dem 5%-Niveau signifikant (vgl. Tabelle 11).

Um die gesamte Kapitalmarktreaktion aller 16 betroffenen Unternehmen (vgl. Tabelle 8) zu zeigen, wird im Folgenden die durchschnittliche Rendite aller untersuchten Unternehmen im Ereigniszeitfenster dem arithmetischen Mittel aller positiven und dem arithmetische Mittel aller negativen Kursrenditen (- - -) der Schätzperiode gegenüber gestellt. Weiterhin wird auch die durchschnittlich kumulierte Rendite im Ereigniszeitfenster grafisch verdeutlicht:[858]

[858] Die nicht durchgezogenen Linien in Abbildung 15 wurden aus den arithmetischen Mitteln der Kursrenditen der Schätzperiode mithilfe der sog. Wurzel-T-Regel ermittelt $(\mu\cdot\sqrt{T})$.

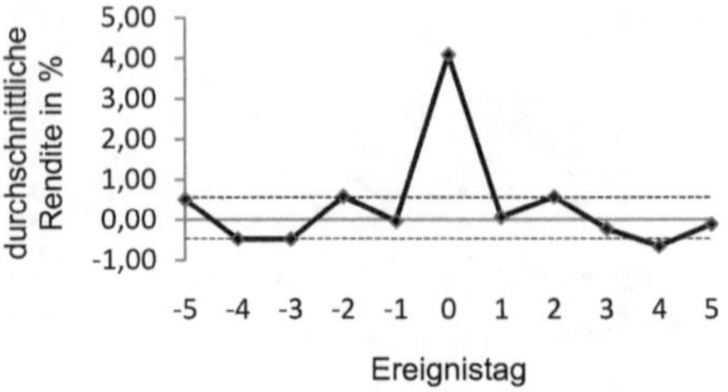

Abbildung 15: Durchschnittliche Rendite im Ereigniszeitfenster

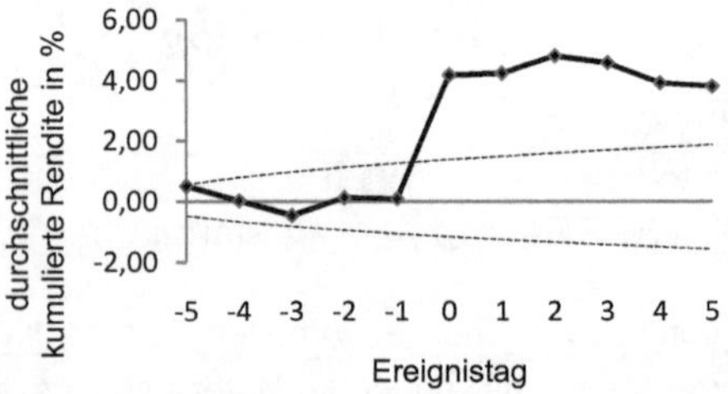

Abbildung 16: Durchschnittliche kumulierte Rendite im Ereigniszeitfenster

Aus der Abbildung 15 geht hervor, dass die durchschnittliche Rendite der untersuchten Unternehmen um den Ereignistag zwischen dem arithmetischen Mittel aller positiven und dem aller negativen Renditen aus der Schätzperiode liegt. Am Ereignistag selbst übersteigt die durchschnittliche Rendite den historischen Durchschnittswert aller positiven Renditen der Schätzperiode deutlich. Die Abbildung 16 zeigt die kumulierte durchschnittliche Rendite, die die historischen Durchschnittswerte am Ereignistag und den darauffolgenden auch deutlich übersteigt.

5.2.1.4. Interpretation der Ergebnisse

Innerhalb des Ereigniszeitfensters wurden keine statistisch signifikanten Störereignisse identifiziert. Am Ereignistag beträgt die abnormale Rendite 3,17% und ist auf dem 1%-Niveau signifikant. Die durchschnittliche abnormale Rendite wird wesentlich durch die der Broadnet AG i.H.v. 10,68%, der Elephant Seven AG i.H.v. 7,33%, der Freenet.de AG i.H.v. 9,52% und der Mobilcom AG i.H.v. 7,10% beeinflusst. Für die weitere Untersuchung ist Folgendes relevant:

Die signifikante durchschnittliche Überrendite zeigt die Entscheidungsrelevanz der Verschmelzungsabsicht. Da acht von elf Unternehmen eine positive durchschnittliche abnormale Rendite aufwiesen, erwarten die Kapitalmarktteilnehmer offensichtlich positive Synergie-Cashflows. Das ist für die weitere Untersuchung sehr bedeutsam. Vorausgesetzt die Verzögerung der Verschmelzung führt zu einem Verzögerungsverlust, wird der Kapitalmarkt auf die Anfechtungsklagen entsprechend mit Veräußerungen der Wertpapiere reagieren, sobald die Information über anhängige Anfechtungsklagen publiziert wird. Der Kapitalmarkt wird positiv reagieren, wenn die Anfechtungsklagen in einem Vergleich zurückgenommen werden bzw. wenn der Vollzug der Verschmelzung freigegeben wird.

5.2.2. Kapitalmarktreaktion zur Anfechtung des Verschmelzungsbeschlusses

5.2.2.1. Güte der Regressionsmodelle und Verteilungseigenschaften der abnormalen Renditen

Als Ereigniszeitpunkt zur Untersuchung der Entscheidungsrelevanz von Anfechtungsklagen wurde der Zeitpunkt der Bekanntgabe im elektronischen Bundesanzeiger gewählt, da lediglich die Pixelpark AG eine Ad-hoc-Mitteilung hierzu verfasst hatte. Dementsprechend wurde bei der Pixelpark AG auch der Zeitpunkt der Ad-hoc-Mitteilung als Ereignistag gewählt. Um den jeweiligen Ereignistag wurden sechzehn Einzelregressionen berechnet, die in Tabelle 12 abgebildet sind:

Regressionsmodell	Regressionskoeffizienten	
	α_i	β_i
Infor Business Solutions AG	0,025	0,093
QSC AG	-0,167	0,861
Broadnet AG	-0,124	0,524
Pixelpark AG	0,020	0,544
Elephant Seven AG	-0,074	0,341
b.i.s. AG	-0,101	-0,062
Freenet.de AG	0,047	0,866
Mobilcom AG	-0,019	0,983
ABIT AG	0,189	-0,147
Allianz AG	0,037	1,140
Deutsche Telekom AG	-0,079	0,831
T-Online International AG	-0,085	0,428
Continental AG	0,194	0,852
Phoenix AG	0,170	0,176
Vattenfall Europe AG	0,154	-0,020
Bewag AG	-0,034	0,036

Tabelle 12: Einzelregressionen Bekanntgabe der Anfechtung des Verschmelzungsbeschlusses

Die 16 Einzelregressionen werden auf statistische Sicherheit und die Residuen der Einzelregressionen auf Autokorrelation und auf Heteroskedastizität hin geprüft. Die Prüfung auf Heteroskedastizität erfolgt wiederum visuell anhand eines Streudiagramms der Residuen. Die wesentlichen Ausgabedaten der SPSS-Statistik sind in Tabelle 13 abgebildet:

Regressionsmodell	R^2	F-Wert	p-Wert	d-Wert (D-W-Test)	Hetero-skedastizität
QSC-AG	0,103	21,473	0,000	2,336 $^{(-)}$	(-)
Broadnet AG	0,024	4,540	0,034	1,953	(-)
Pixelpark AG	0,034	6,645	0,011	2,487 $^{(-)}$	(-)
Elephant Seven AG	0,018	3,495	0,063	2,488 $^{(-)}$	(-)
~~Infor Business Solutions AG~~	0,004	0,847	0,359	2,351 $^{(-)}$	(-)
Freenet.de AG	0,091	18,766	0,000	1,965	(-)
Mobilcom AG	0,149	32,819	0,000	1,928	(-)
~~ABIT AG~~	0,003	0,510	0,476	2,369 $^{(-)}$	(-)
Allianz AG	0,529	211,568	0,000	1,917	(-)
Deutsche Telekom AG	0,347	99,963	0,000	2,077	(-)
T-Online AG	0,086	17,708	0,000	1,851	(-)
~~b.i.s. AG~~	0,000	0,065	0,799	1,438 $^{(+)}$	(+)
Continental AG	0,252	63,333	0,000	1,981	(-)
~~Phoenix AG~~	0,014	2,604	0,108	2,061	(-)
~~Vattenfall Europe AG~~	0,001	0,268	0,605	1,926	(+)
~~Bewag AG~~	0,008	1,492	0,223	2,301 $^{(-)}$	(+)

Tabelle 13: Gütemaße der Einzelregressionen zum Zeitpunkt der Anfechtung

Aus Tabelle 13 ist ersichtlich, dass die Regressionsmodelle der Infor Business Solutions AG, der ABIT AG, der b.i.s. AG, der Phoenix AG und der Vattenfall Europe AG sowie der Bewag AG statistisch nicht gesichert sind. Diese Regressionsmodelle werden in die Ereignisstudie nicht einbezogen.

Die zu testenden Hypothesen des Autokorrelationstests lauten wiederum wie folgt:

H_0: keine Autokorrelation (d_0^+ ; $\alpha/2 \leq d \leq 4 - d_0^+$; $\alpha/2$);

H_1: Autokorrelation ($d \leq d_u^+$; $\alpha/2$ oder $d \geq 4 - d_0^+$; $.\alpha/2$).

Die Werte sind in Tabelle 13 analog zur Tabelle 9 mit einem Minus oder Plus gekennzeichnet. Sowohl bei der QSC AG als auch bei der Pixelpark AG und bei der Elephant Seven AG liegt bei den Regressionen um den Ereigniszeitpunkt Anfechtung negative Autokorrelation der Residuen vor. Die ($\varepsilon_{j,\tau}$; $\varepsilon_{j,\tau-1}$)-Streudiagramme[859] der

859 Die Streudiagramme stellen die Residuen in Abhängigkeit von den zeitlich vorangehenden Residuen dar. Zur Interpretation sog. ($\varepsilon_{j,\tau}$; $\varepsilon_{j,\tau-1}$)-Streudiagramme vgl. Bleymüller / Gehlert / Gülicher (1998), S. 159.

betroffenen Unternehmen zeigen jedoch, dass keine eindeutigen Muster erkennbar sind, welche auf starke Autokorrelation der Residuen hinweisen.[860] Aus diesem Grunde werden die Einzelregressionen der QSC AG und der Pixelpark AG sowie der Elephant Seven AG und der Continental AG in die Ereignisstudie einbezogen.[861]

Die übrigen Regressionsmodelle sind für einen Einbezug in die Ereignisstudie uneingeschränkt geeignet. Die zu testenden Hypothesen des Kolmogorov-Smirnov-Tests auf Normalverteilung der abnormalen Renditen sind wiederum:

H_0: Die abnormalen Renditen sind normalverteilt;

H_1: Die abnormalen Renditen sind nicht normalverteilt;

mit Prüfgröße: $D_n = \max_{\tau = 1,\ldots,T+n}(D_n^+ ; D_n^-)$.

Die Tabelle 14 zeigt die Ergebnisse des Kolmogorov-Smirnov-Tests der standardisierten abnormalen Renditen (0,00 ; 0,997) in der Schätzperiode:

Regressionsmodell	extremste Differenz (D_n)			Kolmogorov-Smiernov-Z	p-Wert
	negativ	positiv	absolut		
QSC-AG	-0,052	0,093	0,093	1,277	0,077
Broadnet AG	-0,073	0,144	0,144	1,983	**0,001**
Pixelpark AG	-0,062	0,087	0,087	1,206	0,109
Elephant Seven AG	-0,073	0,108	0,108	1,495	**0,023**
Freenet.de AG	-0,078	0,140	0,140	1,928	**0,001**
Mobilcom AG	-0,079	0,111	0,111	1,525	**0,019**
Allianz AG	-0,060	0,036	0,060	0,830	0,496
Deutsche Telekom AG	-0,063	0,077	0,077	1,064	0,207
T-Online International AG	-0,099	0,075	0,099	1,360	**0,049**
Continental AG	-0,034	0,050	0,050	0,687	0,733

Tabelle 14: Normalverteilungstest zum Zeitpunkt der Anfechtung des Verschmelzungsbeschlusses

Es wird deutlich, dass die Regressionen der Broadnet AG, der Elephant Seven AG, der Freenet.de AG, der Mobilcom AG und der T-Online International AG unter Zugrundelegung eines 5%-Signifikanzniveaus nicht normalverteilte Residuen aufweisen. Deshalb werden die abnormalen Renditen nachfolgend sowohl mit dem parametrischen t-Test als auch mit dem nicht parametrischen Corrado Rangplatzverfahren auf statistische Signifikanz hin überprüft.

[860] Vgl. Anlage 7.

[861] Vgl. Bleymüller / Gehlert / Gülicher (1998), S. 159.

5.2.2.2. Ergebnisse der Ereignisstudie zum Zeitpunkt Anfechtung

Tabelle 15 zeigt die durchschnittliche abnormale Tagesrendite, die durchschnittliche kumulierte abnormale Rendite sowie die Anzahl der positiven und der negativen abnormalen Renditen für das Ereigniszeitfenster *T* bis *T+n*:

Ereignistag	AR in %	t-Wert	$t_{Corrado}$	KAR in %	t-Wert	$t_{Corrado}$	# < 0	# > 0
5	1,36	2,24*	0,539	1,46	0,72	0,31	0	10
4	-0,11	-0,19	2,394**	0,10	0,05	0,31	4	6
3	1,86	3,06**	2,865**	0,21	0,12	0,22	5	5
2	0,26	0,43	0,251	-1,65	-0,96	0,11	5	5
1	-0,44	-0,72	1,931*	-1,91	-1,19	0,11	5	5
0	**-0,18**	**-0,30**	**-0,310**	**-1,48**	**-0,99**	**0,02**	**5**	**5**
-1	-0,37	-0,62	0,147	-1,30	-0,95	0,03	2	8
-2	-0,28	-0,47	-0,098	-0,92	-0,76	0,03	6	4
-3	0,13	0,21	0,343	-0,64	-0,61	0,04	7	3
-4	0,79	1,30	0,038	-0,76	-0,89	0,02	3	7
-5	-1,55	-2,55**	0,188	-1,55	-2,55**	0,02	4	6
*** signifikant auf dem 1%-Niveau; ** signifikant auf dem 5%-Niveau; * signifikant auf dem 10%-Niveau								

Tabelle 15: Abnormale und kumulierte abnormale Renditen für das Ereigniszeitfenster (N = 10)

Die Abbildung 17 und die Abbildung 18 stellen die Entwicklung der durchschnittlichen abnormalen Rendite und der durchschnittlichen kumulierten abnormalen Rendite grafisch dar:

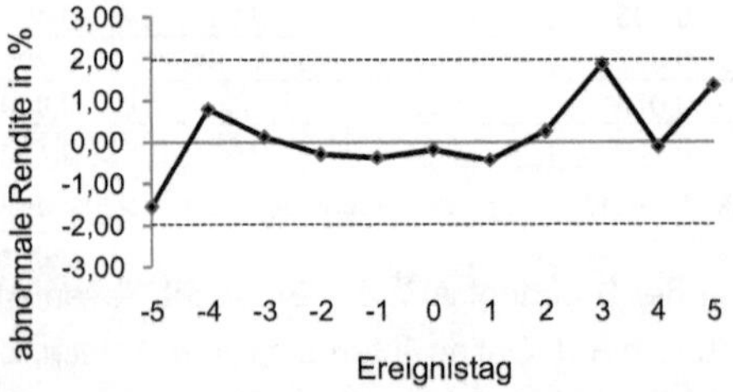

Abbildung 17: Durchschnittliche abnormale Rendite im Ereigniszeitfenster

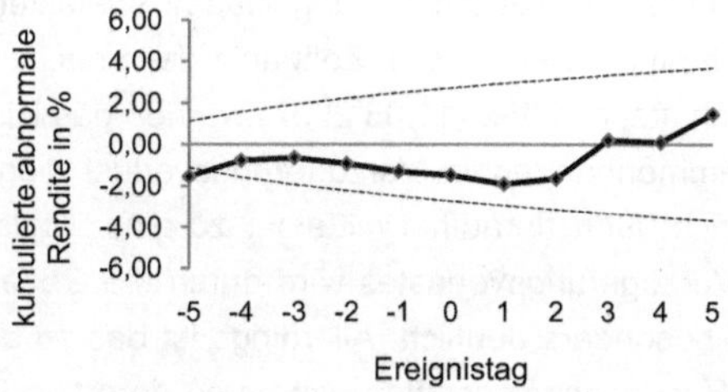

Abbildung 18: Kumulierte durchschnittliche abnormale Rendite im Ereigniszeitfenster

Die jeweils nicht durchgezogenen Linien markieren die Höhe der durchschnittlichen abnormalen Rendite auf dem 1%-Niveau und die durchschnittliche kumulierte abnormale Rendite auf dem 10%-Niveau. Diese werden entsprechend den Gleichungen (75) und (76) berechnet.

Fünf Tage vor Bekanntwerden der Anfechtungsklagen wird die höchste negative durchschnittliche abnormale Rendite gemessen, die auf dem 5%-Niveau statistisch signifikant ist. Vier der untersuchten Unternehmen haben am Tag $\tau = -5$ negative abnormale Renditen, wobei die Pixelpark AG mit -11,36% und die Elephant Seven AG mit -6,07% signifikante abnormale Renditen aufweisen. Bemerkenswert ist, dass die Pixelpark AG das einzige Unternehmen ist, welches über die anhängigen Anfechtungsklagen per Ad-hoc-Mitteilung informiert hatte.[862] Alle anderen Anfechtungsklagen wurden im elektronischen Bundesanzeiger bekanntgegeben. Allerdings ist erstaunlich, dass diese hohe abnormale Rendite bei beiden Unternehmen fünf Tage vor der Ad-hoc-Mitteilung gemessen wurde. Am 16.08.2007 gab es eine Pressemitteilung der Pixelpark AG über eine Preisnominierung der Pixelparkgruppe. Diese Mitteilung lässt aber nicht auf eine negative abnormale Rendite schließen. Am 17.08.2007 wurde der Konzernabschluss 2006 im Bundesanzeiger veröffentlicht, welcher erstmalig wieder ein positives Konzernergebnis auswies.

Eine mögliche Interpretation wäre die, dass die Pixelpark AG die Synergiepotenziale infolge der geplanten Fusion mit der Elephant Seven AG im Finanzbericht 2006 deutlich hervorhob und sich die Aktionäre der Pixelpark AG in Anbetracht der positiven Ertragsaussichten im Zusammenhang mit der geplanten Verschmelzung über den Verzögerungsverlust infolge der Anfechtungsklagen bewusst wurden. Die nicht Realisierbarkeit erwarteter Einzahlungsüberschüsse wird vor dem Hintergrund der Verzögerung deutlich. Die Anfechtungsklagen waren zum Zeitpunkt der Veröffentlichung möglicherweise bereits bekannt, da die Hauptversammlung der Elephant Seven AG

[862] Ad-hoc-Mitteilung der Pixelpark AG vom 23.08.2007.

bereits am 25.06.2007 durchgeführt wurde und die Anfechtungsklagen spätestens vier Wochen nach Beschlussfassung anhängig waren. Zum Zeitpunkt der Erstellung des Konzernabschlusses und des Geschäftsberichtes (11.05.2007) wurden das Risiko der Anfechtung und ein damit zusammenhängender Verzögerungsverlust möglicherweise unterschätzt. Der Finanzbericht führt daraufhin mittelbar zu einer Erwartungsrevision, d.h., das Ausmaß des Verzögerungsverlustes wird durch die Gegenüberstellung der erwarteten Synergien besonders deutlich. Allerdings ist das zu bezweifeln, weil die Veröffentlichung im Bundesanzeiger eben nicht eine derartige Informationswirkung erzielt wie eine Ad-hoc-Mitteilung.

Weiterhin erstaunlich ist, dass beide Unternehmen am Tag $\tau = 3$ nach der Bekanntgabe der Anfechtungsklagen hohe positive abnormale Renditen aufweisen. Um diesen Tag herum existieren keine Pressemitteilungen der beiden Unternehmen. Deshalb wird davon ausgegangen, dass im Betrachtungszeitraum nicht identifizierbare Störereignisse vorliegen. Aus diesem Grund wurde die Ereignisstudie um den Zeitpunkt Bekanntgabe der Anfechtung nochmals ohne die Unternehmen Pixelpark- und Elephant Seven AG durchgeführt. Die Ergebnisse sind nachfolgend aufgeführt:

Ereignistag	AR in %	t-Wert	$t_{Corrado}$	KAR in %	t-Wert	$t_{Corrado}$	# < 0	# > 0
5	1,38	2,29*	0,883	1,10	0,55	0,17	0	8
4	0,25	0,41	1,559	-0,28	-0,15	0,14	3	5
3	0,00	0,00	1,981*	-0,53	-0,29	0,09	5	3
2	0,42	0,71	-0,090	-0,53	-0,31	0,00	4	4
1	-1,02	-1,69	2,038*	-0,96	-0,60	0,01	5	3
0	**0,03**	**0,04**	**-0,344**	**0,06**	**0,04**	**-0,09**	**4**	**4**
-1	0,63	1,05	-0,772	0,04	0,03	-0,08	0	8
-2	-0,44	-0,74	0,578	-0,59	-0,49	-0,05	5	3
-3	-0,49	-0,81	0,317	-0,15	-0,14	-0,09	6	2
-4	0,10	0,17	-0,676	0,34	0,40	-0,14	3	5
-5	0,24	0,39	-0,943	0,24	0,39	-0,12	2	6
*** signifikant auf dem 1%-Niveau; ** signifikant auf dem 5%-Niveau; * signifikant auf dem 10%-Niveau								

Tabelle 16: Abnormale und kumulierte abnormale Renditen für das Ereigniszeitfenster (N = 8)

Aus Tabelle 16 ist ersichtlich, dass im Ereigniszeitraum lediglich Signifikanzen auf dem 10%-Niveau festgestellt wurden. Nachfolgende Abbildungen veranschaulichen dieses Ergebnis nochmals. Die nichtdurchgezogenen Linien in der Abbildung 19 und der Abbildung 20 zeigen jeweils wieder die durchschnittliche abnormale Rendite auf dem 1%-Niveau (Abbildung 19) und die durchschnittliche kumulierte abnormale Rendite auf dem 10%-Niveau (Abbildung 20):[863]

[863] Die Berechnung erfolgt wiederum entsprechend der Gleichungen (74) und (75).

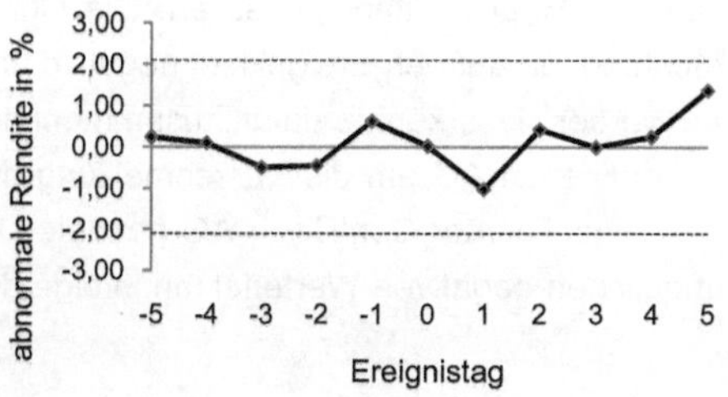

Abbildung 19: Durchschnittliche abnormale Rendite im Ereigniszeitfenster

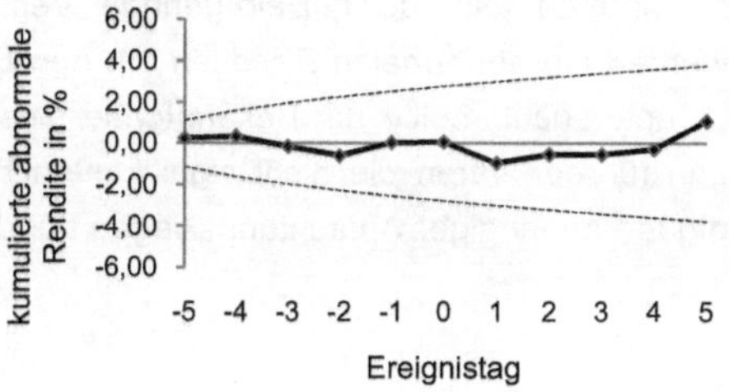

Abbildung 20: Kumulierte durchschnittliche abnormale Rendite im Ereigniszeitfenster

5.2.2.3. Interpretation der Ergebnisse

Zum Zeitpunkt der Bekanntgabe anhängiger Anfechtungsklagen wurden keine signifikanten Kursreaktionen festgestellt. Dies könnte damit zusammenhängen, dass die Anfechtungsklagen lediglich im Bundesanzeiger bekanntgegeben wurden. Nur die Pixelpark AG hat mittels einer Ad-hoc-Nachricht über die Klagen gegen den Hauptversammlungsbeschluss berichtet. Jedoch wurde auch hier zum Ereigniszeitpunkt keine abnormale Rendite gemessen. Die signifikant negativen abnormalen Renditen sowohl bei der Pixelpark AG als auch bei der Elephant Seven AG wurden fünf Tage vor dem eigentlichen Ereignis gemessen. Inwieweit die Information über anhängige Klagen bereits vor der Ad-hoc-Mitteilung bekannt war, lässt sich nicht nachvollziehen. Vier der untersuchten Unternehmen weisen negative und vier positive abnormale Renditen auf.

Die Broadnet AG, die Freenet.de AG und die Mobilcom AG weisen sowohl am Ereignistag als auch am Tag danach negative abnormale Renditen auf. Lediglich bei der QSC AG besteht nur am Ereignistag eine negative abnormale Rendite. Die Deutsche Telekom AG und auch die T-Online International AG haben am Ereignistag und auch am Tag danach positive Überrenditen. Bei der Allianz AG wurden am Tag nach der

Bekanntgabe der Anfechtungsklagen negative Überrenditen gemessen. Die Continental AG zeigt keine Tendenz in eine Richtung, da auf den Ereignistag negative und dann wieder positive Renditen gemessen wurden. Das könnte damit zusammenhängen, dass es sich hierbei aus Sicht der Continental AG um die Verschmelzung der Enkelgesellschaft Phoenix AG auf die 100%ige Tochter ContiTech AG handelt. Die Aktionäre der Continental AG sind von möglichen negativen Werteffekten infolge der Verzögerung lediglich indirekt betroffen.

Mögliche Interpretation der nicht signifikanten Überrenditen zum Zeitpunkt der Bekanntgabe der Anfechtung ist aber auch, dass anhängige Anfechtungsklagen für den Kapitalmarkt nicht entscheidungsrelevant sind, da kein oder nur ein geringer Verzögerungsverlust entsteht. Nachfolgend werden die abnormalen Renditen um den Ereigniszeitpunkt Freigabe bzw. Vergleich untersucht. Sollte die Bekanntgabe dieser Information zu signifikanten Überrenditen führen, wären die nicht signifikanten Ergebnisse um den Zeitpunkt der Bekanntgabe anhängiger Anfechtungsklagen auf die Art der Publizität zurückzuführen.

5.2.3. Kapitalmarktreaktion zur Beendigung des Anfechtungsprozesses durch Freigabe oder Vergleich

5.2.3.1. Güte der Regressionsmodelle und Verteilungseigenschaften der abnormalen Renditen

Sowohl die geschlossenen Vergleiche als auch die gerichtlichen Freigabebeschlüsse wurden jeweils mittels Ad-hoc-Mitteilung bekanntgegeben. Um den entsprechenden Ereigniszeitpunkt wurden sechzehn Einzelregressionen berechnet, die in Tabelle 17 abgebildet sind:

Regressionsmodell	Regressionskoeffizienten	
	α_i	β_i
QSC AG	-0,264	1,190
Broadnet AG	-0,218	0,471
Pixelpark AG	-0,141	0,586
Elephant Seven AG	-0,116	0,367
Infor Business Solutions AG	-0,010	0,075
Freenet.de AG	-0,022	0,698
Mobilcom AG	-0,033	0,712
ABIT AG	0,014	-0,131
Allianz AG	-0,038	1,151
Deutsche Telekom AG	-0,152	0,472
T-Online International AG	-0,078	0,222
b.i.s. AG	-0,036	0,020

Regressionsmodell	Regressionskoeffizienten	
	α_i	β_i
Continental AG	-0,044	1,333
Phoenix AG	0,005	0,112
Vattenfall Europe AG	0,218	0,034
Bewag AG	-0,011	0,024

Tabelle 17: Einzelregressionen Bekanntgabe, Freigabe bzw. Vergleich

Entsprechend der Vorgehensweise in Gliederungspunkt 5.2.3.1 werden die 16 Einzelregressionen auf statistische Sicherheit und die Residuen auf Autokorrelation und auf Heteroskedastizität hin geprüft. Die Prüfung auf Heteroskedastizität erfolgt wiederum visuell anhand eines Streudiagramms. Die wesentlichen Ausgabedaten der SPSS-Statistik sind nachfolgend abgebildet:

Regressionsmodell	R^2	F-Wert	p-Wert	d-Wert (D-W-Test)	Hetero-skedastizität
QSC-AG	0,162	36,419	0,000	2,193	(-)
Broadnet AG	0,027	5,287	0,023	1,969	(-)
Pixelpark AG	0,035	6,747	0,010	2,233	(-)
Elephant Seven AG	0,017	3,317	0,070	2,587 $^{(-)}$	(-)
~~Infor Business Solutions AG~~	0,012	2,312	0,130	2,413 $^{(-)}$	(+)
Freenet.de AG	0,113	23,893	0,000	2,020	(-)
Mobilcom AG	0,109	22,893	0,000	2,211	(-)
~~ABIT AG~~	0,020	3,845	0,051	2,860 $^{(-)}$	(+)
Allianz AG	0,671	383,240	0,000	2,092	(-)
Deutsche Telekom AG	0,171	38,702	0,000	1,842	(-)
T-Online International AG	0,029	5,686	0,018	2,080	(-)
~~b.i.s. AG~~	0,000	0,014	0,906	2,384 $^{(-)}$	(+)
Continental AG	0,523	206,368	0,000	2,265 $^{(-)}$	(-)
~~Phoenix AG~~	0,011	2,185	0,141	2,509 $^{(-)}$	(-)
~~Vattenfall Europe AG~~	0,002	0,378	0,539	2,083	(+)
~~Bewag AG~~	0,004	0,711	0,400	1,826	(+)

Tabelle 18: Gütemaße der Regressionsmodelle zum Zeitpunkt Freigabe/Vergleich

Aus Tabelle 18 ist ersichtlich, dass die Regressionsmodelle der Infor Business Solutions AG, der ABIT AG, der b.i.s. AG, der Phoenix AG und der Vattenfall Europe AG sowie der Bewag AG statistisch nicht gesichert sind. Diese Regressionsmodelle werden nicht in die Ereignisstudie einbezogen.

Die zu testenden Hypothesen hinsichtlich des Tests auf Autokorrelation lauten wiederum wie folgt:

H_0: keine Autokorrelation (d_0^+ ; $\alpha/2 \leq d \leq 4-d_0^+$; $\alpha/2$);

H_1: Autokorrelation ($d \leq d_u^+$; $\alpha/2$ oder $d \geq 4 - d_0^+$; $\alpha/2$).

Die positive und negative Autokorrelation ist in Tabelle 18 mit einem Minus oder Plus gekennzeichnet. Bei der Elephant Seven AG, der Infor Business Solutions AG, der b.i.s. AG, der ABIT AG, der Continental AG und der Phoenix AG liegt negative Autokorrelation der Residuen vor. Die ($\varepsilon_{j,\tau}$; $\varepsilon_{j,\tau-1}$)-Streudiagramme der betroffenen Unternehmen zeigen jedoch, dass keine eindeutigen Muster zu erkennen sind, welche auf starke Autokorrelation der Residuen hinweisen.[864] Deshalb werden die Einzelregressionen der Elephant Seven AG und der Continental AG in die Ereignisstudie einbezogen.

Die anderen Regressionsmodelle sind wegen eines statistisch gesicherten Bestimmtheitsmaßes und wegen nicht vorhandener Autokorrelation sowie nicht vorhandener Heteroskedastizität für einen Einbezug in die Ereignisstudie uneingeschränkt geeignet. Die zu testenden Hypothesen des Kolmogorov-Smirnov-Tests für die verbleibenden zehn Regressionen lauten wiederum:

H_0: Die abnormalen Renditen sind normalverteilt;

H_1: Die abnormalen Renditen sind nicht normalverteilt;

mit Prüfgröße: $D_n = \max_{\tau = 1,\ldots,T+n}(D_n^+ ; D_n^-)$.

Nachfolgend abgebildete Tabelle 19 zeigt die Ergebnisse des Kolmogorov-Smirnov-Tests der standardisierten abnormalen Renditen (0,00 ; 0,997) in der Schätzperiode:

Regressionsmodell	extremste Differenz (D_n)			Kolmogorov-Smiernov-Z	p-Wert
	negativ	positiv	absolut		
QSC-AG	-0,061	0,097	0,097	1,335	0,056
Broadnet AG	-0,096	0,146	0,146	2,015	**0,001**
Pixelpark AG	-0,074	0,082	0,082	1,127	0,157
Elephant Seven AG	-0,095	0,111	0,111	1,533	**0,018**
Freenet.de AG	-0,074	0,100	0,100	1,372	**0,046**
Mobilcom AG	-0,090	0,124	0,124	1,707	**0,006**
Allianz AG	-0,044	0,037	0,044	0,608	0,853
Deutsche Telekom AG	-0,072	0,095	0,095	1,304	0,067
T-Online International AG	-0,070	0,112	0,112	1,543	**0,017**
Continental AG	-0,058	0,069	0,069	0,948	0,330

Tabelle 19: Normalverteilungstest abnormale Renditen zur Bekanntgabe der Freigabe bzw. des Vergleiches

Es ist erkennbar, dass die Regressionen der Broadnet AG, der Elephant Seven AG, der Freenet.de AG, der Mobilcom AG und der T-Online International AG unter Zugrundelegung eines 5%-Signifikanzniveaus nicht normalverteilte abnormale Renditen aufweisen. Deshalb kommen für die nachfolgenden Signifikantstests sowohl der pa-

[864] Vgl. Anlage 7.

rametrische t-Test als auch das nicht parametrische Corrado Rangplatzverfahren zur Anwendung.

5.2.3.2. Ergebnisse der Ereignisstudie zum Zeitpunkt Freigabe/Vergleich

Nachfolgende Tabelle 20 zeigt die durchschnittliche abnormale Tagesrendite, die durchschnittliche kumulierte abnormale Rendite sowie die Anzahl der positiven und der negativen abnormalen Renditen für das Ereigniszeitfenster *T* bis *T+n* hinsichtlich des Ereignisses Freigabe bzw. Vergleich:

Ereignistag	AR in %	t-Wert	$t_{Corrado}$	KAR in %	t-Wert	$t_{Corrado}$	# < 0	# > 0
5	-0,64	-1,45	-0,33	0,09	0,06	0,17	4	6
4	-1,12	-2,51	-0,25	0,73	0,52	0,19	6	4
3	0,68	1,52	0,05	1,85	1,38	0,22	3	7
2	0,21	0,48	-1,47	1,17	0,93	0,23	3	7
1	1,19	2,68	0,36	0,96	0,82	0,31	4	6
0	**2,63**	**5,91*****	**3,23*****	**-0,23**	**-0,21**	**0,32**	**3**	**7**
-1	-0,47	-1,06	-0,51	-2,86	-2,88	0,17	8	2
-2	0,69	1,55	1,62	-2,39	-2,69	0,23	2	8
-3	-1,81	-4,07**	0,21	-3,08	-4,00**	0,15	6	4
-4	-1,49	-3,35	0,62	-1,27	-2,02	0,16	7	3
-5	0,22	0,49	1,28	0,22	0,49	0,16	6	4

*** signifikant auf dem 1%-Niveau; ** signifikant auf dem 5%-Niveau;
* signifikant auf dem 1%-Niveau

Tabelle 20: Abnormale und kumulierte abnormale Renditen für das Ereigniszeitfenster (N = 10)

Die Abbildung 21 und die Abbildung 22 zeigen die Entwicklung der durchschnittlichen abnormalen Rendite und der durchschnittlichen kumulierten abnormalen Rendite für das Ereignis Freigabe/Vergleich:

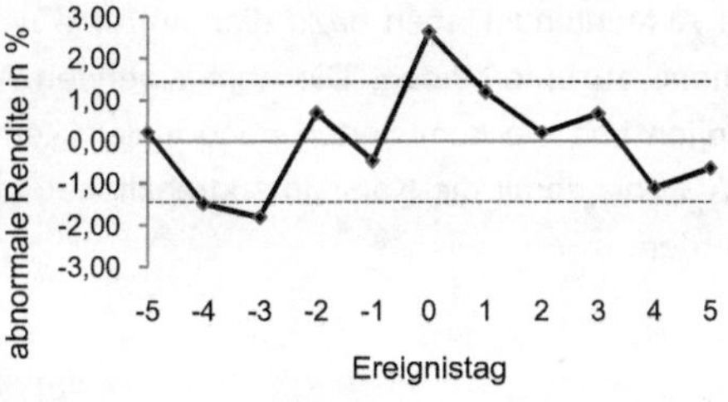

Abbildung 21: Durchschnittliche abnormale Rendite

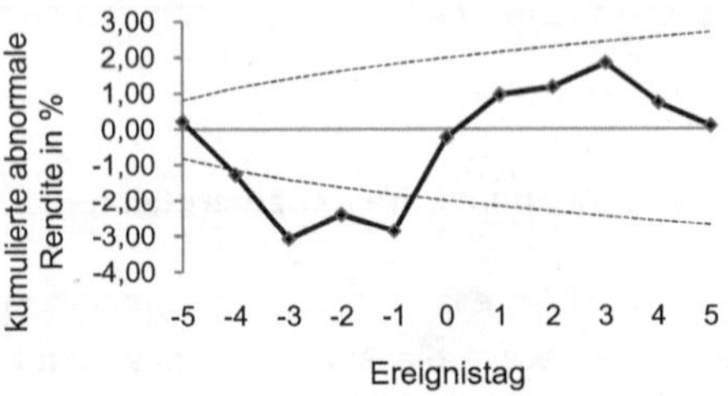

Abbildung 22: Kumulierte durchschnittliche abnormale Rendite

Zum Zeitpunkt des Freigabebeschlusses bzw. zum Zeitpunkt der Bekanntgabe des Vergleiches wurde eine auf dem 1%-Niveau signifikante abnormale Rendite gemessen. Die kumulierte abnormale Rendite ist statistisch nicht signifikant, auch nicht auf dem 10%-Niveau. Auffällig ist, dass am Tag drei vor dem Ereignis eine signifikante negative abnormale Rendite in Erscheinung tritt. Diese wird wesentlich von der QSC AG (-6,2%) und der Broadnet AG (-16,67%) verursacht. Auch zum Ereigniszeitpunkt selbst tritt bei der Broadnet AG eine negative abnormale Rendite i.H.v. -6,31% auf.

Die negativen Renditen am 26.10.2007 sind auf die Pressemitteilung der QSC-AG vom 25.10.2007 zurückzuführen, in der die Gesellschaft von einem enttäuschend geringen EBITDA-Anstieg, von erhöhten Abschreibungen und einem höher ausfallenden Konzernjahresfehlbetrag berichtet.[865] Diese Nachricht ist offenbar der Grund für die gemessene negative abnormale Rendite zum Zeitpunkt der Bekanntgabe des Vergleichs am 31.10.07. Die Reaktion der Anteilseigner der Broadnet AG hinsichtlich der Bekanntgabe des Prozessvergleiches verdeutlicht im Zusammenhang mit der Pressemitteilung der QSC AG vom 25.10.2007 die Einschätzung der Werthaltigkeit der Fusion und beweist gleichzeitig die Wertrelevanz der publizierten Information, auch wenn aus dieser Perspektive die Anfechtungsklagen dazu dienten, eine nicht werthaltige Verschmelzung vorübergehend zu unterbinden. Die nachfolgenden Abbildungen stellen die abnormalen Renditen und die kumulierten abnormalen Renditen ohne die QSC- und die Broadnet AG dar, damit die Kapitalmarktreaktionen hinsichtlich ihrer Tendenz nicht verzerrt werden:

[865] Vgl. Ad-hoc-Mitteilung der QSC-AG vom 25.10.2007.

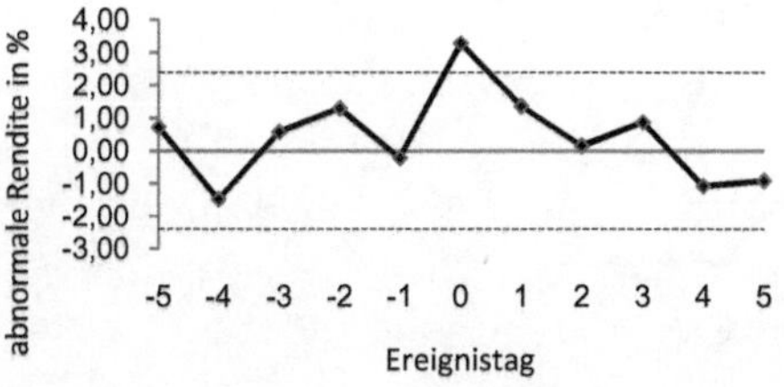

Abbildung 23: Durchschnittliche abnormale Rendite (N = 8)

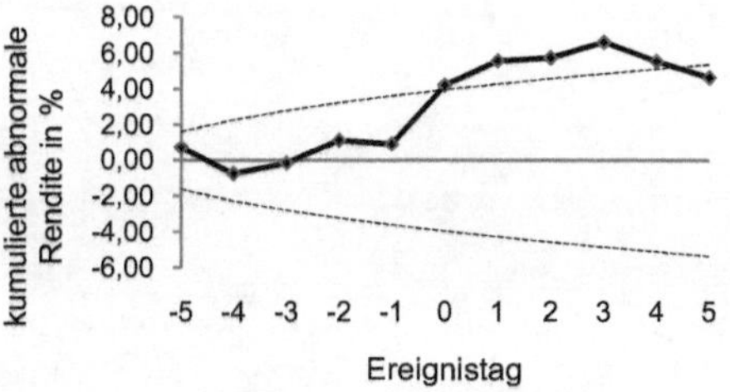

Abbildung 24: Kumulierte durchschnittliche abnormale Rendite (N = 8)

Ohne Berücksichtigung der QSC AG und der Broadnet AG gibt es im Ereigniszeitfenster neben dem Ereigniszeitpunkt keine signifikanten Störereignisse (vgl. Abbildung 23). Auch die kumulierte abnormale Rendite ist auf dem 10%-Niveau statistisch signifikant (vgl. Abbildung 24).

Die Infor Business Solutions AG hatte am Ereignistag eine abnormale Rendite i.H.v. 11,37%. Da das Regressionsmodell statistisch nicht gesichert ist, musste dieses von der Untersuchung ausgenommen werden. Dennoch soll auch die gesamte Kapitalmarktreaktion aller 14 betroffenen Unternehmen im Folgenden dargestellt werden. Die QSC- und die Broadnet AG wurden wegen der hohen negativen Rendite am Tag drei vor dem Ereignistag nicht einbezogen. Nachfolgende Abbildungen zeigen sowohl die durchschnittliche Rendite der untersuchten Unternehmen im Ereigniszeitfenster als auch das arithmetische Mittel aller positiven und das arithmetische Mittel aller negativen Kursrenditen (- - -) der Schätzperiode. Es wird auch die kumulierte Rendite im Ereigniszeitfenster grafisch dargestellt:

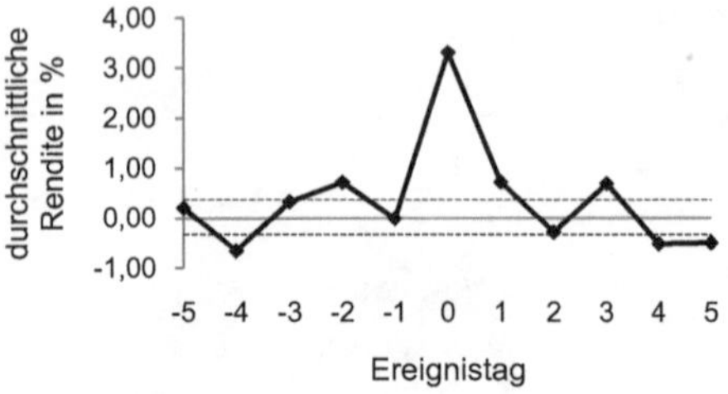

Abbildung 25: Durchschnittliche Rendite im Ereigniszeitfenster

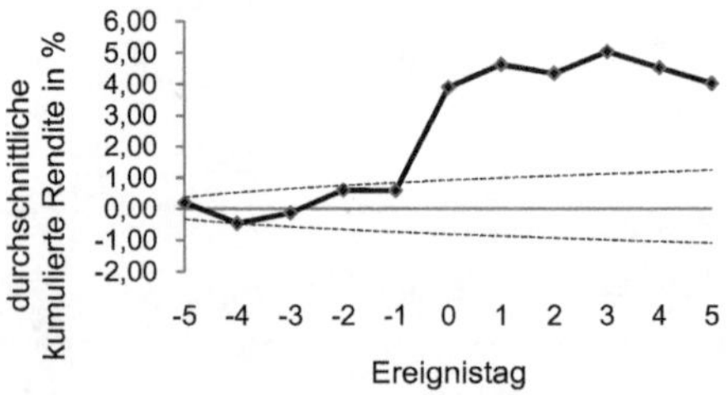

Abbildung 26: Durchschnittliche kumulierte Rendite im Ereigniszeitfenster

Aus Abbildung 25 geht hervor, dass die durchschnittliche Rendite aller Unternehmen im Ereigniszeitfenster sehr volatil ist. Vier Tage vor dem eigentlichen Ereignis führen die Renditen der Pixelpark AG mit -6,73% und der Elephant Seven AG mit -5,21% zu einer im Vergleich mit dem historischen Wert deutlich höheren negativen durchschnittlichen Rendite. Zwei Tage vor dem Ereignistag sind wiederum die Renditen der Pixelpark AG und der Elephant Seven AG mit jeweils 2,94% und 3,33% für eine hohe durchschnittliche positive Rendite verantwortlich. Aber auch die Freenet.de AG mit einer Rendite i.H.v. 2,91% beeinflusst den Durchschnittswert wesentlich. Am Tag drei nach dem Ereignistag sind die Rendite der Pixelpark AG mit 4,46% und der Allianz AG mit 2,64% für den hohen positiven Durchschnittswert verantwortlich. Gründe für die hohe Volatilität der Renditen im Ereigniszeitfenster sind nicht feststellbar.

5.2.3.3. Interpretation der Ergebnisse

Die Bekanntgabe der Anfechtungsklagen zum Zeitpunkt der Freigabe bzw. des Vergleiches wurden nicht als Ad-hoc-Mitteilungen veröffentlicht. Die Arten der Bekanntmachung der Ereignisse induzieren bereits unterschiedliche Kapitalmarktreaktionen. Insbesondere der Zusammenhang zwischen der Pressemitteilung der QSC AG und der Marktreaktion hinsichtlich der Bekanntgabe des Vergleiches macht die Wertrelevanz anhängiger Anfechtungsklagen sehr deutlich. Bei Ausschluss der scheinbar nicht als werthaltig eingeschätzten Fusion zwischen der QSC AG und der Broadnet AG wurde eine deutlich statistisch signifikante Kapitalmarktreaktion am Ereignistag ohne Störereignisse im Ereigniszeitfenster gemessen. Diese führte sogar zu einer signifikanten kumulierten abnormalen Rendite. Im Hinblick auf diese Ergebnisse kann festgehalten werden, dass die Beendigung der Anfechtungsprozesse vom Kapitalmarkt positiv aufgefasst wird. Demzufolge ist die Information über Prozessbeendigungen entscheidungsrelevant.

Aus der nachgewiesenen entscheidungsrelevanten Information zur Prozessbeendigung kann gleichfalls auf die Entscheidungsrelevanz der Information über anhängige Klagen geschlossen werden. Einziges Hemmnis einer statistischen Nichtnachweisbarkeit scheint die Art der Bekanntmachung zu sein. Es ist offensichtlich, dass eine im elektronischen Bundesanzeiger publizierte Information nicht annähernd die gleiche Diffusionswirkung wie eine Ad-hoc-Mitteilung erzielt. Da die Unternehmen offensichtlich negative Kapitalmarktreaktionen vermeiden wollen, verzichten diese im Fall anhängiger Klagen auf eine Ad-hoc-Mitteilung und wählen dieses Publikationsinstrument lediglich bei der positiven Nachricht Prozessbeendigung.

6. Zusammenfassung wesentlicher Ergebnisse und Ausblick

Dem aktienrechtlichen Anfechtungsrecht ist ein Trade-off eigen, der sich in der Abwägung des Individualrechtsschutzes gegen die externen Effekte rechtsmissbräuchlicher Anfechtungsklagen ausdrückt. Auf der Suche nach einer optimalen Ausgestaltung des Anfechtungsrechts unter der Bedingung eines garantierten Individualrechtsschutzes bessert der Gesetzgeber dieses seit geraumer Zeit permanent nach.[866] Fraglich ist jedoch, inwieweit die ständigen Reformen einen Soll-Zustand herbeiführen. Auch Literatur[867] und Rechtsprechung[868] beschäftigen sich dauerhaft mit dieser Thematik. Die finale Lösung des Konflikts scheint indes bis heute nicht gefunden.

Im Rahmen dieser Arbeit wurde ökonomisch analysiert, inwieweit anhängige Anfechtungsklagen zu einem Wertverlust der Tochtergesellschaft führen und inwieweit die Minderheitsaktionäre aufgrund des geringen Anteilsbesitzes zu Wert schädigendem Verhalten tendieren. Beide Effekte lassen sich in der Property-Rights-Theorie auf eine Ausdünnung der Property Rights zurückführen. Die Wirkung des Anfechtungsrechts wurde dahingehend interpretiert, dass dieses die Property Rights des beherrschenden Aktionärs zugunsten des Individualrechtsschutzes einschränkt. Wesentliche Fragestellung der rechtsökonomischen Analyse war, ob sich die in der positiven Analyse festgestellten negativen ökonomischen Folgewirkungen der Anfechtungsklage bestätigen und demzufolge statistisch signifikante Kursreaktionen hervorrufen.[869]

Sowohl die hier zugrunde gelegte Modelltheorie als auch die empirische Analyse fokussierte sich auf Verschmelzungen im Konzern.[870] Diese Restriktion ist damit zu rechtfertigen, dass unter der Annahme eines positiven Synergie-Cashflows die

---

866 Ursprünglich existierte bereits 1884 eine Schadensersatzpflicht für unbegründete Anfechtungsklagen mit böswilliger Absicht, welche durch das AktG 1937 verschärft wurde. Das AktG 1965 sah keine Schadensersatzpflicht mehr vor, da Missbrauchsfälle nicht bekannt waren. Infolge eines Anstiegs rechtsmissbräuchlicher Anfechtungsklagen wurde das umwandlungsrechtliche Freigabeverfahren im Rahmen des UmwBerG eingeführt, welches später im Zuge des UMAG auch für Kapitalmaßnahmen und Unternehmensverträge kodifiziert wurde. Durch das ARUG wurden wiederum einzelne Nachbesserungen hinsichtlich der Freigabeverfahren vorgenommen. Vgl. Göz (2008), § 245 AktG, Anm. 21.

867 Vgl. Fn. 25 und Fn. 26.

868 Zur Darstellung wesentlicher Aspekte des Missbrauchsansatzes in der Rechtsprechung vgl. Hüffer (2008), § 245 AktG, Anm. 23 - 25.

869 Negative Folgewirkungen aktienrechtlicher Anfechtungsklagen wurden bereits in der ökonomischen Analyse des Freigabeverfahrens festgestellt. Vgl. Sauerbruch (2008). Eine Untersuchung der Entscheidungsrelevanz derartiger negativer Effekte unterblieb aber im Rahmen dieser Arbeit.

870 Es wurden lediglich Verschmelzungen verbundenener Unternehmen i.S.d. § 271 Abs. 2 HGB betrachtet.

Verzögerungskosten von Fusionen vorteilhaft modellierbar sind. Weiterhin kann die Verschmelzung und das damit verbundene positive Synergiepotenzial anschaulich als Realoption dargestellt werden, welche beim Anteilskauf mit vergütet wird. Der Realoptionsansatz hebt den Einfluss der Blockadewirkung von Anfechtungsklagen auf den Unternehmenswert besonders anschaulich hervor.[871] Hinsichtlich der spieltheoretischen Modellierung, die den Einfluss der Wirkung einer anhängigen Klage auf das Verhalten der Minderheiten erklären soll, wurde angenommen, dass die Hebelwirkung der rechtsmissbräuchlichen Anfechtungsklage auf dem Verlust des Synergie-Cashflows beruht und dass der Anfechtungskläger den anteiligen Fusions-Cashflow des beherrschenden Aktionärs abschöpft.[872]

Aufbauend auf der Modelltheorie untersucht die empirische Studie Verschmelzungsfälle im Konzern für den Zeitraum 2003 bis 2009. Der Zeitraum wurde gewählt, da sich ab 2003 mit Einführung des elektronischen Bundesanzeigers anhängige Anfechtungsklagen ohne erheblichen Aufwand recherchieren lassen. Anzumerken ist, dass in dem betreffenden Zeitraum die Reform der aktienrechtlichen Anfechtungsklage im Zuge des UMAG erfolgte. Diese Reform ließ jedoch das Freigabeverfahren des § 16 Abs. 3 UmwG weitgehend unberührt.[873] Daher bleiben die Verzögerungseffekte der untersuchten angefochtenen Verschmelzungsbeschlüsse vergleichbar.

In Bezug auf die gewählten Ereigniszeitpunkte ist nochmals hervorzuheben, dass die Ankündigung der Verschmelzung, der Zeitpunkt der Bekanntgabe anhängiger Anfechtungsklagen und schließlich der Zeitpunkt der Freigabe bzw. eines gerichtlich geschlossenen Vergleiches untersucht wurden. Wesentliche Erkenntnis hierbei ist, dass die Kursreaktionen offensichtlich von der Art der Bekanntmachung abhängig sind, aber auch, dass sich die Unternehmen der Publikationswirkung unterschiedlicher Mitteilungsarten bewusst sind und diese zielgerichtet verwenden. Sowohl die Bekanntgabe der Verschmelzungsabsicht als auch letztendlich die Bekanntgabe der Freigabe bzw. des Vergleiches wurden mittels einer Ad-hoc-Mitteilung publiziert.[874] In beiden Fällen wurden positive, statistisch signifikante abnormale Renditen gemessen. Die Bekanntgabe anhängiger Anfechtungsklagen indes erfolgt lediglich über eine Mitteilung im elektronischen Bundesanzeiger. In diesem Fall führt die Publikati-

[871] Wie bereits im Rahmen der Analyse erläutert, liegt die Annahme zugrunde, dass sich der Gesamtwert des Unternehmens aus dem Bar- und einem Realoptionswert zusammensetzt.

[872] Hinsichtlich des Synergie-Cashflows sei nochmals angemerkt, dass sich dieser aus dem Fusions-Cashflow abzüglich des hingegebenen Konzern-Cashflows berechnet.

[873] Wesentlicher Inhalt der Reform war die Kodifizierung des Freigabeverfahrens für Kapitalmaßnahmen und Unternehmensverträge (§ 246a AktG) nach dem Vorbild des umwandlungsrechtlichen Freigabeverfahrens.

[874] Angemerkt sei, dass hierzu keine Verpflichtung besteht, sondern eine Bekanntmachung in den Geschäftsblättern ausreichend ist.

on nicht zu signifikanten abnormalen Renditen. Wahrscheinlich wird die Publikationsart mit der geringeren Informationseffizienz bewusst gewählt, um negative Kursreaktionen zu vermeiden. Implizit lässt sich hieraus schlussfolgern, dass die Unternehmen anhängigen Anfechtungsklagen Entscheidungsrelevanz beimessen.

Zusammenfassend kann das Ergebnis der Arbeit so formuliert werden: Im Rahmen einer rechtsökonomischen Analyse lassen sich modelltheoretisch negative Werteffekte anhängiger Anfechtungsklagen nachweisen. In einem gewissen Umfang ist das vom Gesetzgeber auch gewollt, da rechtswidrige Hauptversammlungsbeschlüsse zukünftige Transaktionskosten verursachen, die sich durch Anfechtung beseitigen lassen. Der übermäßige rechtsmissbräuchliche Gebrauch des Anfechtungsrechts führt indes zu negativen Wohlfahrtseffekten, da bei rechtskonformen Hauptversammlungsbeschlüssen keine Transaktionskosten zu erwarten sind. Die Anfechtung verursacht lediglich Kosten, denen kein Einsparpotenzial gegenübersteht.[875]

Das aktienrechtliche Anfechtungsrecht sollte daher zur Vermeidung einer exzessiven rechtsmissbräuchlichen Anwendung erneut reformiert werden. Inwieweit dieser Reformbedarf vom ARUG bereits ausgefüllt wird, lässt sich noch nicht ermitteln. Es wurde jedoch im Rahmen dieser Arbeit ein Vorschlag unterbreitet, der in der differenzierten Wirkung der Rechtsfolgen dem italienischen Anfechtungsrecht entspricht:[876] Die variable Mehrheitsregel. Wesentliches Novum ist, dass die variable Mehrheitsregel auf einer Angleichung der rechtlichen und faktischen Machtverhältnisse beruht, insofern also ökonomisch fundiert ist. In der Beziehung unterscheidet sich der Reformansatz von einer willkürlichen Wahl eines Bagatellquorums, wenngleich auch die Berechnung der Mehrheitsregel auf stark vereinfachten Annahmen basiert.

Letztlich hat die Ereignisstudie die im Modell gefundenen Ergebnisse bestätigt. Zwar ist der Stichprobenumfang gering, jedoch ist das vor dem Hintergrund signifikanter Ergebnisse zunächst unwesentlich, wird von einer geringen Teststärke abgesehen.[877] Bei den an der Verschmelzung beteiligten Rechtsträgern wurden statistisch signifikante Ergebnisse gemessen. Mithin sind die durch die Anfechtungsklage externalisierten Kosten auch für gegenwärtige und potenzielle Anfechtungskläger entscheidungsrelevant. Wesentliches Ergebnis ist auch, dass Anfechtungsklagen nicht

[875] Das Anfechtungsrecht ist demzufolge nicht effizient i.S.d. Kaldor-Hicks-Kriteriums.

[876] Das italienische Anfechtungsrecht setzt ein Mindestquorum fest, welches bei anhängiger Anfechtungsklage Voraussetzung für einen Aussatz des Vollzuges ist. Die variable Mehrheitsregel bestimmt indes das Abstimmungsquorum nach dem rechtlichen Anteilsbesitz des beherrschenden Aktionärs. Je nach Über- bzw. Unterschreiten des Quorums bei der Abstimmung entfalten die Anfechtungsklagen ggf. einen Blockadeeffekt.

[877] Vgl. MacKinlay (1997), S. 28 - 31.

antizipiert werden, da unmittelbar im Ereigniszeitfenster signifikant abnormale Renditen gemessen wurden, die Kursreaktion mithin nicht ex ante realisiert wurde.

Die Ergebnisse der empirischen Studie sind sowohl im Hinblick auf die geringe Stichprobengröße als auch hinsichtlich der Fokussierung auf Verschmelzungsfälle kritisch zu beurteilen. Vor allem dahingehend besteht weiterer Forschungsbedarf.

Es sollte untersucht werden, inwieweit blockierte Beschlüsse zu Kapitalmaßnahmen, Unternehmensverträgen und anderen Umstrukturierungsmaßnahmen sowie zu Eingliederungs- und Squeeze-out-Beschlüssen gleichfalls zu signifikanten Kursreaktionen führen. Allerdings sind diese nicht ohne Weiteres vergleichbar, da sich diese in der Ausgestaltung der jeweiligen Freigabeverfahren unterscheiden.[878] Jedoch wäre ein größerer Stichprobenumfang vorteilhaft, so dass die Fallzahl einen hinreichend sicheren Schluss zwischen den Hypothesen H_0 und H_1 zulässt.[879] Weiterer Forschungsbedarf besteht in einer deskriptiven Auswertung der Anfechtungsprozesse, die nach reformierter Rechtslage geführt werden. Hieran ist letztlich ersichtlich, inwieweit das ARUG rechtsmissbräuchliche Anfechtungsklagen eindämmt.

Festzuhalten bleibt, dass unabhängig von den hier verwendeten restriktiven Annahmen sowohl die ökonomischen Folgewirkungen als auch weiterer Reformbedarf dennoch unbestritten sind. Das Dilemma der aktienrechtlichen Anfechtungsklage lässt sich lediglich mittels Angleichung der asymmetrischen Erwartungswerte von Anfechtungskläger und beherrschendem Aktionär wirksam entschärfen.[880] Dies könnte zum Beispiel in Anlehnung an das italienische Modell mit einer Haftung für Schadensersatzzahlungen bereits ex ante durch eine Hinterlegung einer Kaution bewerkstelligt werden. Folge wäre allerdings auch ein Zurückdrängen begründeter Anfechtungsklagen.

Eine weitere Möglichkeit bestünde in der Einführung eines vom Anteilsbesitz des beherrschenden Aktionärs abhängigen Quorums, welche die Rechtsfolgen der Anfechtungsklage differenziert (variable Mehrheitsregel). Wird das Quorum in der Abstimmung überschritten, entfalten die Anfechtungsklagen einen vorübergehenden Nichtvollzug der Maßnahme. Wird das Quorum nicht überschritten, dann wird die Maßnahme unabhängig von anhängigen Klagen vollzogen und der Kläger hat lediglich Anspruch auf Schadensersatz. Ob sich der Gesetzgeber zu einer wirklich umfassenden Reform möglicherweise auch zu Lasten des Individualrechtsschutzes durchringt,

878 Siehe Sauerbruch (2008), S. 7.
879 Vgl. Janssen / Laatz (2005), S. 335.
880 Zu diesem Schluss gelangt auch Sauerbruch (2008), S. 269.

darauf wird der Umfang zukünftig erhobener Anfechtungs- und Nichtigkeitsklagen einen erheblichen Einfluss haben.

Anhang

Anlage 1: Berechnung des Elastizitätsparameters des Großaktionärs (ω)

$$\varepsilon_{VW^G,n} = \frac{\frac{dVW^G}{dn}}{\frac{VW^G}{n}} = \frac{V_t \omega n^{\omega-1}}{\frac{V_t n^{\omega}}{n}} = \frac{V_t \omega n^{\omega-1}}{V_t n^{\omega} n^{-1}} = \omega.$$

Anlage 2: Bestimmung der Prämien für die Flexibilitätsoptionen

$$g_1 = \int_{20}^{51} \frac{dVW^G}{dn}(n)\,dn - \frac{dVW^K}{dn}(n)\,dn = \left[VW^G(51) - VW^G(20)\right] - \left[VW^K(51) - VW^K(20)\right]$$

= [755,66 GE - 269,86 GE] - [510 GE - 200 GE] = 175,80 GE;

$$g_2 = \int_{51}^{75} \frac{dVW^G}{dn}(n)\,dn - \frac{dVW^K}{dn}(n)\,dn = \left[VW^G(75) - VW^G(51)\right] - \left[VW^K(75) - VW^K(51)\right]$$

= [1154,96 GE – 755,66 GE] - [750 GE - 510 GE] = 159,30 GE;

$$g_2 = \int_{75}^{95} \frac{dVW^G}{dn}(n)\,dn - \frac{dVW^K}{dn}(n)\,dn = \left[VW^G(95) - VW^G(75)\right] - \left[VW^K(95) - VW^K(75)\right]$$

= [1497,95 GE - 1154,96 GE] - [950 GE - 750 GE] = 142,99 GE

Anlage 3: Berechnung der Blockadeeffekte:

Blockadeeffekt Periode 1:

$$BE_1 = \gamma_1 + \left[\frac{x^{a+b}}{r_f} - \left(\frac{x^{a+b} - \gamma_2}{r_f} - \frac{x^{a+b} - \gamma_2}{1 + r_f}\right)\right];$$

$$BE_1 = \gamma_1 + \frac{x^{a+b} - x^{a+b} + \gamma_2}{r_f} + \frac{x^{a+b} - \gamma_2}{1 + r_f};$$

$$BE_1 = \gamma_1 + \frac{\gamma_2}{r_f} + \frac{x^{a+b} - \gamma_2}{1 + r_f}$$

Blockadeeffekt Periode 2:

$$BE_2 = \gamma_1 + \frac{x^{a+b} - \gamma_2}{r_f} - \left(\frac{x^{a+b} - (1+g)\gamma_2}{r_f} - \frac{x^{a+b} - (1+g)\gamma_2}{1+r_f}\right);$$

$$BE_2 = \gamma_1 + \frac{x^{a+b} - \gamma_2 - x^{a+b} + \gamma_2 + g\gamma_2}{r_f} + \frac{x^{a+b} - (1+g)\gamma_2}{1+r_f};$$

$$BE_2 = \gamma_1 + \frac{g\gamma_2}{r_f} + \frac{x^{a+b} - (1+g)\gamma_2)}{1+r_f}$$

Anlage 4: Ableitung der Preisobergrenze nach dem Verzögerungsabschlag

$$P_1^{max} = \lambda_2\left[\frac{g\gamma_2}{r_f} + \frac{x^{a+b} - (1+g)\gamma_2}{(1+r_f)}\right] = \lambda_2\left[\frac{g\gamma_2}{r_f} + \frac{x^{a+b}}{(1+r_f)} - \frac{(1+g)\gamma_2}{(1+r_f)}\right];$$

$$\frac{\partial P_1^{max}}{\partial \gamma_2} = \lambda_2\left[\frac{g}{r_f} - \frac{(1+g)}{(1+r_f)}\right];$$

$$\frac{\partial P_1^{max}}{\partial g} = \lambda_2\left[\frac{\gamma_2}{r_f} - \frac{\gamma_2}{(1+r_f)}\right] = \lambda_2\frac{\gamma_2}{r_f(1+r_f)}$$

Anlage 5: Verzögerungsabschlag bei Abfindungszahlung in Höhe von null

$$P_1^{max} = \lambda_2\left[\gamma_1 + \frac{g\gamma_2}{r_f} + \frac{x^{a+b} - (1+g)\gamma_2}{(1+r_f)}\right] = \lambda_2\left[\gamma_1 + \frac{g\gamma_2}{r_f} + \frac{x^{a+b}}{(1+r_f)} - \frac{(1+g)\gamma_2}{(1+r_f)}\right] = 0;$$

$$0 = \gamma_1 + \frac{g\gamma_2}{r_f} + \frac{x^{a+b}}{(1+r_f)} - \frac{\gamma_2 + g\gamma_2}{(1+r_f)};$$

$$\frac{g\gamma_2}{r_f} - \frac{\gamma_2 + g\gamma_2}{(1+r_f)} = -\frac{x^{a+b}}{(1+r_f)} - \gamma_1;$$

$$\frac{g\gamma_2 + r_f g\gamma_2 - r_f\gamma_2 - r_f g\gamma_2}{r_f(1+r_f)} = -\frac{x^{a+b}}{(1+r_f)} - \gamma_1;$$

$$\frac{g\gamma_2 - r_f\gamma_2}{r_f(1+r_f)} = -\frac{x^{a+b}}{(1+r_f)} - \gamma_1;$$

$$\frac{\gamma_2(g - r_f)}{r_f(1+r_f)} = -\frac{x^{a+b}}{(1+r_f)} - \frac{\gamma_1 r_f(1+r_f)}{(g - r_f)};$$

$$\gamma_2 = -\frac{r_f(1+r_f)x^{a+b}}{(1+r_f)(g-r_f)} = \frac{-r_f x^{a+b}}{(g-r_f)} - \frac{\gamma_1 r_f(1+r_f)}{(g-r_f)};$$

$$\gamma_2 = \frac{-r_f x^{a+b} - \gamma_1 r_f(1+r_f)}{(g-r_f)} = \frac{-r_f\left(x^{a+b} + \gamma_1(1+r_f)\right)}{(g-r_f)}$$

Anlage 6: Streudiagramme autokorrelierter Residuen zum Zeitpunkt der Ankündigung der Verschmelzung

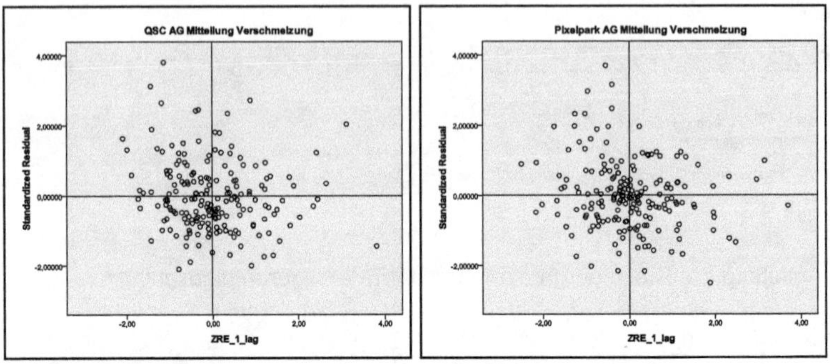

Abbildung 27: Streudiagramme der QSC- und der Pixelpark AG

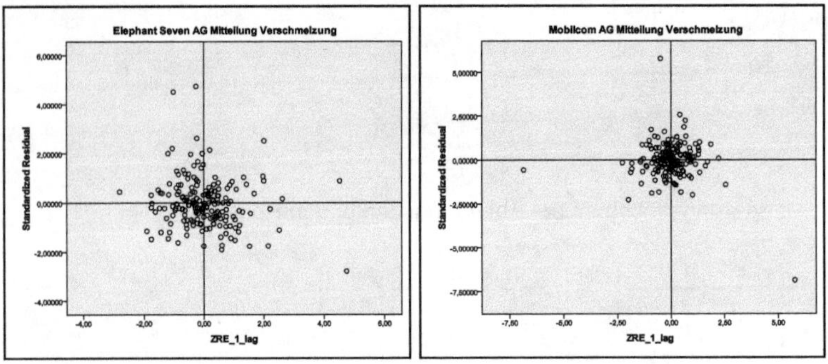

Abbildung 28: Streudiagramme der Elephant Seven- und der Mobilcom AG

Anlage 7: Streudiagramme autokorrelierter Residuen zu den Zeitpunkten Anfechtung, Freigabe bzw. Vergleich

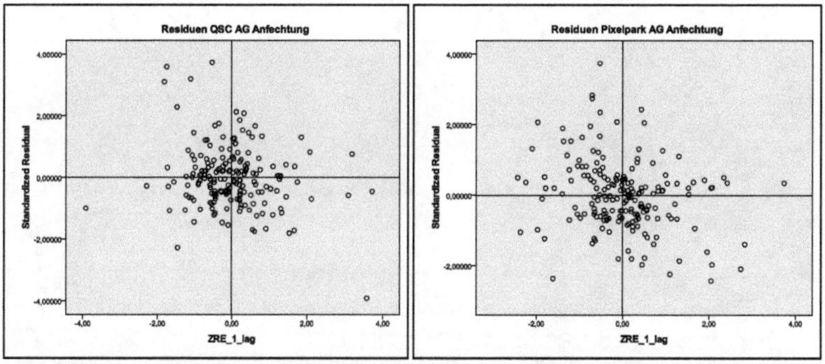

Abbildung 29: Streudiagramme der QSC- und der Pixelpark-AG

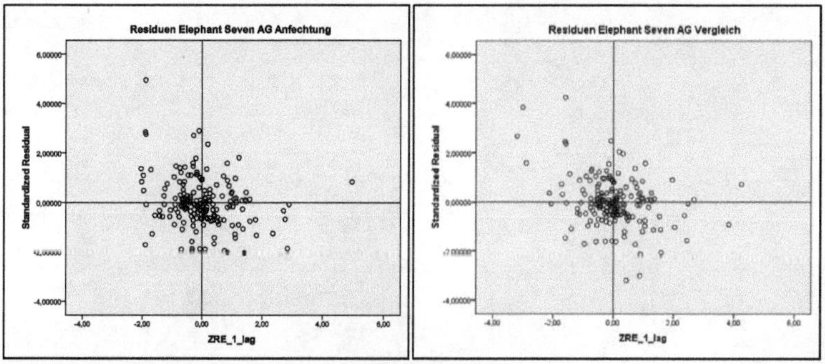

Abbildung 30: Streudiagramme der Elephant Seven AG

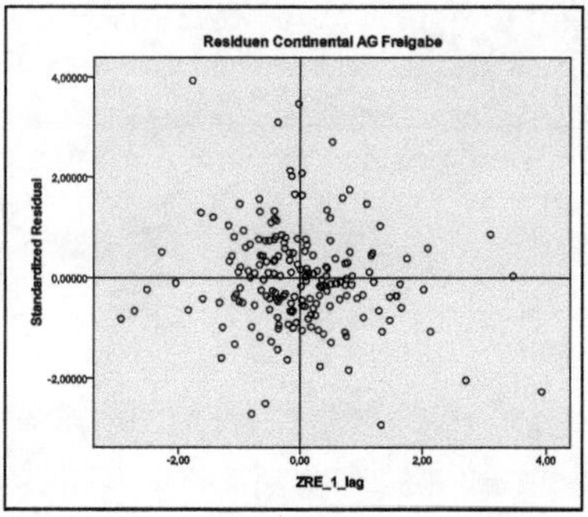

Abbildung 31: Streudiagramm der Continental AG

Literaturverzeichnis

Alchian (1965) = Armen A. Alchian: Some Economics of Property Rights. In: Il Politico, Vol. 30 (1965), pp. 816 - 829.

Angermayer-Michler / Oser (2009) = Birgit Angermayer-Michler und Peter Oser: Berücksichtigung von Synergieeffekten bei der Unternehmensbewertung. In: Praxishandbuch der Unternehmensbewertung; 4. Auflage; Hrsg. Volker H. Beckmann; Herne 2009; S. 977 - 994.

Armitage (1995) = Seth Armitage: Event study methods and evidence on their performance. In: Journal of Economics Surveys, Vol. 8 (1995), pp. 25 - 52.

Arnold (2009) = Michael Arnold: ARUG verabschiedet – Freigabeverfahren zukünftig erst- und letztinstanzlich beim OLG. In: Die Aktiengesellschaft, Heft 12, 54. Jg. (2009), S. R271.

Arrow (1963) = Kenneth J. Arrow: Social Choice and Individual Values; 2nd Edition; New Heaven London 1963

Arrow (1951) = Kenneth J. Arrow: An extension of the basic theorems of classical welfare economics. In: Proceedings of the Second Berkeley Symposium on Mathematical Statistics and Probability; Hrsg. Jerzy Neyman; Berkley 1950; pp. 507 - 532.

Backhaus (1987) = Jürgen Backhaus: Mitbestimmung im Unternehmen – Eine ökonomische Rechtsanalyse des Verfassungsgerichtsurteils vom 1. März 1979 als Beitrag zur Theorie der wirtschaftlichen Rechtspolitik; Göttingen 1987

Backhaus et al. (2008) = Klaus Backhaus, Bernd Erichson, Wulff Plinke und Rolf Weiber: Multivariate Analysemethoden – Eine anwendungsorientierte Einführung; 12. Auflage; Berlin und Heidelberg 2008

Baetge / Kirsch / Thiele (2009) = Jörg Baetge, Hans-Jürgen Kirsch und Stefan Thiele: Konzernbilanzen; 8. Auflage; Düsseldorf 2007

Banz (1981) = Rolf W. Banz: The Relationship Between Return and Market Value of Common Stocks. In: Journal of Financial Economics, Vol. 9 (1981), pp. 3 -18.

Barber / Lyon (1997) = Brad M. Barber and John D. Lyon: Detecting Long-Run Abnormal Stock Returns: The Empirical Power and Specification of Test Statistics. In: Journal of Financial Economics, Vol. 9 (1997), pp. 341 - 372.

Bartsch (2005) = Daniel Bartsch: Unternehmenswertsteigerung durch strategische Desinvestition – Eine Ereignisstudie am deutschen Kapitalmarkt; Wiesbaden 2005

Baums (2000) = Theodor Baums: Empfiehlt sich eine Neuregelung des aktienrechtlichen Anfechtungs- und Organhaftungsrechts, insbesondere der Klagemöglichkeiten von Aktionären? Gutachten F für den 63. Deutschen Juristentag. In: Verhandlungen des 63. Deutschen Juristentages Leipzig 2000; Band I: Gutachten; Hrsg. Ständige Deputation des Deutschen Juristentages; München 2000; S. F1 - F263.

Baums / Keinath / Gajek (2007) = Theodor Baums, Astrid Keinath und Daniel Gajek: Fortschritte bei Klagen gegen Hauptversammlungsbeschlüsse? Eine empirische Studie. In: Zeitschrift für Wirtschaftsrecht, 28. Jg. (2007), S. 1629 - 1650.

Baums / Vogel / Tacheva (2000) = Theodor Baums, Hans-Gert Vogel und Maja Tacheva: Rechtstatsachen zur Beschlusskontrolle im Aktienrecht. In: Zeitschrift für Wirtschaftsrecht, 21. Jg. (2000), S. 1649 - 1655.

Bausch (1993) = Thomas Bausch: Ungleichheit und Gerechtigkeit – Eine kritische Reflexion des Rawlsschen Unterschiedsprinzips in diskursethischer Perspektive; Berlin 1993

Becker (1982) = Gary S. Becker: Der Ökonomische Ansatz zur Erklärung menschlichen Verhaltens; Tübingen 1982

Becker (1974) = Gary S. Becker: A Theory of Marriage: Part II. In: Journal of Political Economy, Vol. 82 (1974), pp. 11 - 26.

Becker (1973) = Gary S. Becker: A Theory of Marriage: Part I. In: Journal of Political Economy, Vol. 81 (1973), pp. 813 - 846.

Becker (1968) = Gary S. Becker: Crime and Punishment: An Economic Approach. In: Journal of Political Economy, Vol. 76 (1968), pp. 169 - 217.

Beitzinger (2004) = Franz Beitzinger: Die konzeptionellen Unterschiede verschiedener ökonomischer Theorietraditionen in Analyse und Bewertung politischer Ordnungen; Stuttgart 2004

Bentham (1789) = Jeremy Bentham: An Introduction of the Principles of Moral and Legislation. In: The Collected Works of Jeremy Bentham; Hrsg. Burns and Hart; 2. Auflage; Oxford 1996; S. 11 - 16.

Bergson (1938) = Abram Bergson: A Reformulation of Certain Aspects of Welfare Economics. In: Quarterly Journal of Economics, Vol. 52 (1938), pp. 310 - 334.

Binder (1998) = John J. Binder: The Event Study Methodology since 1969. In: Review of Quantitative Finance and Accounting, Vol. 11 (1998), pp. 111 - 137.

Bleymüller / Gehlert / Gülicher (1998) = Josef Bleymüller, Günther Gehlert und Herbert Gülicher: Statistik für Wirtschaftswissenschaftler; 11. Auflage; München 1998

Boehmer / Musumeci / Poulsen (1991) = Ekkehart Boehmer, Jim Musumeci and Anette B. Poulsen: Event-study methodology under conditions of event-induced variance. In: Journal of Financial Economics, Vol. 30 (1991), pp. 253 - 273.

Bonduelle / Schmoldt / Scholich (2003) = Yann Bonduelle, Inga Schmoldt und Martin Scholich: Anwendungsmöglichkeiten der Realoptionsbewertung. In: Reale Optionen – Konzepte, Praxis und Perspektiven strategischer Unternehmensfinanzierung; Hrsg. Ulrich Hommel, Martin Scholich und Philipp Baecker; Berlin und Heidelberg 2003; S. 1 - 13.

Bork (2004) = Reinhard Bork: Kommentierung §§ 15, 16 UmwG. In: Umwandlungsgesetz Kommentar; 3. Auflage; Hrsg. Marcus Lutter und Martin Winter; Köln 2004; S. 395 - 400 und S. 401 - 424.

Brown / Warner (1985) = Stephen J. Brown and Jerold B. Warner: Using Daily Stock Returns – The case of event studies. In: Journal of Financial Economics, Vol. 14 (1985), pp. 3 - 31.

Brown / Warner (1980) = Stephen J. Brown and Jerold B. Warner: Measuring Security Price Performance. In: Journal of Financial Economics, Vol. 8 (1980), pp. 205 - 258.

Buchanan (1991) = James M. Buchanan: The Economics and the Ethics of Constitutional Order; An Arbor 1991

Buchanan (1959) = James M. Buchanan: Positive Economics, Welfare Economics, and Political Economy. In: Journal of Law and Economics, Vol. 2 (1959), pp. 124 - 138.

Buchanan / Tullock (1962) = James M. Buchanan and Gordon Tullock: The Calculus of Consent: Logical Foundations of Constitutional Democracy; Michigan 1962

Busse von Colbe (1994) = Walther Busse von Colbe: Berücksichtigung von Synergien versus Stand-alone-Prinzip bei der Unternehmensbewertung. In: Zeitschrift für Unternehmens- und Gesellschaftsrecht, 22. Jg. (1994), S. 595 - 609.

Calabresi (1991) = Guido Calabresi: The Pointless of Pareto: Carrying Coase further. In: Yale Law Journal, Vol. 100 (1991), pp. 1211 - 1237.

Calabresi / Melamed (1972) = Guido Calabresi and A. Douglas Melamed: Property Rules, Liability Rules and Inalienability: One View of Cathedral. In: Harvard Law Review, Vol. 85 (1972), pp. 1089 - 1128.

Casajus / Labrenz / Hiller (2009) = André Casajus, Helfried Labrenz and Tobias Hiller: Majority shareholder protection by variable qualified majority rules. In: European Journal of Law and Economics, Vol. 28 (2009), pp. 10 - 18.

Coase (1988) = Ronald H. Coase: The Nature of the Firm. In: Journal of Law, Economics, and Organization, Vol. 4 (1988), pp. 33 - 47.

Coase (1960) = Ronald H. Coase: The Problem of Social Cost. In: Journal of Law and Economics, Vol. 3 (1960), pp. 1 - 44.

Coase (1937) = Ronald H. Coase: The Nature of the Firm. In: Economica, Vol 4 (1937), pp. 386 - 405.

Coenenberg et al. (2009) = Adolf G. Coenenberg, Axel Haller, Wolfgang Schultze, unter Mitarbeit von Simon Berger, Bettina Bischof, Daniel Blab, Tami Dinh Thi, Jürgen Ernstberger, Matthias Froschhammer, Kalina Kafadar, Tobias Oswald, Leif Steeger, Martin Wehrfritz, Andreas Weiler und Marco Wittman; 21. Auflage; Stuttgart 2009

Commons (1934) = John R. Commons: Institutional Economics; Madison 1934

Cooter / Ulen (2008) = Robert Cooter and Thomas Ulen: Law & Economics; 5th Edition; Boston et al. 2008

Copeland et al. (2002) = Tom Copeland, Tim Koller, Jack Murrin und McKinsey & Company: Unternehmenswert: Methoden und Strategien für eine wertorientierte Unternehmensführung; 3. Auflage; Frankfurt am Main 2002

Copeland / Weston / Shastri (2005) = Thomas E. Copeland, J. Fred Weston and Kuldeep Shastri: Financial Theory and Corporate Policy; 4th edition; Boston et al. 2005

Corrado (1989) = Charles J. Corrado: A nonparametric test for abnormal security-price performance in event studies. In: Journal of Financial Economics, Vol. 23 (1989), pp. 385 - 395.

Cox / Ross / Rubinstein (1979) = John C. Cox, Stephen A. Ross and Mark Rubinstein: Option Pricing: A Simplified Approch. In: Journal of Financial Economics, Vol. 7 (1979), pp. 229 - 263.

Diepold et al. (2008) = Brian Diepold, Robert M. Feinberg, David K. Round and Jeremy Tustin: Merger Impacts on Investor Expectations: An Event Study for Australia. In: International Journal of the Economics of Business, Vol. 15 (2008), pp. 45 - 62.

Diekmann (2006) = Andreas Diekmann: Empirische Sozialforschung – Grundlagen, Methoden, Anwendungen; 16. Auflage; Hamburg 2006

Dimson / Marsh (1986) = Elroy Dimson and Paul Marsh: Event Study Methodologies and the Size Effect – The Case of UK Press Recommendations. In: Journal of Financial Economics, Vol. 17 (1986), pp. 113 - 142.

Donges / Freytag (2004) = Juergen B. Donges und Andreas Freytag: Allgemeine Wirtschaftspolitik; 2. Auflage, Stuttgart 2004

Doukas / Travlos (1988) = John Doukas and Nickolaos G. Travlos: The effects of corporate multinationalism on shareholders' wealth: Evidence from international acquisitions. In: Journal of Finance, Vol. 43 (1988), pp. 1161 - 1175.

Drinhausen / Keinath (2009) = Florian Drinhausen und Astrid Keinath: Regierungsentwurf eines Gesetzes zur Umsetzung der Aktionärsrichtlinie (ARUG) – Überblick über die Änderungen gegenüber dem Referentenentwurf. In: Betriebs-Berater, 65. Jg. (2009), S. 64 - 71.

Drinhausen / Keinath (2008) = Florian Drinhausen und Astrid Keinath: Referentenentwurf eines Gesetzes zur Umsetzung der Aktionärsrichtlinie (ARUG) – Weitere Schritte zur Modernisierung des Aktienrechts. In: Betriebs-Berater, 64. Jg. (2008), S. 2078 - 2088.

Dworkin (1986) = Ronald Dworkin: Law's Empire; Cambridge et al. 1986

Eidenmüller (2005) = Horst Eidenmüller: Effizienz als Rechtsprinzip; 3. Auflage; Tübingen 2005

Erlei / Leschke / Sauerland (2007) = Mathias Erlei, Martin Leschke und Dirk Sauerland: Neue Institutionenökonomik; 2. Auflage; Stuttgart 2007

Erlei / Leschke / Sauerland (1999) = Mathias Erlei, Martin Leschke und Dirk Sauerland: Neue Institutionenökonomik; Stuttgart 1999

Ernst / Thümmel (2000): Dietmar Ernst und Roderich C. Thümmel: Realoptionen zur Strukturierung von M&A-Transaktionen. In: Finanz-Betrieb, 2. Jg. (2000), S. 665 - 673.

Eisele / Walter (2006) = Florian Eisele und Andreas Walter: Kursreaktionen auf die Ankündigung von Going Private-Transaktionen am deutschen Kapitalmarkt. In: Schmalenbachs Zeitschrift für betriebswirtschaftliche Forschung, 58. Jg. (2006), S. 337 - 362.

Fahrmeir et al. (2004) = Ludwig Fahrmeier, Rita Künstler, Iris Pigeot und Gerhard Tutz: Statistik – Der Weg zur Datenanalyse; 5. Auflage; Berlin und Heidelberg 2004

Fama (1970) = Eugene F. Fama: Efficient Capital Markets: A Review of Theory an Empirical Work. In: Journal of Finance, Vol. 25 (1970), pp. 383 - 418.

Fezer (1986) = Karl-Heinz Fezer: Aspekte einer Rechtskritik an der economic analysis of law und am property rights approach. In: Juristenzeitung, 41. Jg. (1986), S. 817 - 824.

Fisher (1930) = Irving Fisher: A Theory of Interest; London 1930

Florstedt (2009) = Tim Florstedt: Die Reform des Beschlussmängelrechts durch das ARUG. In: Die Aktiengesellschaft, 54. Jg. (2009), S. 465 - 473.

Franke (2009) = Florian Franke: Synergien in Rechtsprechung und Rechnungslegung – Behandlung von Synergiepotenzialen im Gesellschafts- und Handelsrecht; Wiesbaden 2009

Franke / Hax (2009) = Günter Franke und Herbert Hax: Finanzwirtschaft des Unternehmens und Kapitalmarkt; 6. Auflage; Berlin und Heidelberg 2009

Friedman (1953) = Milton Friedman: Essays in Positive Economics; Chicago and London 1953

Fülbier (2005) = Rolf Uwe Fülbier: Wissenschaftstheorie und Betriebswirtschaftslehre. In: Institutionenökonomie und Betriebswirtschaftslehre; Hrsg. Andreas Horsch, Harald Meinhövel und Stephan Paul; München 2005; S. 15 - 29.

Fülbier / Weller (2009) = Rolf Uwe Fülbier und Manuel Weller: Normative Rechnungslegungsforschung im Abseits? Einige Wissenschaftstheoretische Anmerkungen. In: Journal for General Philosophy of Science, Vol. 39 (2009), pp. 351 - 382.

Gehling (2007) = Christian Gehling: Kommentierung § 15 UmwG. In: Beck`sche Kurzkommentare Band 56 Umwandlungsgesetz mit Spruchverfahrensgesetz; 2. Auflage; Hrsg. Johannes Semler und Arndt Stengel, München 2007; S. 261 - 268.

Gerpott / Jakopin (2006) = Torsten J. Gerpott und Nejc M. Jakopin: Ereignisstudien – Eine kapitalmarktorientierte Methodik zur Bewertung von neuen unternehmensbezogenen Informationen. In: Wirtschaftswissenschaftliches Studium, 35. Jg. (2006), S. 66 - 72.

Göbel (2002) = Elisabeth Göbel: Neue Institutionenökonomik – Konzeption und betriebswirtschaftliche Anwendungen; Stuttgart 2002

Göz (2008) = Philipp Göz: Kommentierung §§ 243, 245, 249 AktG. In: Heidelberger Kommentar zum Aktiengesetz; Hrsg. Tobias Bürgers und Torsten Körber; Heidelberg et al. 2008; S. 1430 - 1443, S. 1448 - 1457, und S. 1495 - 1500.

Gorman (1955) = William M. Gorman: The Intransitivity of Certain Criteria used in Welfare Economics. In: Oxford Economic Papers, Vol. 5 (1955), pp. 25 - 35.

Gröger (2009) = Hans-Christian Gröger: Kapitalmarktorientierte Unternehmensbewertung – Untersuchung unter Berücksichtigung der persönlichen Besteuerung der Kapitalgeber; Wiesbaden 2009

Grüner (2008) = Hans Peter Grüner: Wirtschaftspolitik, Allokationstheoretische Grundlagen und politisch-ökomomische Analyse; Berlin und Heidelberg 2008

Grünert (2007) = Timo Grünert: Mergers & Acquisitions in Unternehmungskrisen, Krisenbewältigung durch Synergierealisation; Wiesbaden 2007

Günther (1998) = Rolf Günther: Unternehmensbewertung: Kapitalisierungszinssatz nach Einkommensteuer bei Risiko und Wachstum im Phasenmodell. In: Betriebs-Berater, 53. Jg. (1998), S. 1834 - 1842.

Hair et al. (2008) = Joseph F. Hair, William C. Black, Barry J. Babin and Rolph E. Anderson: Multivariate Data Analysis – A Global Perspective; 7th edition; New Jersey 2008

Hanusch / Kuhn / Cantner (1994) = Horst Hanusch, Thomas Kuhn und Uwe Cantner: Nutzen-Kosten-Analyse; 2. Auflage; Berlin 1994

Hanvanich / Cavusgil (2001) = Sangphet Hanvanich and S. Tamer Cavusgil: Stock market reactions to international joint venture announcement: An event analysis. In: International Business Review, Vol. 10 (2001), pp. 139 - 154.

Happ / Pfeifer (1991) = Wilhelm Happ und Axel Pfeifer: Der Streitwert gesellschaftsrechtlicher Klagen und Gerichtsverfahren. In: Zeitschrift für Unternehmens- und Gesellschaftsrecht, 19. Jg. (1991), S. 103 - 124.

Harsanyi (1953) = John C. Harsanyi: Cardinal Utility in Welfare Economics and in the Theory of Risk-Taking. In: Journal of Political Economy, Vol. 61 (1953), pp. 434 - 435.

Harsanyi (1955) = John C. Harsanyi: Cardinal Welfare, Individualistic Ethics, and Interpersonal Comparisons of Utility. In: Journal of Political Economy, Vol. 63 (1955), pp. 309 - 321.

Hauser (2003) = Stephanie Elisabeth Hauser: Informationsverarbeitung am Neuen Markt – Eine empirische Analyse der Determinanten von Kursreaktionen auf Ad-hoc-Meldungen; Wiesbaden 2003

Henn (2002) = Günter Henn: Handbuch des Aktienrechts; 7. Auflage; Heidelberg 2002

Heermann (1999) = Peter Heermann: Auswirkungen einer Behebbarkeit oder nachträglichen Korrektur von gerügten Verfahrensmängeln auf das Unbedenklichkeitsverfahren nach § 16 Abs. 3 UmwG. In: Zeitschrift für Wirtschaftsrecht, 20. Jg. (1999), S. 1861 - 1873.

Heiden (2002) = Stefan Heiden: Kursreaktionen auf Dividendenankündigungen – Ereignisstudie am deutschen Kapitalmarkt; Wiesbaden 2002

Hicks (1943) = John R. Hicks: The four Consumer's Surpluses. In: Review of Economic Studies, Vol. 11 (1943), pp. 31 - 41.

Hicks (1939) = John R. Hicks: The Foundations of Welfare Economics. In: Economic Journal, Vol. 49 (1939), pp. 696 - 712.

Hielscher (1999) = Udo Hielscher: Investmentanalyse; 3. Auflage; München 1999

Hirschberger / Weiler (2004) = Max Hirschberger und Lothar Weiler: Das Freigabeverfahren für Hauptversammlungsbeschlüsse nach dem UMAG-Entwurf (§ 246a AktG-E) – Ein Aus für räuberische Aktionäre? In: Der Betrieb, 57. Jg. (2004), S. 1137 - 1139.

Hirte (1988) = Heribert Hirte: Missbrauch aktienrechtlicher Anfechtungsklagen – Vom Querulieren und seinen Grenzen. In: Betriebs-Berater, 43. Jg. (1988), S. 1469 - 1477.

Hitz (2007) = Jörg-Markus Hitz: The Decision Usefulness of Fair Value Accounting – A Theoretical Perspective. In: European Accounting Review, Vol. 16 (2007), pp. 323 - 362.

Hoffman / Fisher (1979) = Michael Hoffmann and James V. Fisher: Cororate Responsibility: Property and Liability. In: Ethical Theory and Business; eds. Tom L. Beauchamp and Norman E. Bowie; Englewood Cliffs 1979; pp. 187 - 197.

Holler / Illing (2006): Manfred Holler und Gerhard Illing: Einführung in die Spieltheorie; 6. Auflage; Berlin, Heidelberg 2006

Hüffer (2008) = Uwe Hüffer: Kommentar Aktiengesetz; 6. Auflage; München 2008

Hull (2006) = John C. Hull: Optionen, Futures und andere Derivate; 6. Auflage; München 2006

Jakopin (2006) = Nejc Martin Jakopin: Einflussfaktoren des Internationalisierungserfolgs von Mobilfunknetzbetreibern; Wiesbaden 2006

Jansen (2006) = Harald Jansen: Erbsteuerliche Wirkungen bei Vermögensübertragungen, Entscheidungswirkungen und Gleichmäßigkeit der Besteuerung; Berlin 2006

Jansen (2005a) = Harald Jansen: Neoklassische Theorie und Betriebswirtschaftslehre. In: Institutionenökonomie und Betriebswirtschaftslehre; Hrsg. Andreas Horsch, Harald Meinhövel und Stephan Paul; München 2005, S. 49 - 64.

Jansen (2005b) = Harald Jansen: Verfügungsrechte und Transaktionskosten. In: Institutionenökonomie und Betriebswirtschaftslehre; Hrsg. Andreas Horsch, Harald Meinhövel und Stephan Paul; München 2005, S. 101 - 117.

Janson (2004) = Gunnar Janson: Ökonomische Theorie im Recht – Anwendbarkeit und Erkenntniswert im allgemeinen und am Beispiel des Arbeitsrechts; Berlin 2004

Janssen / Laatz (2005) = Jürgen Janssen und Wilfried Laatz: Statistische Datenanalyse mit SPSS für Windows; 5. Auflage; Berlin und Heidelberg 2005

Jevons (1871) = William S. Jevons: The Theory of Political Economy; London 1871

Kaldor (1939) = Nicholas Kaldor: Welfare Propositions of Economics and Interpersonal Comparison of Utility. In: Economic Journal, Vol. 49 (1939), pp. 549 - 552.

Karl (2001) = Helmut Karl: Risikoordnungspolitik zur Steuerung von Umwelt- und Technikrisiken in Marktwirtschaften. In: Ordnungspolitik als konstruktive Antwort auf wirtschaftspolitische Herausforderungen: Festschrift zum 65. Geburtstag von Paul Klemmer; Hrsg. Hans-Friedrich Eckey et al.; Stuttgart 2001; S. 208 - 225.

Kaulmann (1987) = Thomas Kaulmann: Property-Rights und Unternehmenstheorie: Stand und Weiterentwicklung der empirischen Forschung; München 1987

Kemper (2007) = Oliver Kemper: Börsenrückzüge in Deutschland – Erklärungsansätze und Kursreaktionen; Wiesbaden 2007

Keßler (2009) = Jürgen Keßler: §§ 16 und 20 UmwG. In: Umwandlungsrecht – Kompakt-Kommentar; Hrsg. Jürgen Keßler und Manfred Kühnberger; Stuttgart 2009; S. 97 - 104 und 114 - 126.

Kiethe (2004) = Kurt Kiethe: Abkauf von Anfechtungsrechten der Aktionäre – neuere Tendenzen rechtsmissbräuchlichen Verhaltens räuberischer Aktionäre. In: Neue Zeitschrift für Gesellschaftsrecht, 7. Jg. (2004), S. 489 - 494.

Kirchgässer (1991) = Gebhard Kirchgässer: Homo Oeconomicus – Das ökonomische Modell individuellen Verhaltens und seine Anwendung in den Wirtschafts- und Sozialwissenschaften; Tübingen 1991

Kirchner (2001) = Christian Kirchner: Folgenberücksichtigung bei judikativer Rechtsfortbildung und ökonomische Theorie des Rechts. In: Wirkungsforschung zum Recht III; (Interdisziplinäre Studien zu Recht und Staat: 17); Hrsg. von Hagen Hof und Martin Schulte; Baden-Baden 2001, S. 33 - 43.

Kirchner (1997a) = Christian Kirchner: Bilanzrecht und neue Institutionen-ökonomik: Interdisziplinäre Überlegungen. In: Handelsbilanzen und Steuerbilanzen: Festschrift zum 70. Geburtstag von Prof. Dr. h.c. Heinrich Beisse; Hrsg. Wolfgang Dieter Budde, Adolf Moxter und Klaus Offerhaus; Düsseldorf 1997; S. 267 - 283.

Kirchner (1997b) = Christian Kirchner: Ökonomische Theorie des Rechts; (Schriftenreihe der Juristischen Gesellschaft zu Berlin: 151); Berlin und New York 1997

Kirchner / Koch (1989) = Christian Kirchner und Stefan Koch: Norminterpretation und ökonomische Analyse des Rechts. In: Analyse & Kritik, 11. Jg. (1989), S. 111 - 133.

Kleinewefers (2008) = Henner Kleinewefers: Einführung in die Wohlfahrtsökonomie, Theorie – Anwendung – Kritik; Stuttgart 2008

Klump (2006) = Rainer Klump: Wirtschaftspolitik, Instrumente, Ziele und Institutionen, München 2006

Koch (1999) = Christian Koch: Optionsbasierte Unternehmensbewertung; Wiesbaden 1999

Kruschwitz (2007) = Lutz Kruschwitz: Finanzierung und Investition; 5. Auflage; München 2007

Kuhner / Maltry (2006) = Christoph Kuhner und Helmut Maltry: Unternehmensbewertung; Berlin, Heidelberg 2006

Künzler (2009) = Adrian Künzler: Anwendungsgebiete und Grenzen der Ökonomischen Analyse des Rechts (ÖAR). In: Wirtschaftswissenschaftliches Stu-dium, 38. Jg. (2009), S. 243 - 250.

Kürsten (2003) = Wolfgang Kürsten: Synergetische Merger, Co-Insurance und Shareholder Value – Oder: Wer profitiert von „wertschaffenden" Fusionen? In: Die Betriebswirtschaft, 63. Jg. (2003), S. 239 - 253.

Küting (1981) = Karlheinz Küting: Zur Bedeutung und Analyse von Verbundeffekten im Rahmen der Unternehmensbewertung. In: Betriebswirtschaftliche Forschung und Praxis, 33. Jg. (1981), S. 175 - 189.

Küting et al. (2008): Karlheinz Küting und Claus-Peter Weber unter Mitarbeit von Jochen Cassel, Andreas Gattung und Christoph Seel: Der Konzernabschluss; 11. Auflage; Stuttgart 2008

Lakatos (1982) = Imre Lakatos: Die Methodologie der wissenschaftlichen Forschungsprogramme; Braunschweig und Wiesbaden 1982

Landes / Posner (1975) = William M. Landes and Richard A. Posner: The Private Enforcement of Law. In: Journal of Legal Studies, Vol. 4 (1975), pp. 1 - 46.

Langecker (2009) = Alexander Langecker: Ökonomische Analyse der Bilanzierung von Kapitalgesellschaftsverschmelzungen nach § 24 UmwG; Baden-Baden 2009

Leschke / Sauerland (2000) = Martin Leschke und Dirk Sauerland: „Zwischen“ Pigou und Buchanan? Der Beitrag von Ronald Coase zu einer institutionenorientierten Theorie der Wirtschaftspolitik. In: Ronald Coase‘ Transaktionskosten-Ansatz; Hrsg. Ingo Pies und Martin Leschke; Tübingen 2000; S. 181 - 210.

Lutter / Drygala (2004) = Marcus Lutter und Tim Drygala: Kommentierung § 5 UmwG. In: Umwandlungsgesetz Kommentar; 3. Auflage; Hrsg. Marcus Lutter und Martin Winter; Köln 2004; S. 226 - 287.

Mathis (2006) = Klaus Mathis: Effizienz statt Gerechtigkeit? Auf der Suche nach den philosophischen Grundlagen der Ökonomischen Analyse des Rechts; Berlin 2006

Matschke / Brösel (2007) = Manfred Jürgen Matschke und Gerrit Brösel: Unternehmensbewertung; 3. Auflage; Wiesbaden 2007

Mattessich (1995) = Richard Mattessich: On the history of normative accounting theory: Paradigm lost, paradigm regaind? In: Accounting, Business & Financial History, Vol. 2 (1995), pp. 181 - 198.

May (1991) = Axel May: Zum Stand der empirischen Forschung über Informationsverarbeitung am Aktienmarkt – Ein Überblick. In: Schmalenbachs Zeitschrift für betriebswirtschaftliche Forschung, 43. Jg. (1991), S. 313 - 335.

May (1986) = Lary May: Corporate Property Rights. In: Journal of Business Ethics, Vol. 5 (1986), pp. 225 - 232.

MacKinlay (1997) = A. Craig MacKinlay: Event Studies in Economics and Finance. In: Journal of Economic Literature, Vol. 35 (1997), pp. 13 - 39.

Marsch-Barner (2010) = Reinhard Marsch-Barner: § 16 und 20 UmwG. In: Kommentar zum Umwandlungsgesetz; Hrsg. Harald Kallmeyer; Köln 2010; S. 209 - 237 und S. 271 - 296.

Martens (1988) = Klaus-Peter Martens: Die Vergleichs- und Abfindungsbefugnis des Vorstands gegenüber opponierenden Aktionären. In: Die Aktiengesellschaft, 33. Jg. (1988), S. 118 - 126.

McWilliams / Siegel (1997) = Abagail McWilliams and Donald Siegel: Event Studies in Management Research – Theoretical and Empirical Issues. In: Academy of Management Journal, Vol. 40 (1997), pp. 626 - 657.

Mertens (1990) = Hans-Joachim Mertens: Der Aktionär als Wahrer des Rechts? In: Die Aktiengesellschaft, 35. Jg. (1990), S. 49 - 55.

Meyer (2006) = Bernhard Heiko Meyer: Stochastische Unternehmensbewertung: Der Wertbeitrag von Realoptionen; Göttingen 2005

Mimberg (2005) = Jörg Mimberg: Klagerechte der Aktionäre. In: Handbuch börsennotierte AG; Hrsg. Reinhard Marsch-Barner und Frank Schäfer; Köln 2005; S. 1198 - 1317.

Mostowfi (2000) = Mehdi Mostowfi: Bewertung von Unternehmensakquisitionen unter Berücksichtigung von Realoptionen; Frankfurt am Main 2000

Müller (2005) = David Müller: Modell der Tauschrealoptionen als Instrument des Investitionscontrollings. In: Zeitschrift für Controlling & Management, 49. Jg. (2005), S. 47 - 62.

Mueller (2003) = Dennis C. Mueller: Public Choice III; Cambridge 2003

Myers (1977) = Stewart C. Myers: Determinants of corporate borrowing. In: Journal of Financial Economics, Vol. 5 (1977), pp. 147 - 175.

Netter / Mitchell (1989) = Jeffry M. Netter and Mark L. Mitchell: Stock Repurchase Announcements and Insider Transactions After the October 1987 Stock Market Crash. In: Financial Management, Vol. 18 (1989), pp. 84 - 96.

Neumann (2002) = Manfred Neumann: Neoklassik. In: Geschichte der Nationalökonomie; 4. Auflage; Hrsg. Otmar Issing; München 2002; S. 271 - 285.

Noack (2008) = Ulrich Noack: ARUG: das nächste Stück der Aktienrechtsreform in Permanenz. In: Neue Zeitschrift für Gesellschaftsrecht, 11. Jg. (2008), S. 441 - 447.

Noack (2007) = Ulrich Noack: Die Anfechtungsklage sollte erst ab 1%-Beteiligung möglich sein. In: Betriebs-Berater, 62. Jg. (2007), Heft 32, S. I.

Noack (1989) = Ulrich Noack: Der Widerspruch des Aktionärs in der Hauptversammlung. In: Die Aktiengesellschaft, 34. Jg. (1989), S. 78 - 87.

Pareto (1897) = Vilfredo F. Pareto: Cours d'économie politique; Lausanne 1897

Paschos / Goslar (2008) = Nikolaos Paschos und Sebastian Goslar: Der Referentenentwurf des Gesetzes zur Umsetzung der Aktionärsrichtlinie (ARUG) aus Sicht der Praxis. In: Die Aktiengesellschaft, 53. Jg. (2008), S. 605 - 617.

Paschos / Goslar (2009) = Nikolaos Paschos und Sebastian Goslar: Der Regierungsentwurf des Gesetzes zur Umsetzung der Aktionärsrichtlinie. In: Die Aktiengesellschaft, 54. Jg. (2009), S. 14 - 21.

Paul / Horsch (2004) = Stephan Paul und Andreas Horsch: Evolutorische Ökonomik und Lehre von den Unternehmensfunktionen. In: Wirtschaftswissenschaftliches Studium, 33. Jg. (2004), S. 716 - 721.

Peemöller / Beckmann (2009) = Volker H. Peemöller und Christoph Beckmann: Der Realoptionsansatz. In: Praxishandbuch der Unternehmensbewertung; 4. Auflage; Hrsg. Volker H. Beckmann; Herne 2009; S. 1046 - 1075.

Peemöller / Kunowski (2009) = Volker Peemöller und Stefan Kunowski: Ertragswertverfahren nach IDW. In: Praxishandbuch der Unternehmensbewertung; 4. Auflage; Hrsg. Volker H. Beckmann; Herne 2009; S. 265 - 338.

Penman (2010) = Stephen H. Penman: Financial Statement Analysis and Security Valuation; 4rd Edition; New York 2007

Perloff (2009) = Jeffrey M. Perloff: Microoeconomics; 5th edition; Boston et al. 2009

Perridon / Steiner / Rathgeber (2009) = Louis Perridon, Manfred Steiner und Andreas Rathgeber: Finanzwirtschaft der Unternehmung; 15. Auflage; München 2009

Peters (1980) = Jürgen Peters: Das Aussagensystem der Wohlstandsökonomik bei Marktunvollkommenheit in Form externer Effekte; Würzburg und Wien 1980

Peterson (1989) = Pamela P. Peterson: Event Studies. A Review of Issues and Methodology. In: Quarterly Journal of Business & Economics, Vol. 28 (1989), pp. 36 - 66.

Pettway / Sicherman / Spiess (1993) = Richard H. Pettway, Neil W. Sicherman and D. Katherine Spiess: Japanese foreign direct investment: Wealth effects from purchases and sales of U.S. assets. In: Financial Management, Vol. 22 (1993), pp. 82 - 95.

Picot (1981) = Arnold Picot: Der Beitrag der Theorie der Verfügungsrechte zur ökonomischen Analyse der Unternehmensverfassung. In: Unternehmensverfassung als Problem der Betriebswirtschaftslehre; Hrsg. Kurt Bohr et al.; Berlin 1981; S. 153 - 197.

Piltz (2001) = Detlev Piltz: Unternehmensbewertung und Börsenkurs im aktienrechtlichen Spruchstellenverfahren. In: Zeitschrift für Unternehmens- und Gesellschaftsrecht, 29. Jg. (2001), S. 185 - 213.

Pindyck / Rubinfeld (2005) = Robert S. Pindyck und Daniel L. Rubinfeld: Mikroökonomie; 6. Auflage; München 2005

Pliska (1997) = Stanley R. Pliska: Introduction to Mathematical Finance: Discrete Time Models; Cornwall 1997

Poelzig (2008) = Dörte Poelzig: Der Referentenentwurf eines Gesetzes zur Umsetzung der Aktionärsrichtlinie im Kampf gegen „räuberische Aktionäre“. In: Deutsches Steuerrecht, 43. Jg. (2008), S. 1538 - 1541.

Polinsky (1972) = A. M. Polinsky: Probabilistic Compensation Criteria. In: Quarterly Journal of Economics, Vol. 86 (1972), pp. 407 - 425.

Posner (1992) = Richard A. Posner: Economic Analysis of Law; 4th Edition; Boston, Toronto, London 1992

Posner (1981) = Richard A. Posner: A Reply to some Critisisms of the Efficiency Theory of the Common Law. In: Hofstra Law Review, Vol. 9 (1981), pp. 775 - 794.

Posner (1980) = Richard A. Posner: The Ethical and Political Basis of the Efficiency Norm in Common Law Adjudication. In: Hofstra Law Review, Vol. 8 (1980), pp. 487 - 507.

Pindyck (1988) = Robert S. Pindyck: Irreversible Investment, Capacity Choice, and the Value of the Firm; Vol. 78 (1988), American Economic Review, pp. 969 - 985.

Rappaport (1999) = Alfred Rappaport: Shareholder Value – Ein Handbuch für Manager und Investoren; 2. Auflage; Stuttgart 1999

Rawls (1993) = John Rawls: Political Liberalism; New York et al. 1993

Rawls (1971) = John Rawls: A Theory of Justice; Oxford 1971

Reichert (2009) = Jochem Reichert: § 5 Die Hauptversammlung. In: Beck'sches Handbuch der AG – Geselschaftsrecht, Steuerrecht, Börsengang; Hrsg. Welf Müller und Thomas Rödder; 2. Auflage; München 2009; S. 365 - 484.

Reinganum (1981) = Marc R. Reinganum: Misspecification of Capital Asset Pricing: Empirical Anomalies Based on Earnings' Yields and Market Values. In: Journal of Financial Economics, Vol. 9 (1981), pp. 19 - 46.

Rhiel (2000) = Raimund Rhiel: Ein Mysterium in der Unternehmensbewertung: Steuerparadoxe Ertragswerte bei Risiko und Wachstum? In: Der Finanzbetrieb, 2. Jg. (2000), S. 550 - 556.

Richter / Furubotn (2003) = Rudolf Richter und Eirik G. Furubotn: Neue Institutionenökonomik; 3. Auflage; Tübingen 2003

Rieter (2002) = Heinz Rieter: Historische Schulen. In: Geschichte der Nationalökonomie; Hrsg. Ottmar Issing; München 2002; S. 131 - 168.

Robbins (1938) = Lionel Robbins: Interpersonal Comparison of Utility: A Comment. In: Economic Journal, Vol. 48 (1938), pp. 635 - 641.

Rosenberg / Shavell (1985) = David Rosenberg and Steven Shavell: A model in which suits are brought for their nuisance value. In: International Review of Law and Economics, Vol. 5 (1985), pp. 3 - 13.

Rothley / Wessing = Oliver Rothley und Taylor Wessing: Die Neuregelung des Beschlussmängelrechts durch das ARUG. In: Gesellschafts- und Wirtschaftsrecht, 1. Jg. (2009), S. 312 - 313.

Ruback (1983) = Richard S. Ruback: The cities service takeover: A case study. In: Journal of Finance, Vol. 38 (1983), pp. 319 - 330.

Rubinstein (1990) = Ariel Rubinstein: Game Theory in Economics; Aldershot and Brookfield 1990

Rudolph (2006) = Bernd Rudolph: Unternehmensfinanzierung und Kapitalmarkt; Tübingen 2006

Saenger (2002) = Ingo Saenger: Aktienrechtliche Anfechtungsklagen: Verfahrenseffizienz und Kosten. In: Die Aktiengesellschaft, 47. Jg. (2002), S. 536 - 543.

Samuelson (1977) = Paul A. Samuelson: Reaffirmation The Existence of "Reasonable" Bergson-Samuelson Social Welfare Functions. In: Economica, Vol. 44 (1977), pp. 81 - 83.

Samuelson (1956) = Paul A. Samuelson: Social Indifference Curves. In: Quarterly Journal of Economics, Vol. 70 (1956), pp. 1 - 22.

Sauerbruch (2008) = Florens Sauerbruch: Das Freigabeverfahren gemäß § 246a Aktiengesetz – Eine rechtsökonomische Untersuchung; Wiesbaden 2008

Savin / White (1977) = N. Eugene Savin and Kenneth J. White: The Durbin-Watson Test for Serial Correlation with Extreme Sample Sizes or Many Regressors. In: Econometrica, Vol. 45 (1977), pp. 1989 - 1996.

Schäfer / Ott (2005) = Hans-Bernd Schäfer und Claus Ott: Lehrbuch der ökonomischen Analyse des Zivilrechts; 4. Auflage; Berlin, Heidelberg und New York 2005

Schenk (1997) = Gerald Schenk: Ökonomische Analyse des Minderheitenschutzes im Konzern. In: Zeitschrift für betriebswirtschaftliche Forschung, 49. Jg. (1997), S. 652 - 673.

Schlaus (1988) = Wilhelm Schlaus: Auskauf opponierender Aktionäre. In: Die Aktiengesellschaft 1988, 33. Jg. (1988), S. 113 - 117.

Schmidt (2000) = Matthias Schmidt: Das Konzept einer kapitalmarktorientierten Rechnungslegung – Legitimation, Ableitung einer Sollvorstellung und Brauchbarkeit nationaler sowie internationaler Regelungen; Bielefeld 2000

Schmidt / Pittroff / Klingels (2007) = Matthias Schmidt, Esther Pittroff und Bernd Klingels: Finanzinstrumente nach IFRS – Bilanzierung, Absicherung und Publizität; München 2007

Schmidt (1996) = Karsten Schmidt: Anfechtungsbefugnis. In: Großkommentar AktG; Hrsg. Klaus J. Hopt und Herbert Wiedemann; 4. Auflage; Berlin 1996; 6. Lieferung: §§ 241 – 255.

Schneider (1997) = Dieter Schneider: Betriebswirtschaftslehre; Band 3: Theorie der Unternehmung; München 1997

Schneider (1995) = Dieter Schneider: Betriebswirtschaftslehre; Band 1: Grundlagen; 2. Auflage; München 1995

Schoppe et al. (1995) = Siegfried G. Schoppe, Andreas Wass von Czege, Malte-Maria Münchow, Ingo Stein, Klaus Zimmer und Oliver E. Williamson: Moderne Theorie der Unternehmung; München 1995

Schremper (2003) = Ralf Schremper: Kapitalmarktrelevanz deutscher Aktienrückkaufprogramme. In: Schmalenbachs Zeitschrift für betriebswirtschaftliche Forschung, 55. Jg. (2003), S. 578 - 605.

Schumann (2002) = Jochen Schumann: Wohlfahrtsökonomik. In: Geschichte der Nationalökonomie; Hrsg. Otmar Issing; 4. Auflage; München 2002; S. 227 - 250.

Schwintowski (2007) = David Schwintowski: Räuberische Aktionäre: Konsequenzen der empirischen Forschung. In: Der Betrieb, 60. Jg. (2007), S. 2695 - 2700.

Scitovsky (1941) = Tibor Scitovsky: A note on welfare propositions in economics. In: Review of Economic Studies, Vol. 9 (1941), pp. 77 - 88.

Seibert (2008) = Ulrich Seibert: Der Referentenentwurf eines Gesetzes zur Umsetzung der Aktionärsrichtlinie. In: Zeitschrift für Wirtschaftsrecht, 29. Jg. (2008), S. 906 - 910.

Seidl (1975) = Christian Seidl: On Liberal Values. In: Zeitschrift für Nationalökonomie, Vol. 35 (1975), pp. 257 - 292.

Sellhorn (2000) = Thorsten Sellhorn: Ansätze zur bilanziellen Behandlung des Goodwill im Rahmen einer kapitalmarktorientierten Rechnungslegung. In: Der Betrieb, 53. Jg. (2000), S. 885 - 892.

Sen (1970) = Amartya Sen: Collective Choice and Social Welfare; San Francisco 1970

Serra (2002) = Ana P. Serra: Event Study Tests. Working Papers da FEP no. 117; Faculdade de Economia do Porto, Universidade do Porto; 2002.

Seth / Song / Pettit (2002) = Anju Seth, Kean P. Song and R. Richardson Pettit: Value creation and destruction in cross-border acquisitions: An empirical analysis of foreign acquisitions of U.S. firms. In: Strategic Management Journal, Vol. 23 (2002), pp. 921 - 940.

Shapley / Shubik (1954) = Lloyd S. Shapley and Martin Shubik: A Method for Evaluating the Distribution of Power in a Committee System. In: The American Political Science Review, Vol. 48 (1954), pp. 787 - 792.

Shavell (2004) = Steven Shavell: Foundations of Economic Analysis of law; Cambridge, Massachusetts and London 2004

Simon (2009) = Stefan Simon: Anmeldung der Verschmelzung. In: Kölner Kommentar zum UmwG; Hrsg. Barbara Dauner-Lieb und Stefan Simon; Köln 2009; S. 364 - 382.

Simon (1955) = Herbert A. Simon: A Behavioral Model of Rational Choice. In: Quarterly Journal of Economics, Vol. 69 (1955), pp. 99 - 118.

Steiner / Bruns (2002) = Manfred Steiner und Christoph Bruns: Wertpapiermanagement; 8. Auflage; Stuttgart 2002

Stephens / Weisbach (1998) = Clifford Stephens and Michael S. Weisbach: Actual Share Reacquisitions in Open-Market Repurchase Programs. In: The Journal of Finance, Vol. 53 (1998), pp. 313 - 333.

Stevens (1993) = Joe B. Stevens: The Economics of Collective Choice; Boulder 1993

Stratz (2006) = Rolf-Christian Stratz: Kommentierung §§ 5, 15 und 16 UmwG. In: Kommentar zum Umwandlungsgesetz und zum Umwandlungssteuergesetz; 4. Auflage; Hrsg. Joachim Schmitt, Robert Hörtnagl und Rolf-Christian Stratz; München 2006; S. 163 - 185, 238 - 243 und S. 243 - 257.

Theerathorn / Wright / Pray (1991) = Pochara Theerathorn, Peter Wright and Bevalee Pray: Market reaction to international joint venture announcement: The case of developed versus less developed countries. In: The International Trade Journal, Vol. 6 (1991), pp. 109 - 126.

Theisen / Raßhofer (2007) = Manuel R. Theisen und Martin Raßhofer: Anfechtungsklagen unter der Lupe: Räuber oder Wohltäter? In: Der Aufsichtsrat, 4. Jg. (2007), S. 107 - 109.

Tietzel (1981a) = Manfred Tietzel: Die Ökonomie der Property-Rights: Ein Überblick. In: Zeitschrift für Wirtschaftspolitik, 30. Jg. (1981), S. 207 - 243.

Tietzel (1981b) = Manfred Tietzel: Die Rationalitätsannahme in den Wirtschaftswissenschaften oder: Der homo oeconomicus und seine Verwandten. In: Jahrbuch für Sozialwissenschaft 1981; S. 115 - 138.

Trautwein (2007) = Andreas Trautwein: Wertrelevanz von Patentinformationen im Kontext der Rechnungslegung – Eine empirische Betrachtung für börsennotierte Kapitalgesellschaften in Deutschland; Wiesbaden 2007

Trigeorgis (1993) = Lenos Trigeorgis: Real Options and Interactions With Financial Flexibility. In: The Journal of the Financial Management Association, Vol. 22 (1993); pp. 202 - 224.

Tse / Soufani (2001) = Terence Tse and Khaled Soufani: Wealth effects of takeovers in merger activity eras: Empirical evidence from the UK. In: International Journal of the Economics of Business, Vol. 8 (2001), pp. 365 - 377.

Varian (2007) = Hal R. Varian: Grundzüge der Mikroökonomik; 7. Auflage; München 2007

Vater (2002) = Hendrik Vater: Bilanzielle und steuerliche Aspekte des Reverse IPO. In: Der Betrieb, 55. Jg. (2002), S. 2445 - 2450.

Verse (2009) = Dirk A. Verse: Das Beschlussmängelrecht nach dem ARUG. In: Neue Zeitschrift für Gesellschaftsrecht, 12. Jg. (2009), S. 1127 - 1132.

Voigt (2002) = Stefan Voigt: Institutionenökonomik; 2. Auflage; Stuttgart 2002

Waclawik (2008) = Erich Waclawik: Das ARUG und die klagefreudigen Aktionäre: Licht am Ende des Tunnels? In: Zeitschrift für Wirtschaftsrecht, 29. Jg. (2008), S. 1141 - 1148.

Waclawik (2006) = Erich Waclawik: Zur Fortsetzung der Reform des aktienrechtlichen Anfechtungsprozesses. In: Deutsches Steuerrecht, 44. Jg. (2006), S. 2177 - 2185.

Wagenhofer / Ewert (2007) = Alfred Wagenhofer und Ralf Ewert: Externe Unternehmensrechnung; 2. Auflage; Berlin 2007

Weigel (2003) = Wolfgang Weigel: Rechtsökonomik; München 2003

Weiler (1996) = Lothar Weiler: Aktienrechtliches Anfechtungsrecht und Rechtsmissbrauch. Eine juristisch-ökonomische Betrachtung unter besonderer Berücksichtigung der Beschlusskontrolle des neuen UmwG; München 1996

Weimann (2006) = Joachim Weimann: Wirtschaftspolitik – Allokation und kollektive Entscheidung; 4. Auflage; Berlin und Heidelberg 2006

Wiechers (2009) = Klaus Wiechers: Besonderheiten bei der Bewertung von Anteilen an Unternehmen. In: Praxishandbuch der Unternehmensbewertung; 4. Auflage; Hrsg. Volker H. Beckmann; Herne 2009; S. 631 - 640.

Wiese (2005) = Harald Wiese: Kooperative Spieltheorie; München 2005.

Wilcox / Chang / Grover (2001) = H. Dixon Wilcox, Kuo-Chung Chang and Varun Grover: Valuation of mergers and acquisitions in the telecommunications industry: a study on diversification and firm size. In: Information & Management, Vol. 38 (2001), pp. 459 - 471.

Williamson (1990) = Oliver E. Williamson: Die ökonomischen Institutionen des Kapitalismus. Unternehmen, Märkte, Kooperationen; Tübingen 1990

Wöhe / Döring (2008) = Günter Wöhe und Ulrich Döring: Einführung in die Allgemeine Betriebswirtschaftslehre; 23. Auflage; München 2008

Würthwein (2007) = Martin Würthwein: Anfechtungsgründe. In: Kommentar zum Aktiengesetz, Band 2, §§ 179 - 410, IntGesR, SpruchG, SE-VO, Hrsg. Gerald Spindler und Eberhard Stilz; München 2007; S. 507 - 546.

Zarowin (1989) = Paul Zarowin: Short-run market overreaction: Size an seasonality effects, A separate anomaly to be added to growing list of anomalies? In: Journal of Portfolio Management, Vol. 15 (1989), pp. 26 - 29.

Zöllner (2000) = Wolfgang Zöllner: Zur Problematik der aktienrechtlichen Anfechtungsklage. In: Die Aktiengesellschaft, 45. Jg. (2000), S. 145 - 157.

Materialienverzeichnis

Ad-hoc-Mitteilungen

ABIT AG: Ad-hoc-Mitteilung vom 17.11.2004. Abrufbar im Internet unter: http://www.presseportal.ch/de/vts.htx?company=&eday=28&emonth=6&eyear=2008&field=suche&keyword%5B%5D=&link=und&link_keyword=und&ressort=&sday=1&searchstring=restructuring&smonth=1&suchesprache=ALL&syear=2004&type=advanced&start=518 (zuletzt eingesehen am 22.06.2010).

Allianz AG: Ad-hoc-Mitteilung vom 19.07.2006. Abrufbar im Internet unter: https://www.allianz.com/wps/portal/tw/www.allianz.com/de/investor_relations/investor_relations_mitteilungen/index.html/!ut/p/c5/pZFdb4IwFEB_y37BvRSE7rFSLRQ6GVMEXkyNixE_8lFg5q9f69OWRbbF28eTk9yeCzWYd9L9bqu7XXvSByih9lehYJEXplhinE0xnjGR-ES5cYiGV184MsdwyjMuVeyGxH3ATlLygl30f7aYUsfafkBy6aAY_cXOCBWRoPg8k9klSSFdz2EJMbv8Yi-hRG_11tCz-ujK9Br28-b6iqpRRPHqovjkojqebYp8MWZ8rnXhg4R6e2jX5iZLe6Xh6gP81nWA38p93_9nG8uHfm853hmG8BK1x3eooA7uV_LhfFzY6ff7fJLT-OkTqM_-_g!!/ (zuletzt eingesehen am 22.06.2010).

Allianz AG: Ad-hoc-Mitteilung vom 11.09.2005. Abrufbar im Internet unter: http://www.dgap.de/link.php?sprache=de&von=20020101&hp_lang=de&template=allianz&typ=adhoc&anzahl=100&Id=53564 (zuletzt eingesehen am 22.06.2010).

b.i.s. AG: Ad-hoc-Mitteilung vom 18.05.2007. Abrufbar im Internet unter: http://www.vwd.com/vwd/investor_relations.htm?u=0&k=0&offset=10&seite=adhoc&sektion=publikationen (zuletzt eingesehen am 22.06.2010).

b.i.s. AG: Ad-hoc-Mitteilung vom 04.09.2006. Abrufbar im Internet unter: http://www.vwd.com/vwd/investor_relations.htm?u=0&k=0&offset=20&seite=adhoc&sektion=publikationen (zuletzt eingesehen am 22.06.2010).

b.i.s. AG: Ad-hoc-Mitteilung vom 22.03.2006. Abrufbar im Internet unter: http://www.vwd.com/vwd/investor_relations.htm?u=0&k=0&offset=20&seite=adhoc&sektion=publikationen (zuletzt eingesehen am 22.06.2010).

BOV AG: Ad-hoc-Mitteilung vom 04.12.2006. Abrufbar im Internet unter: http://www.adesso-group.de/de/investorrelations/veroeffentlichungen/adhoc meldungen/index_1.html (zuletzt eingesehen am 22.06.2010).

Broadnet AG: Ad-hoc-Mitteilung vom 30.01.2007. Abrufbar im Internet unter: http://www.dgap.de/news/adhoc/broadnet-broadnet-will-gespraeche-mit-qsc-ueber-moegliche-verschmelzung-aufnehmen_47_67882.htm (zuletzt eingesehen am 22.06.2010).

Continental AG: Ad-hoc-Mitteilung vom 28.10.2004. Abrufbar im Internet unter: http://www.conti-online.com/generator/www/com/de/continental/portal/themen/ir/news_adhoc/archiv/ad_hoc/ad_hoc_2004_10_28_de.html (zuletzt eingesehen am 22.06.2010)

Deutsche Telekom AG: Ad-hoc-Mitteilung vom 01.06.2006. Abrufbar im Internet unter: http://www.telekom.com/dtag/cms/content/dt/de/48466 (zuletzt eingesehen am 22.06.2010).

Deutsche Telekom AG: Ad-hoc-Mitteilung vom 09.10.2004. Abrufbar im Internet unter: http://www.telekom.com/dtag/cms/content/dt/de/48480?archivArticleID=9102 (zuletzt eingesehen am 22.06.2010).

Elephant Seven AG: Ad-hoc-Mitteilung vom 04.10.2007. Abrufbar im Internet unter: http://www.presseportal.de/pm/21306/1059730/elephant_seven_ag (zuletzt eingesehen am 22.06.2010).

Freenet.de AG: Ad-hoc-Mitteilung vom 13.12.2006. Abrufbar im Internet unter: http://www.presseportal.de/pm/65489/freenet_ag?&start=225 (zuletzt eingesehen am 22.06.2010).

Freenet.de AG: Ad-hoc-Mitteilung vom 13.09.2006. Abrufbar im Internet unter: http://www.presseportal.de/pm/65489/872981/freenet_ag (zuletzt eingesehen am 22.06.2010).

Freenet.de AG: Ad-hoc-Mitteilung vom 04.03.2005. Abrufbar im Internet unter: http://www.presseportal.de/pm/65489/freenet_ag?start=275 (zuletzt eingesehen am 22.06.2010).

Infor Business Solutions AG: Ad-hoc-Mitteilung vom 02.04.2008. Abrufbar im Internet unter: http://www.dgap.de/news/adhoc/infor-business-solutions-gibt-beschluss-des-saarlaendischen-oberlandesgerichts-bekannt_774_201857.htm (zuletzt eingesehen am 22.06.2010).

Infor Business Solutions AG: Ad-hoc-Mitteilung vom 22.11.2007. Abrufbar im Internet unter: http://www.dgap.de/news/adhoc/infor-business-solutions-agabweisung-der-anfechtungsklagen-und-freigabebeschluss-durch-das-saarbruecken_774_189628.htm (zuletzt eingesehen am 22.06.2010).

Infor Business Solutions AG: Ad-hoc-Mitteilung vom 07.12.2006. Abrufbar im Internet unter: http://www.ad-hoc-news.de/dgap-adhoc-infor-business-solutions-ag-verschmelzung--/de/News/9759511 (zuletzt eingesehen am 22.06.2010).

Pixelpark AG: Ad-hoc-Mitteilung vom 23.08.2007. Abrufbar im Internet unter: http://www.pixelpark.de/de/pixelpark/investor-relations/investor-news/ad-hoc-mitteilungen/2007/index.html_917596316.html (zuletzt eingesehen am 22.06.2010).

Pixelpark AG: Ad-hoc-Mitteilung vom 20.07.2006. Abrufbar im Internet unter: http://www.pixelpark.com/de/pixelpark/presse/pressemeldungen/index.html_1619285300.html (zuletzt eingesehen am 22.06.2010).

QSC AG: Ad-hoc-Mitteilung vom 31.10.2007. Abrufbar im Internet unter: http://www.qsc.de/de/qsc-ag/investor-relations/ir-mitteilungen/2007/mitteilung/news/verschmelzung-von-broadnet-auf-qsc-ab-heute-wirksam-1.html?tx_ttnews%5BbackPid%5D=3891&cHash=f6670bcddd (zuletzt eingesehen am 22.06.2010).

QSC AG: Ad-hoc-Mitteilung vom 25.10.2007. Abrufbar im Internet unter: http://www.qsc.de/de/qsc-ag/investor-relations/ir-mitteilungen/2007.html (zuletzt eingesehen am 22.06.2010).

QSC AG: Ad-hoc-Mitteilung vom 30.01.2007. Abrufbar im Internet unter: http://www.qsc.de/de/qsc-ag/investor-relations/ir-mitteilungen/2007.html (zuletzt eingesehen am 22.06.2010).

Vattenfall Europe AG: Ad-hoc-Mitteilung vom 27.08.2003. Abrufbar im Internet unter: http://www.vattenfall.de/www/vf/vf_de/225583xberx/232127press/232157press/232187archi/index.jsp (zuletzt eingesehen am 22.06.2010).

Vattenfall Europe AG: Ad-hoc-Mitteilung vom 03.12.2002. Abrufbar im Internet unter: http://www.vattenfall.de/www/vf/vf_de/225583xberx/232127press/232157press/232187archi/258228press/index.jsp?pmid=21361 (zuletzt eingesehen am 22.06.2010).

Finanzberichte, Geschäftsberichte und Jahresabschlüsse

Allianz SE: Geschäftsbericht 2006. Abrufbar im Internet unter: https://www.allianz.com/de/investor_relations/berichte_und_finanzdaten/geschaeftsbericht/archiv/index.html (zuletzt eingesehen am 22.06.2010).

Allianz AG: Geschäftsbericht 2005. Abrufbar im Internet unter: https://www.allianz.com/de/investor_relations/berichte_und_finanzdaten/geschaeftsbericht/archiv/index.html (zuletzt eingesehen am 22.06.2010).

b.i.s. AG: Finanzbericht 2006. Abrufbar im Internet unter: http://www.vwd.com/vwd/files/berichte/JA_2006.pdf (zuletzt eingesehen am 22.06.2010).

b.i.s. AG: Finanzbericht 2005. Abrufbar im Internet unter: http://www.vwd.com/vwd/investor_relations.htm?u=0&k=0&sektion=publikationen&seite=finanz&jahr=2005 (zuletzt eingesehen am 22.06.2010).

BOV AG: Geschäftsbericht 2006. Abrufbar im Internet unter: http://www.adesso-group.de/de/investorrelations/finanzberichte/index.html (zuletzt eingesehen am 22.06.2010).

BOV AG: Geschäftsbericht 2005. Abrufbar im Internet unter: http://www.adesso-group.de/de/investorrelations/finanzberichte/index.html (zuletzt eingesehen am 22.06.2010).

Broadnet AG: Geschäftsbericht 2006. Abrufbar im Internet unter: www.broadnet.de/presse/finanzberichte/Broadnet2006deutsch.pdf (zuletzt eingesehen am 22.06.2010).

Continental AG: Geschäftsbericht 2006. Abrufbar im Internet unter: http://www.conti-online.com/generator/www/com/de/continental/portal/themen/ir/finanzberichte/archiv/berichte/arch_berichte_de.html (zuletzt eingesehen am 22.06.2010).

Continental AG: Geschäftsbericht 2004. Abrufbar im Internet unter: http://www.conti-online.com/generator/www/com/de/continental/portal/themen/ir/finanzberichte/archiv/berichte/arch_berichte_de.html (zuletzt eingesehen am 22.06.2010).

Deutsche Telekom AG: Geschäftsbericht 2004. Abrufbar im Internet unter: http://www.telekom.com/dtag/cms/content/dt/de/29168 (zuletzt eingesehen am 22.06.2010).

Deutsche Telekom AG: Geschäftsbericht 2005. Abrufbar im Internet unter: http://www.telekom.com/dtag/cms/content/dt/de/29168 (zuletzt eingesehen am 22.06.2010).

Deutsche Telekom AG: Jahresabschluss 2004. Abrufbar im Internet unter: http://www.telekom.com/dtag/cms/content/dt/de/8820 (zuletzt eingesehen am 22.06.2010).

Elephant Seven AG: Geschäftsbericht 2005/2006. Abrufbar im Internet unter: www.pixelpark.com/de/pixelpark/_ressourcen/...e7/.../GB_e7_04_05.pdf (zuletzt eingesehen am 22.06.2010).

Freenet.de AG: Geschäftsbericht 2005 (online nicht verfügbar).

GFKL Financial Services AG: Finanzbericht 2005. Abrufbar im Internet unter: http://www.gfkl.com/home/investor-relations/finanzberichte/ (zuletzt eingesehen am 22.06.2010).

GFKL Financial Services AG: Finanzbericht 2004. Abrufbar im Internet unter: http://www.gfkl.com/fileadmin/pdf/Finanzberichte/2004/gb_gfkl_2004-q4d.pdf (zuletzt eingesehen am 22.06.2010).

Hansa Chemie AG: Geschäftsbericht 2004. Abrufbar im Internet unter: http://www.hansagroup.de/de/investorrelations/finanzberichte/geschaeftsberichte.html (zuletzt eingesehen am 22.06.2010).

Infor Business Solutions AG: Jahresabschluss 2006. Abrufbar im Internet unter: http://www.infor-ag.de/hv.html (zuletzt eingesehen am 22.06.2010).

Mobilcom AG: Geschäftsbericht 2005 (online nicht verfügbar).

Mobilcom AG: Konzernlagebericht 2005. Abrufbar im Internet unter: http://www.freenet.ag/investor-relations/finanzberichte.html (zuletzt eingesehen am 22.06.2010).

Onvista AG: Geschäftsbericht 2003. Abrufbar im Internet unter: http://www.onvista-group.de/de/investor-relations/finanzpublikationen/geschaefts-zwischenberichte/geschaefts-zwischenberichte.html (zuletzt eingesehen am 22.06.2010).

Onvista AG: Geschäftsbericht 2002. Abrufbar im Internet unter: http://www.onvista-group.de/de/investor-relations/finanzpublikationen/geschaefts-zwischenberichte/geschaefts-zwischenberichte.html (zuletzt eingesehen am 22.06.2010).

Phoenix AG: Geschäftsbericht 2004. Abrufbar im Internet unter: http://www.conti-online.com/generator/www/com/de/continental/portal/themen/ir/finanzberichte/archiv/phoenix_gbs/archiv_phoenix_gb_de.html (zuletzt eingesehen am 22.06.2010).

Pixelpark AG: Geschäftsbericht 2007. Abrufbar im Internet unter: http://www.pixelpark.com/de/pixelpark/investor-relations/finanzberichte/index.html (zuletzt eingesehen am 22.06.2010).

Pixelpark AG: Geschäftsbericht 2006. Abrufbar im Internet unter: http://www.pixelpark.com/de/pixelpark/investor-relations/finanzberichte/index.html (zuletzt eingesehen am 22.06.2010).

QSC AG: Geschäftsbericht 2006. Abrufbar im Internet unter: http://www.qsc.de/de/qsc-ag/investor-relations/finanzberichte.html (zuletzt eingesehen am 22.06.2010).

Vattenfall Europe AG 2003: Geschäftsbericht 2003. Abrufbar im Internet unter: http://www.vattenfall.de/www/vf/vf_de/225583xberx/231617finan/231647finan/index.jsp (zuletzt eingesehen am 22.06.2010).

Vattenfall Europe AG 2002: Geschäftsbericht 2002. Abrufbar im Internet unter: http://www.vattenfall.de/www/vf/vf_de/225583xberx/231617finan/231647finan/index.jsp (zuletzt eingesehen am 22.06.2010).

Vectron Systems AG: Jahresabschluss 2004. Abrufbar im Internet unter: http://www.vectron.de/general/suche.php?q=Jahresabschluss+2004&l=de&search_oben=1 (zuletzt eingesehen am 22.06.2010).

vwd AG: 6-Monatsbericht 2007. Abrufbar im Internet unter: http://www.vwd.com/vwd/investor_relations.htm?u=0&k=0&sektion=publikationen&seite=finanz&jahr=2007 (zuletzt eingesehen am 22.06.2010).

Gesellschaftsbekanntmachungen[881]

ABIT AG: Gesellschaftsbekanntmachung vom 04.08.2005. Abrufbar im Internet unter: https://www.ebundesanzeiger.de (zuletzt eingesehen am 22.06.2010).

Adesso AG: Gesellschaftsbekanntmachung vom 27.09.2007. Abrufbar im Internet unter: https://www.ebundesanzeiger.de (zuletzt eingesehen am 22.06.2010).

Allianz AG: Gesellschaftsbekanntmachung vom 24.07.2006. Abrufbar im Internet unter: https://www.ebundesanzeiger.de (zuletzt eingesehen am 22.06.2010).

Allianz AG: Gesellschaftsbekanntmachung vom 05.04.2006. Abrufbar im Internet unter: https://www.ebundesanzeiger.de (zuletzt eingesehen am 22.06.2010).

Bewag AG: Gesellschaftsbekanntmachung vom 20.03.2003. Abrufbar im Internet unter: https://www.ebundesanzeiger.de (zuletzt eingesehen am 22.06.2010).

BGI EcoTech AG: Gesellschaftsbekanntmachung vom 26.07.2007. Abrufbar im Internet unter: https://www.ebundesanzeiger.de (zuletzt eingesehen am 22.06.2010).

b.i.s. AG: Gesellschaftsbekanntmachung vom 22.05.2007. Abrufbar im Internet unter: https://www.ebundesanzeiger.de (zuletzt eingesehen am 22.06.2010).

b.i.s. AG: Gesellschaftsbekanntmachung vom 29.06.2006. Abrufbar im Internet unter: https://www.ebundesanzeiger.de (zuletzt eingesehen am 22.06.2010).

BOV AG: Gesellschaftsbekanntmachung vom 12.09.2006. Abrufbar im Internet unter: https://www.ebundesanzeiger.de (zuletzt eingesehen am 22.06.2010).

BOV AG: Gesellschaftsbekanntmachung vom 28.06.2006. Abrufbar im Internet unter: https://www.ebundesanzeiger.de (zuletzt eingesehen am 22.06.2010.

Broadnet AG: Gesellschaftsbekanntmachung vom 31.10.2007. Abrufbar im Internet unter: https://www.ebundesanzeiger.de (zuletzt eingesehen am 22.06.2010).

Broadnet AG: Gesellschaftsbekanntmachung vom 23.07.2007. Abrufbar im Internet unter: https://www.ebundesanzeiger.de (zuletzt eingesehen am 22.06.2010).

Broadnet AG: Gesellschaftsbekanntmachung vom 10.04.2007. Abrufbar im Internet unter: https://www.ebundesanzeiger.de (zuletzt eingesehen am 22.06.2010).

[881] Für jede Recherche im elektronischen Bundesanzeiger wird eine individuelle, temporäre Sitzung generiert. Daher ist es nicht möglich, einen permanenten Internetlink zu den entsprechenden Dokumenten anzugeben. Es wird lediglich der Internetlink zur Suchmaske aufgeführt.

Deutsche Telekom AG: Gesellschaftsbekanntmachung 09.06.2006. Abrufbar im Internet unter: https://www.ebundesanzeiger.de (zuletzt eingesehen am 22.06.2010).

Elephant Seven AG: Gesellschaftsbekanntmachung vom 09.10.2007. Abrufbar im Internet unter: https://www.ebundesanzeiger.de (zuletzt eingesehen am 22.06.2010).

Elephant Seven AG: Gesellschaftsbekanntmachung vom 03.09.2007. Abrufbar im Internet unter: https://www.ebundesanzeiger.de (zuletzt eingesehen am 22.06.2010).

E.ON Thüringer Beteiligungsverwaltungs AG: Gesellschaftsbekanntmachung vom 11.02.2008. Abrufbar im Internet unter: https://www.ebundesanzeiger.de (zuletzt eingesehen am 22.06.2010).

Freenet.de AG: Gesellschaftsbekanntmachung vom 29.12.2006. Abrufbar im Internet unter: https://www.ebundesanzeiger.de (zuletzt eingesehen am 22.06.2010).

Freenet.de AG: Gesellschaftsbekanntmachung vom 26.10.2005. Abrufbar im Internet unter: https://www.ebundesanzeiger.de (zuletzt eingesehen am 22.06.2010).

GFKL Financial Services AG: Gesellschaftsbekanntmachung vom 18.08.2006. Abrufbar unter: https://www.ebundesanzeiger.de (zuletzt eingesehen am 22.06.2010).

Infor Business Solutions AG: Gesellschaftsbekanntmachung vom 21.03.2007. Abrufbar im Internet unter: https://www.ebundesanzeiger.de (zuletzt eingesehen am 22.06.2010).

Infor Global Solutions Deutschland AG: Gesellschaftsbekanntmachung vom 23.04.2008. Abrufbar im Internet unter: https://www.ebundesanzeiger.de (zuletzt eingesehen am 22.06.2010).

Mobilcom AG: Gesellschaftsbekanntmachung vom 23.01.2007. Abrufbar im Internet unter: https://www.ebundesanzeiger.de (zuletzt eingesehen am 22.06.2010).

Mobilcom AG: Gesellschaftsbekanntmachung vom 26.10.2005. Abrufbar im Internet unter: https://www.ebundesanzeiger.de (zuletzt eingesehen am 22.06.2010).

Onvista AG: Gesellschaftsbekanntmachung vom 28.10.2003. Abrufbar im Internet unter: https://www.ebundesanzeiger.de (zuletzt eingesehen am 22.06.2010).

Phoenix AG: Gesellschaftsbekanntmachung vom 14.12.2005. Abrufbar im Internet unter: https://www.ebundesanzeiger.de (zuletzt eingesehen am 22.06.2010).

Phoenix AG: Gesellschaftsbekanntmachung vom 08.04.2005. Abrufbar im Internet unter: https://www.ebundesanzeiger.de (zuletzt eingesehen am 22.06.2010).

Phoenix AG: Gesellschaftsbekanntmachung vom 25.02.2005. Abrufbar im Internet unter: https://www.ebundesanzeiger.de (zuletzt eingesehen am 22.06.2010).

QSC AG: Gesellschaftsbekanntmachung vom 31.10.2007. Abrufbar im Internet unter: https://www.ebundesanzeiger.de (zuletzt eingesehen am 22.06.2010).

T-Online International AG: Gesellschaftsbekanntmachung 30.06.2005. Abrufbar im Internet unter: https://www.ebundesanzeiger.de (zuletzt eingesehen am 22.06.2010).

Vattenfall Europe AG: Gesellschaftsbekanntmachung vom 14.11.2003. Abrufbar im Internet unter: https://www.ebundesanzeiger.de (zuletzt eingesehen am 22.06.2010).

Vectron Systems AG: Gesellschaftsbekanntmachung vom 24.09.2004. Abrufbar im Internet unter: https://www.ebundesanzeiger.de (zuletzt eingesehen am 22.06.2010).

Vectron Systems AG: Gesellschaftsbekanntmachung vom 09.07.2004. Abrufbar im Internet unter: https://www.ebundesanzeiger.de (zuletzt eingesehen am 22.06.2010).

Gesetzesentwürfe, Drucksachen und Reformgesetze

ARUG: Gesetz zur Umsetzung der Aktionärsrichtlinie (ARUG) vom 30.07.2009. In: Bundesgesetzblatt Teil I 2009, S. 2479 - 2494.

BR-Drucksache 3/05 vom 07.01.2005. Abrufbar im Internet unter: http://www.bundesrat.de/cln_161/SharedDocs/Drucksachen/2005/0001-0100/3-05,templateId=raw,property=publicationFile.pdf/3-05.pdf (zuletzt eingesehen am 22.06.2010).

BT-Drucksache 4/171 vom 03.02.1962. (online nicht mehr verfügbar).

BT-Drucksache 15/5092 vom 14.03.2005. Abrufbar im Internet unter: http://dip21.bundestag.de/dip21/btd/15/050/1505092.pdf (zuletzt eingesehen am 22.06.2010).

RefE ARUG: Referentenentwurf eines Gesetzes zur Umsetzung der Aktionärsrichtlinie der Bundesregierung vom 06.05.2008. Abrufbar im Internet unter: http://www.bmj.bund.de/files/-/3140/RefE%20Gesetz%20zur%20Umsetzung%20der%20Aktion%C3%A4rsrechterichtlinie.pdf (zuletzt eingesehen am 22.06.2010).

RegE ARUG: Regierungsentwurf eines Gesetzes zur Umsetzung der Aktionärsrichtlinie der Bundesregierung vom 05.11.2008. Abrufbar im Internet unter: http://www.bmj.bund.de/files/-/3369/RegE_ARUG.pdf (zuletzt eingesehen am 22.06.2010).

RegE UMAG: Regierungsentwurf eines Gesetzes zur Unternehmensintegrität und Modernisierung des Anfechtungsrechtes der Bundesregierung vom 28.1.2004. Abrufbar im Internet unter: http://www.bmj.bund.de/media/archive/701.pdf (zuletzt eingesehen am 22.06.2010).

UMAG: Gesetz zur Unternehmensintegrität und Modernisierung des Anfechtungsrechts (UMAG) vom 22.09.2005. In: Bundesgesetzblatt Teil I 2005, S. 2802 - 2808.

UmwBerG: Gesetz zur Bereinigung des Umwandlungsrechts (UmwBerG) vom 28.10.1994. In: Bundesgesetzblatt Teil I 1994, S. 3210 - 3266.

Urteile

BGH, Beschluss vom 29.5.2006, II ZB 5/06. In: Betriebs-Berater, 61. Jg. (2006), S. 1584 - 1587.

BGH, Urteil vom 15.06.1992, II ZR 173/91. In: Die Aktiengesellschaft, 37. Jg. (1992), S. 448 - 450.

BGH, Beschluss vom 02.07.1990, II ZB 1/90. In: Entscheidungen des Bundesgerichtshofes in Zivilsachen, Band 112, S. 9 - 30.

BGH, Urteil vom 18.12.1989, II ZR 254/88. In: Die Aktiengesellschaft, 35. Jg. (1990), S. 259 - 263.

BGH, Urteil vom 22.05.1989, II ZR 206/88. In: Entscheidungen des Bundesgerichtshofes in Zivilsachen, Band 107, S. 296 - 315.

BGH, Urteil vom 01.02.1988, II ZR 75/87. In: Der Betrieb, 41. Jg. (1988), S. 593 - 595.

BGH, Urteil vom 23.02.1978, II ZR 37/77. In: Entscheidungen des Bundesgerichtshofes in Zivilsachen, Band 70, S. 384 - 388.

BGH, Urteil vom 05.06.1975, II ZR 23/74. In: Betriebs-Berater, 30. Jg. (1975), S. 1450 - 1451.

BVerfG, Beschluss vom 25.07.2003, 1 BvR 234/01. In: Betriebs-Berater, 59. Jg. (2004), S. 2305 - 2307.

BVerfG, Beschluss vom 27.04.1999, 1 BvR 1613/94. In: Entscheidungen des Bundesverfassungsgerichts, Band 100, S. 289 - 313.

BVerfG, Urteil vom 07.08.1962, I BvL 16/60. In: Entscheidungen des Bundesverfassungsgerichtes, Band 14, S. 263 - 288.

LG Darmstadt, Beschluss vom 29.11.2005, 12 O 491/05. In: Die Aktiengesellschaft, 51. Jg. (2006), S. 127 - 132.

LG Erfurt, Urteil vom 27.05.2008, 1 HK O 11/08 (nicht veröffentlicht).

LG Essen, Beschluss vom 04.12.2006, 44 O 127/06 (nicht veröffentlicht).

LG Frankfurt am Main, Urteil vom 02.10.2007, 3-5 O 177/07. In: Betriebs-Berater, 63. Jg. (2008), S. 2362 - 2365.

LG Hanau, Beschluss vom 05.10.1995, 5 O 183/95. In: Zeitschrift für Wirtschaftsrecht, 16. Jg. (1995), S. 1820 - 1822.

LG Wuppertal, Beschluss vom 06.11.2003, 12 O 119/03. In: Die Aktiengesellschaft, 49. Jg. (2004), S. 161 - 162.

OLG Düsseldorf, Beschluss vom 11.08.2006, I-15 W 110/05 und 15 W 110/05. In: Die Aktiengesellschaft, 52. Jg. (2007), S. 363 - 370.

OLG Düsseldorf, Beschluss vom 20.11.2001, 19 W 2/00 AktE. In: Der Betrieb, 55. Jg. (2002), S. 781 - 783.

OLG Düsseldorf, Beschluss vom 15.03.1999, 17 W 18/99. In: Zeitschrift für Wirtschaftsrecht, 20. Jg. (1999), S. 793 - 798.

OLG Hamburg, Beschluss vom 29.09.2004, 11 W 78/04. In: Der Betrieb, 57. Jg. (2004), S. 2805 - 2806.

OLG Hamm, Beschluss vom 28.02.2005, 8 W 6/05. In: Die Aktiengesellschaft, 50. Jg. (2005), S. 361 - 364.

OLG Hamm, Beschluss vom 04.03.1999, 8 W 11/99. In: Zeitschrift für Wirtschaftsrecht, 20. Jg. (1999), S. 798 - 804.

OLG Jena, Beschluss vom 05.11.2008, 6 W 288/08. In: Neue Juristische Wochenschrift-Rechtssprechungsreport, 24. Jg. (2009), S. 182 - 184.

OLG Koblenz, Beschluss vom 22. 04. 2005, 14 W 232/05. In: Die Aktiengesellschaft, 50. Jg. (2005), S. 661 - 662

OLG München, Beschluss vom 17.02.2005, 23 W 2406/04. In: Die Aktiengesellschaft, 50. Jg. (2005), S. 407 - 408.

OLG Stuttgart, Beschluss vom 13.02.2002, 20 W 32/01. In: Die Aktiengesellschaft, 48. Jg. (2003), S. 456 - 460.

OLG Stuttgart, Urteil vom 10.01.2001, 20 U 91/99. In: Die Aktiengesellschaft, 46. Jg. (2001), S. 315 - 317.

Sonstiges

Allianz AG: Anteilsbesitzliste 2005. Abrufbar im Internet unter: https://www.allianz.com/de/investor_relations/berichte_und_finanzdaten/anteilsbesitzlisten/archiv/page1.html (zuletzt eingesehen am 22.06.2010).

Deutsche Telekom AG: Verschmelzungsvertrag Deutsche Telekom AG und T-Online International AG vom 08.03.2005. Abrufbar im Internet unter: http://www.tkreis.net/dtag/cms/content/dt/de/8782 (zuletzt eingesehen am 22.06.2010).

E.ON Thüringer Beteiligungsverwaltungs AG: Verschmelzungsvertrag vom 5.11.2007. Abrufbar im Internet unter: https://www.ebundesanzeiger.de (zuletzt eingesehen am 22.06.2010).

FSC
www.fsc.org
MIX
Papier | Fördert gute Waldnutzung
FSC® C083411

Kolibri 360 GmbH
Ferdinand-Jühlke-Straße 7
99095 Erfurt, Deutschland
produktsicherheit@kolibri360.de